鬼谷子全集

【春秋】鬼谷子【著】

刘乔周【主编】

神机妙算的绝世智谋

家藏御書房

最透彻、最实用、最好读的国学典藏。融汇古今名家批注、传承千年文化精华的国学经典

古吴轩出版社

【前言】

鬼谷子与《鬼谷子》

◎鬼谷子其人

鬼谷子，姓王名诩，又名王禅、王蝉、王利，春秋战国时期卫国朝歌（今河南淇县）人，一说为楚国人。纵横家之鼻祖，著名的思想家、谋略家、军事家。他常入云梦山采药修道，隐居周阳城清溪之鬼谷，故自称鬼谷先生，世称鬼谷子，后人又称其为“王禅老祖”。

鬼谷子的生平神秘莫测。明朝著名小说家冯梦龙在小说《东周列国志》中称，鬼谷子“通天彻地，兼顾几家学问：一曰数学，日星象纬，在其掌中，占往察来，言无不验；二曰兵学，六韬三略，变化无穷，布阵行兵，鬼神莫测；三曰游学，广记多闻，明理审势，出词吐辩，万口莫当；四曰出世学，修真养性，服食引导，却病延年，冲突可俟。”

但是，史书上关于鬼谷子的记载则只有《史记》

和《太平广记》上的区区五十个字。最早记载鬼谷子的是司马迁的《史记》。《史记·苏秦列传》中说："苏秦者，东周洛阳人也。东事师于齐，而习之于鬼谷先生。"而野史与民间却有许多关于鬼谷子的传说。

鬼谷子隐居之地有清溴，也叫清溪；又有鬼谷，也叫鬼谷墟。关于清溪鬼谷的具体位置，历来争论颇多。山东泰山脚下有"鬼儿峪"，其他各地称为鬼谷的也有好几处。如古颍川阳城（今河南登封东南鄂岭）、古扶风池阳（今陕西三原西北）、荆州临沮（今湖北当阳）、山西运城、浙江宁波、湖北安远、湖南大庸、陕西韩城等诸多地方，甚至连新疆哈密也有地名为鬼谷。

不仅鬼谷子是谁、生活在哪有很多疑问，鬼谷子的生活年代也众说纷纭。从史料来看，鬼谷子确有其人，但其生活年代却多有争论。有的认为是神仙，跨越时空距离；有的认为是黄帝时代；有的认为鬼谷子不是一个人，而是众多隐者的通称。相比之下，生活在春秋战国之交的说法较为可信。因为《史记》记载张仪和苏秦皆为鬼谷子的学生，又传庞涓与孙膑也是他的学生，而四人皆为战国时人。

◎鬼谷四子

相对于鬼谷子本人生平的神秘莫测，他的四大高徒却在中国历史上名声显赫。《史记》记载，在战国时期仅凭三寸不烂之舌立下不世之功的张仪和苏秦皆为鬼谷子弟子；而在民间传说中，在中原翻云覆雨的孙膑、庞涓也是鬼谷子的弟子。此四人被后世合称为"鬼谷四子"。甚至有传说，秦始皇派去寻找长生不老药的徐福，也是鬼谷子的弟子。

张仪连横　苏秦合纵

战国时期，秦、齐两国强盛。各国实行合纵连横的外交、军事策略。合纵就是南北纵列的国家联合起来，共同对付强国，阻止齐、秦两国兼并弱国；连横就是秦或齐拉拢一些国家，共同进攻另外一些国家。合纵的目的在于联合许多弱国抵抗一个强国，以防止强国的兼并；连横的目的在于

◎鬼谷子

事奉一个强国作为靠山从而进攻另外一些弱国，以达到兼并和扩展土地的目的。当时最著名的纵横家，就是鬼谷子的高徒——主张连横的张仪和主张合纵的苏秦。

张仪（？—前 309），魏国大梁（今河南开封）人，魏国贵族后裔。他游说入秦，首创连横。惠文王以为相，封武信君。曾去秦相魏，引韩、魏事秦，共制齐、楚，遭到公孙衍合纵势力排斥，复返秦国。秦昭襄王时，齐楚结盟，共抗秦国。他奉命出使楚国，诳骗楚怀王，致使齐楚两国败盟；随即，楚怀王怒而击秦，但孤立无援，为秦所败，楚国自此衰落。前 311 年，他前往楚、韩、齐、赵、燕等国进行游说，使得五国连横事秦。张仪在战国时期纵横捭阖，其连横政策的核心就是打破六国联合的可能，以使秦国从中得利。他的连横政策，为惠文、昭襄时期秦国的飞速发展作出了巨大贡献。

苏秦（？—前 317），字季子，东周洛阳（今河南洛阳东）人。与老同学张仪相反，苏秦推崇合纵政策。燕昭王时，他赴燕游说，得到重用，先后入秦、齐、赵，从事反间活动。曾劝导齐湣王除去帝号，背约摒齐，被齐湣王任用为相。前 287 年，与赵奉阳君李兑共谋，发动韩、赵、魏、齐、燕五国合纵，迫使秦国废帝请服，退还部分侵地。赵封他为武安君。但是，合纵诸国各怀鬼胎，连苏秦自己，也阴谋削齐兴燕。此后，秦相魏冉约齐伐赵。他献策湣王，认为伐赵不如伐宋，再次离间齐国与其他各国的关系。前 284 年，秦、燕、赵、

魏、韩五国伐齐，几乎灭掉齐国。此后直至六国覆灭，一蹶不振的齐国始终仇视山东五国，甚至与秦国为盟。合纵抗秦的基础不复存在。

孙庞斗智

庞涓（？—前 342），魏国魏惠王时名将。孙膑（？—前 310），兵家之祖孙武之后。相传二人皆为鬼谷子学生。庞涓自知不如孙膑，又妒忌孙膑才能，一心要置孙膑于死地。他骗孙膑到魏，又诬陷孙膑谋反。魏惠王大怒要杀孙膑，庞涓又假意讲情，结果孙膑被治了罪，剜掉了双腿的膝盖骨，成了残废。后来孙膑装成疯癫，躲过杀戮，被齐国使者偷偷救回齐国。齐威王让他作军师，协助大将田忌作战。

前 353 年，庞涓率领魏兵围赵都邯郸，次年赵求救于齐。齐以田忌为将，孙膑为军师率军救援。孙膑乘魏内部空虚，率军攻魏都大梁（今河南开封），诱使庞涓兼程回兵救援，齐军设伏桂陵（今河南长垣西北），大败魏军。

十余年后，即约前 342 年，魏攻韩，韩求救于齐。齐再度以田忌为将，孙膑为军师，伐魏救韩。次年孙膑用逐日减灶火的假象诱敌，设伏马陵（今河南范县西南）险地，待魏军追至，万弩齐发，尽歼魏军十万，庞涓自杀，魏太子申被俘，从此魏国日衰。此后，孙膑隐居，著有《孙膑兵法》。

最后的学生徐福

徐福（生卒不详），又称徐市，字君房，齐地琅琊（今江苏赣榆）人，秦著名方士，民间相传是鬼谷子的弟子。秦始皇统一六国后，开始派人寻访神仙，想得到长生不老之药。前219年，徐福上书说海中有蓬莱、方丈、瀛洲三座仙山，有神仙居住。于是秦始皇派徐福率领童男童女数千人以及准备的三年的粮食、衣履、药品和耕具入海求仙，耗资巨大。但徐福率众出海数年，并未找到神山。前210年，徐福再度率众出海，“得平原广泽，止王不来”，一去再也不回了。而秦始皇也于当年病死于沙丘（今河北世鹿东南）。很多学者认为，徐福到达了日本，甚至他本人就是日本传说中的首任天皇——神武天皇仲田玄。更有学者认为，徐福东渡去了美洲。

◎《鬼谷子》其书

鬼谷子的主要著作有《鬼谷子》及《本经阴符七术》。

《鬼谷子》，又叫《捭阖策》，侧重于权谋策略及言谈辩论技巧，是其后学者根据其言论整理而成，被较为完整地保留在道家的经典《道藏》中。内容十分丰富，涉及政治、军事、外交等领域，主要讲述有关谋略的理论。《鬼谷子》

共十四篇。第一篇《捭阖》是全书的总纲，是纵横学说的主要理论依据。《反应》《内楗》《抵巇》《飞箝》《忤合》是让谋臣策士对组织进行分析，着重从外部环境着手进行。《揣》《摩》《权》《谋》《决》则是按照事物发展的逻辑思路，讲述说服对方各个过程中所需要运用的策略。《符言》是作为国君或者处于上位的统治者言行修养的标准，也是对前面十一章的总结，即无论是游说也好，谋略也好，权术也好，目的就是让对方达到这样一个标准。另有《转丸》《却乱》两章，今已失传。

《本经阴符七术》则集中于养神蓄锐之道。其中前三篇说明如何充实意志、涵养精神；后四篇讨论如何将内在的精神运用于外，如何以内在的心神去处理外在的事物。《东周列国志》中有段关于《阴符》的精彩描写。当年苏秦辞鬼谷子下山，尽破家财得黄金百镒，黑貂裘衣一件，治车马仆从，遨游列国，访求山川地形、人民风土，得天下利害之详。然而如此数年，未有所遇。其时钱财已尽，只得回家。回家后，一家老小尽责之。妻不以其为夫，嫂不以其为叔，母不以其为子。绝望之余，想起鬼谷子之临别赠言："若游说失意，只需熟玩《阴符》一书，自有进益。"于是苏秦乃闭门探讨，务穷其趣，昼夜不息。夜倦欲睡，则引锥刺股，血流满足。如此一年，于《阴符》有悟，乃将列国形势，细细揣摩，天下之势，尽在掌中。后又出游列国，成功于燕、赵。随之又将六国合纵，共同抗秦，建立不朽功绩。

鬼谷子曰：『制人者握权，制于人者失命。』

《鬼谷子全集》阅读指南

- 全面完整、权威的国学大全集。
- 彩色插图及全文双色印刷，既保持经典本色，又保证轻松阅读。
- 装帧独特别致，雅俗共赏。

题　解

- 出现在每篇开头，点明每篇主旨，使您通晓文章大意。

原　典

- 遴选精编的完整版本，再现古书原汁原味风貌。

注　音

- 将生僻字单独标注音标。
- 将古今读音相异的字单独标注音标。

注　释

- 极具启发性，学习古文不可或缺的细致注释。

译　文

- 权威、准确、客观的白话译文，使您通晓古籍智慧，畅通无阻。

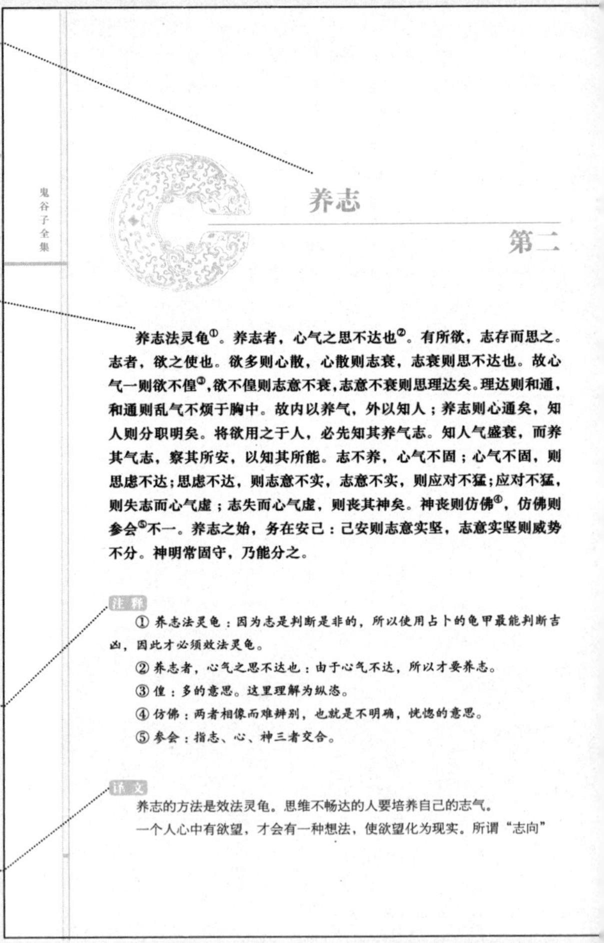
鬼谷子全集

养志

第二

养志法灵龟①。养志者，心气之思不达也②。有所欲，志存而思之。志者，欲之使也。欲多则心散，心散则志衰，志衰则思不达也。故心气一则欲不偟③，欲不偟则志意不衰，志意不衰则思理达矣。理达则和通，和通则乱气不烦于胸中。故内以养气，外以知人；养志则心通矣，知人则分职明矣。将欲用之于人，必先知其养气志。知人气盛衰，而养其气志，察其所安，以知其所能。志不养，心气不固；心气不固，则思虑不达；思虑不达，则志意不实，志意不实，则应对不猛；应对不猛，则失志而心气虚；志失而心气虚，则丧其神矣。神丧则仿佛④，仿佛则参会⑤不一。养志之始，务在安己：己安则志意实坚，志意实坚则威势不分。神明常固守，乃能分之。

注释

① 养志法灵龟：因为志是判断是非的，所以使用占卜的龟甲最能判断吉凶，因此才必须效法灵龟。

② 养志者，心气之思不达也：由于心气不达，所以才要养志。

③ 偟：多的意思。这里理解为纵恣。

④ 仿佛：两者相像而难辨别，也就是不明确，恍惚的意思。

⑤ 参会：指志、心、神三者交合。

译文

养志的方法是效法灵龟。思维不畅达的人要培养自己的志气。

一个人心中有欲望，才会有一种想法，使欲望化为现实。所谓“志向”

神机妙算的绝世权谋

- 编排灵活、内容丰富、旁征博引的阅读延伸，具有很强的阅读趣味。
- 囊括古人注解和现代名家对国学精辟理解的经典。
- 实用的分析解读，帮您将国学智慧迅速转化为世事洞明的人生指南。

关其思。胡君听了，完全信赖郑国，不做任何防备，武公终于袭击吞并了胡国。“智子疑邻”故事说：宋国有个富翁，他家的院墙因下雨而崩塌了一块。他儿子和邻居老头都说：“不及时修筑，必遭受盗贼。”夜晚，果然被盗。富翁因此认为自己的儿子聪明，也因此怀疑那邻居老头就是盗贼。《鬼谷子》与《韩非子》的“身外言深者危”的理论，可以说是历史经验与生活经验的总结。

本篇与道家思想有密切关系，而又有不同之处。如：“故为强者积于弱也；有余者积于不足也，此其道术行也；这里吸收了道家柔弱胜刚强的思想，而且明确地表明这是“道术”；但同时，强调要“积”，要达到“强”，则又不同于道家。又如：“无为而贵智。”既吸收了道家的基本思想，标举“无为”；又不同于道家的“绝圣弃智”，而且强调智慧谋略的作用，提出“贵智”。

郑武公姬掘突（？—前744） 郑国第二代君主。周幽王被杀后，与秦、晋、卫三国联军击退犬戎，受封卿士，留于洛阳执政。不久护送周平王迁都洛邑，受赏大片土地。先后攻灭郐、虢、胡等国，使郑国逐渐强盛，为庄公小霸奠定了基础。

鬼谷子

触类旁通

◎ 通典

雍正皇帝的“缇骑”

在政治、军事、经济等领域内，不论大小事物，何处不以正确的谋略而取胜？

清代雍正皇帝曾以建立中国早期特务组织著称于世。这些执行任务的耳目叫“缇骑”。他们神出鬼没，常把王公大臣的行动告诉雍正，以巩固清政权。此举在历史上可称奇谋。

雍正即位之后，政局一度动荡，诸王各自结党营私，相互倾轧，威胁到皇权的安全。为了消除朋党林立的局面，把王公大臣控制在自己的掌握之中，

精美古画

- 精美的古典绘画作品，与原典相得益彰。

古　注

- 精编古代名家批注，看古代大师讲解古文典籍。

阅典笔记

- 将古人的思想与今人的智慧相结合，启发对经典的领悟。

触类旁通

- 通典：针对国学原文内容与精神，精选相关案例。
- 评价：在每个案例后附有短评，方便您深入理解、活学活用。

目录

鬼谷子 一

鬼谷子

捭阖第一

“捭阖”的本意是开启、闭合。本篇将“开合”作为事物发展的普遍规律，与古代流行的阴阳学说结合起来，并将之运用于纵横游说术中，是纵横游说的基本方法。“开”是指诱导对方发言，了解对方的意志、才能、兴趣、爱好，以探测其真实意图，从而提高游说的针对性。“合”是指闭藏自己的主见，沉默不语，沉着应对。

1.1

粤若稽古①，圣人之在天地间也，为众生之先②。观阴阳③之开阖以命物④，知存亡之门户⑤，筹策⑥万类⑦之终始，达人心之理，见变化之朕⑧焉，而守司⑨其门户。故圣人之在天下也，自古至今，其道一也⑩。变化无穷，各有所归⑪。或阴或阳，或柔或刚，或开或闭，或弛或张。

注 释

① 粤若稽古：意为按着一定的规律考察历史。粤，语助词。若，顺。稽，考察。

② 先：先知先觉，此处指尊者。

③ 阴阳：《易经》上的用语，指创造宇宙空间万物对应的两种气。阳意味春、光明、君、男性，是积极的行动；阴意味着秋、黑暗、臣、女性，是消极的行动。

④ 观阴阳之开阖以命物：观察阴阳变化来辨别事物。

⑤ 存亡之门户：指生死的关键。

⑥ 筹策：计算策划。

⑦ 万类：万物。

⑧ 朕：指征兆、迹象。

⑨ 守司：看守加以管理，以便救亡图存。

⑩ 其道一也：大自然的规律，凡圣人的道理只有一个。

⑪ 各有所归：世间一切事物各有归宿。

译文

纵观古今历史，可知圣人生活在天地间，就是要做大众的先导者。通过观察阴阳变化可对事物作出判断，并进一步把握事物存亡的关键，预测万物的发展变化过程，通晓人类思维的规律，揭示事物变化的征兆，从而控制事物发展变化的关键。所以，从古至今圣人生活在天地间，处身立世都遵循着大自然阴阳变化的规律，并以此驾驭万物。虽然事物的变化无穷无尽，然而都有自身的属性：或者属阴，或者归阳；或者柔弱，或者刚强；或者开放，或者封闭；或者松弛，或者紧张。

古注

陶弘景注："捭，拨动也；阖，闭藏也。凡与人之言道：或拨动之，令有言，示其同也；或闭藏之，令自言，示其异也。首出万物以前人，用先知觉后知，用先觉觉后觉，故为众生先。不忘亡者存，有其存者亡，能知吉凶之先见者，其惟知机乎！故曰：知存亡之门户也。"

1.2

是故圣人一守司其门户，审察其所先后①，度权量能，校其伎巧短长。夫贤、不肖、智、愚、勇、怯，有差，乃可捭，乃可阖；乃可进，乃可退；乃可贱，乃可贵：无为以牧②之。审定有无与其实③虚，随其嗜欲以见其志意，微排其所言，而捭反之，以求其实，实得其指④，阖而捭之⑤，以求其利⑥。或开而示之，或阖而闭之⑦。开而示之者，同其情也；阖而闭之者，异其诚也。可与不可，明审其计谋，以原其同异⑧。离合⑨有守⑩，先从其志。

注释

① 审察其所先后：应该先的事物应居先，应该后的事物就居后，一切都应该调查判定。

②牧：统治、管理、掌握。

③实：实情。

④指：意同宗旨。

⑤阖而捭之：假装不说话，诱导对方说话。

⑥求其利：研讨对方所说的善恶利害。

⑦开而示之，或阖而闭之：开放使事物显现，或者封闭使事物隐藏。

⑧原其同异：探讨事物相同与不同的特点、性质。

⑨离合：离，不一致。合，一致。

⑩有守：确立自己的观点而信守之。

译文

所以，圣人要始终把握万事万物发展变化的关键，考察事物发展变化的顺序，揣度人们的权谋，测量人们的能力，再比较其技巧方面的优劣。至于贤良和不肖，智慧和愚蠢，勇敢和怯懦，都是有区别的。根据不同的情况，可以开放，也可以封闭；可以晋升，也可以辞退；可以轻视，也可以敬重。凡此种种，都要顺应天性来处置。审察对方的有无与虚实，通过对对方的嗜好和欲望的分析来了解他们的意愿。适当贬抑对方所说的话，当对方开放以后，再反驳诘问，以便探察实情，切实把握对方言行的主旨。先不开口，诱导对方说话，就可以探知对方的利益所在。开放时使之显现，封闭时使之隐藏。敞开心扉，是为博得与对方在情感上的一致；隐藏不露，是为了了解对方的诚意。至于什么可行，什么不可行，就要把对方的计谋研究清楚，以探究对方计谋与自己的想法的异同。无论双方意见是同还是异，都要坚持己见，同时还要注意顺应对方的意愿加以考察。

古注

陶弘景注："政教虽殊，至于守司门户则一，故审察其所宜先者先行，所宜后者后行之也。权谓权谋，能谓材能，伎巧谓百工之役，言圣人之用人，必量度其谋能之优劣，校考其伎巧之长短，然后因材而用。言贤不肖、智愚、勇怯材性一同，各有差品，贤者可捭而同之，不肖者可阖而异之，智之与勇，可进而贵之，愚之与怯，可退而贱之，贤愚各当其分，股肱尽其力，但恭己无为，牧之而已矣。言任贤之道，必审定其材术之有无，性行之虚实，然后随其嗜欲而任之，以见其志意之真伪也。凡言事者，则微排抑其所言，拨动以反难之，以求其实情。

实情既得，又自闭藏而拨动之，彼以求其所言之利何如耳。开而同之，所以尽其情；阖而异之，所以知其诚也。凡有所言，有可有不可，必明审其计谋，以原其同异。计谋虽离合不同，但能有所执守，则先从其志以尽之，以知成败之归也。"

1.3

即欲捭之贵周①，即欲阖之贵密。周密之贵微②，而与道相追③。捭之者，料其情④也；阖之者，结其诚⑤也。皆见其权衡轻重⑥，乃为之度数⑦，圣人因而为之虑。其不中权衡度数，圣人因而自为之虑⑧。故捭者，或捭而出之，或捭而纳之；阖者，或阖而取之，或阖而去之。捭阖者，天地之道。捭阖者，以变动阴阳，四时开闭，以化万物⑨。纵横⑩、反出、反覆⑪、反忤，必由此⑫矣。

注释

①欲捭之贵周：要行动时，必须做周密的考虑。周，不遗漏。

②微：精细。

③与道相追：合乎道之理，与道相贴近。

④料其情：检验实情的真伪。

⑤结其诚：使诚意坚定，有好结果。结，坚定。

⑥权衡轻重：衡量比较事物轻重。

⑦为之度数：测量重量和长度的数值。

⑧不中权衡度数，圣人因而自为之虑：如果不合一般事物规律，圣人就会为此焦虑。

⑨四时开闭，以化万物：就像春夏秋冬，万物均在变化一样。

⑩纵横：自由自在的变化。

⑪反覆：或离反或复旧。

⑫由此：根据捭阖原则。

译文

如果要用开启之法，最重要的是考虑周详；如果要闭合之法，最重要的是处事缜密。周密的关键是要精细，是要合乎规律和道理。让对方放开，是为了了解他的真情；让对方封闭，是为了坚定他的诚心。所有这些都是为了让对方的实力和计谋全部暴露出来，以便探测出对方各方面的实力，圣人要为此而用心思索。假如权衡失误，谋略不当，圣人就会为此而焦虑。因此，所谓开放，或者是让自己出去，或是让别人进来。所谓封闭，或者是通过封闭自我约束，或者是通过封闭使他人离开。开放与封闭是世界上各种事物发展变化的规律。开放和封闭都是通过阴阳运行，四季更替，来促使事物变化。

由此可知万物纵横变化，无论是离开、归复、反抗，都是必须通过开放或封闭来实现的。

古注

陶弘景注："言拨动之贵其周遍，闭藏之贵其隐密，而此二者，皆须微妙合于道之理，然后为得也。料而简择，结谓系束。情有真伪，故须简择；诚或无终，故须系束也。权衡既陈，轻重自分。然后为之度数，以制其轻重。轻重因得所，而为设谋虑，使之道行也。谓轻重不合于斤两，长短不充于度数，便为废物，何所施哉！圣人因是自为谋虑，更求其反也。谓中权衡者，出而用之，其不中者，纳而藏之也。诚者，阖而取之；不诚者，阖而去之。阖户谓之坤，辟户谓之乾，故谓天地之道。阴阳变动，四时开闭，皆捭阖之道也。纵横，废起也。万物，或开以起之，或阖而废之。言捭阖之道，或反之，令出于彼；或反之，覆来于此；或反之于彼，忤之于此。皆从捭阖而生，故曰：必由此也。"

1.4

捭阖者，道之大化，说之变[①]也；必豫审其变化。口者，心之门户也；心者，神之主也。志意、喜欲、思虑、智谋，此皆由门户出入，故关之以捭阖，制之以出入。捭之者，开也、言也、阳也；阖之者，闭也，谋也、阴也。阴阳其和，终始其义[②]。故言长生、安乐、富贵、尊荣、显名、爱好、财利、得意、喜欲为阳，曰"始"。故言死亡、忧患、贫贱、苦辱、弃损、亡利、失意、有害、刑戮、诛罚为阴，曰"终"。诸言[③]法阳之类者，皆曰"始"，言善以始其事；诸言法阴之类者，皆曰"终"，言恶以终其谋。

注释

① 大化：变化。说之变，游说原则灵活运用的方法。

② 终始其义：万物始终保持着阴阳变化之理。

③ 诸言：各种言论。

译文

开放和封闭是万事万物运行的规律，也是游说活动的法则。人们必须首先慎重地考察万事万物的变化。口是心灵的门户，心是精神的主宰。人的志向意愿、爱好欲望、思维活动和智慧计谋都要通过这个门户来表达。因此，要用开放和封闭的方法来把守这个关口，以控制思想情感的表达。所谓“捭之”，就是开启、发言、公开的意思；所谓“阖之”，就是封闭、缄默、隐匿的意思。阴阳相谐调，开放与封闭才能有节度，才能善始善终。所以说长生、安乐、富贵、尊荣、显名、嗜好、财货、得意、情欲等，属于“阳”的一类事物，叫做“开始”。而死亡、忧患、贫贱、羞辱、毁弃、损伤、失意、灾害、刑戮、诛罚等，属于“阴”的一类事物，叫做“终止”。凡是那些遵循“阳道”运行的事物，都可以称为“始”，他们以谈论“善”来开始游说；凡是那些遵循“阴道”运行的事物，都可以称为“终”，他们以谈论“恶”来终止施展计谋。

古注

陶弘景注：“言事无开阖，则大道不化、言说无变。故开闭者，所以化大道、变言说。事虽大，莫不成之于变化，故必豫之，吉凶系焉。心因口宣，故口者，心之门户也。神为心用，故心者，神之主也。凡此八者，皆往来于口中，故曰：由门户出入也。言八者若无开闭，事或不节，故关之以捭阖者，所以制其出入。开言于外，故曰：阳也；闭情于内，故曰：阴也。开闭有节，故阴阳和；先后合宜，故终始义。凡此皆欲人之生，故曰：始曰阳。凡此皆欲人之死，故曰：阴阴曰终。谓言说者，有于阴言之，有于阳言之，听者宜知其然。”

1.5

捭阖之道，以阴阳试之①，故与阳言者依崇高②，与阴言者依卑小。以下求小，以高求大。由此言之，无所不出，无所不入，无所不可③。可以说人，可以说家，可以说国，可以说天下。为小无内，为大无外。益损、去就、倍反，皆以阴阳御其事。阳动而行，阴止而藏；阳动而出，阴随而入。阳还终始，阴极反阳④。以阳动者，德相生也；以阴静者、形相成也。以阳求阴，苞以德也；以阴结阳，施以力也；阴阳相求，由捭阖也。此天地阴阳之道，而说人之法也，为万事之先，是谓“圆方之门户”。

注释

① 捭阖之道，以阴阳试之：或开放或闭藏，都以阴阳之道试行。

② 阳言者依崇高：和情之阳者交涉时，就谈论崇高并对之加以试行。

③ 无所不可：游说人，游说家，游说国，游说天下，都没有什么不可以的。

④ 阳还终始，阴极反阳：意为阴阳运行，彼此相生，互相转化。

译文

关于开放和封闭的运用法则，都要从阴阳两方面来试行。因此，与遵循阳道的人言谈，要用崇高的原则引导对方；而与遵循阴道的人言谈，则要用

卑下的原则引导对方。用卑下来求索微小，以崇高来求索博大。由此说来，没有什么不能抽身出来，没有什么不能深入进去，没有什么不可以说服。用这个道理可以游说一人，可以游说一家，可以游说一国，可以游说天下。要做小事，就要进入无限微妙的境界——阴；要做大事，就要进入无限广大的境界——阳。损害和利益、离去和接近、背叛和归附等行为，都是在阴、阳的变化中运行的。阳的特性是运动、前进，阴的特性静止、隐藏。阳通过活动显示，阴通过静止隐藏。阳发展到了极点就变成了阴，阴累积到了极点就变成了阳。遵循“阳道”的人，道德就会与之相生；遵循“阴道”的人，在安静中，自有力来相助。所以，用“阳”来探求“阴”，就要用道德来包容；用“阴”来探求“阳”，就要施加力量。阳与阴相伴相随，就是遵循“捭阖”之理。这是天地阴阳运行之道，也是游说他人的基本方法。开启和封闭是万事万物的先导，是天地间解决问题的关键。

古注

陶弘景注：“谓或拨动之，或闭藏之，以阴阳之言试之，则其情慕可知。谓与情阳者言，高以引之；与情阴者言，卑以引之。阴言卑小，故曰：以下求小。阳言崇高，故曰：以高求大。阴阳之理尽，小大之情得，故出入皆可，何所不可乎？无所不可，故所说皆可。尽阴则无内，尽阳则无外。以道相成曰益，以事相贼曰损；义乖曰去，志同曰就；去而遂绝曰倍，去而复来曰反。凡此不出阴阳之情，故曰：皆以阴阳御其事也。此言上下相成，由阴阳相生也。此言上之爵禄下，下以股肱宣力。上下所以能相求者，由开闭而生也。言既体天地、象阴阳，故其法可以说人也。天圆地方，上下之义也。理尽开闭，然后生万物，故为万事先，上下之道自此出入，故曰：圆方之门户。”

阅典笔记

《鬼谷子》第一篇就是“捭阖”，“捭阖”的本义就是开合。它在《鬼谷子》一书中被赋予了丰富的含义，但是基本含义还是指开合。《鬼谷子》一书认为，一开一合是事物发展的普遍规律，认识它是掌握事物的关键，因而它也是进行游说活动最基本的和常用的方法。《鬼谷子》一书的“捭阖术”在中国传统智慧中是独有的，它是纵横家们在斗智、论辩中行之有效的方法。

纵横家运用捭阖术的过程一般是：根据具体情况，或者先使对方“开启”，即"捭之"；或者先使对方"闭藏"，即"阖之"。让对方开启是为了掌握对方的情况，让对方闭藏是为了坚定对方的诚意。一开一合的目的是为了让对方将实力和计谋全部暴露出来，以便对对方作出准确的估计，然后不断探测，实施说服。说服时也是或者捭之，或者阖之。有时候口只能吃饭，而不能说话，因为言多必失，这时候就要阖；有时候口必须说话，要用讲道理去游说人、游说家、游说国、游说天下，这时候就要捭。一开一合地反复，就像一个圆环，开合环绕其上，开到了极点又复归于合，合到了极点又复归于开。往复无穷地运用，没有什么不可以成功的。

鬼谷子认为在运用捭、阖两种游说技巧时，必须针对遵循阴道和阳道两种不同的人的不同特性来加以使用。在使用这一智谋时应注意以下几个方面：

1．从实际出发，根据实际情况决定用捭还是用阖，用阳还是用阴，以及如何交叉运用。

2．应分清阴阳。要弄清哪些人物属阴类，哪些属于阳类；哪些事物属于阴类，哪些事物属于阳类。这是运用捭阖术的一个很重要的前提条件。对正面人物和对反面人物进行说服工作，方法往往不同。

"捭阖"是事物发展变化的普遍规律，是掌握事物的关键。它与天地之道相通，而天地之道就是阴阳之道，因此，"捭阖术"又常常被叫做"阴阳术"。

在当今社会，熟练地掌握并运用捭阖术，就可以做到阴阳平衡、进退有度、趋利避害、制胜万物、稳操胜券。在《捭阖》篇中，鬼谷子开头就说：

"粤若稽古，圣人之在天地间也，为众生之先。观阴阳之开阖以命物。知存亡之门户，筹策万类之终始，达人心之理，见变化之朕焉，而守司其门户。

故圣人之在天下也，自古至今，其道一也。变化无穷，各有所归。或阴或阳，或柔或刚，或开或闭，或弛或张……”

这一番话，运用在商战或管理之中，就是告诉我们：企业家要引领员工或团队成就一番事业，就要有先见之明，要有领袖风范；对市场、对企业、对管理、对内外都要有高瞻远瞩的洞察力和预见性；要根据市场、人或事的起伏、跌宕、阴阳的变化，及时作出自己明智的分析和判断，找到解决问题和处理问题的方法；要掌握事物的发生、发展趋势等变化规律，把握其关键。一言以蔽之，那就是作为企业的领袖，要有先见之明，对不同的问题要能采取与之相适应的方法来解决。

透过《捭阖》篇，我们可以归纳出五大要术，它们可以为我们的商战或管理提供方法：

1. 处世之术。人世间,事物的变化是无穷无尽的,然而都各有自己的归宿:或者属阴，或者归阳；或者柔弱，或者刚强；或者开放，或者封闭；或者松弛，或者紧张。这就告诉我们，在商战或管理中要做到:阴阳兼备，刚柔相济，捭阖自如，急缓相通。

2. 为人之术。人世间，人的个性更是千差万别：有贤德之人，有不肖之人；有聪明之人，有愚蠢之人；有勇敢之人，有怯懦之人。相应地，对待不同个性的人就要用不同的方法：对贤德之人要奖赏鼓励，对不肖之人要严法惩处；对聪明之人要提拔重用，对愚蠢之人要舍弃辞退；对勇敢之人要使其尊贵，对怯懦之人要使其卑贱。运用到商战或管理中，所要坚持的为人原则便是：因人而异、因材施教、阴阳并用、褒贬适度，同时还要学会识人——识人心，待人——待人正，用人——用人长。

3. 谈判之术。讲究通过分析对方的嗜好和欲望,来考察他们的有无与虚实,揭示他们的志向和意愿。了解对方的情况后，有两种处理方法：一是闭藏自己，不让对方察觉自己的真正用意，然后开启自己的思路，从中获得自己需要或有利的信息。假如要闭藏，最重要的是严守机密。闭藏的目的是为了更好地了解对方的实力和想法，以争取和寻找到最佳合作方案。二是开启自己，让对方知道自己的真实用意。假如要开启,最重要的是考虑周详。通过双方的碰撞与交流,让计划更为周详、科学、合理，进而达成双方的共识，维护各自的利益。

开启与闭藏，是天地之间万物变化的规律，它们使阴阳二气处于变化之中，于是四季交替发生，世间万物生死轮回。天下事物纵横交错，不论是纵横还是反复，都离不开“开启”与“闭藏”的相互作用。因此，在商战或管理中，无论是对人还是对事，都可通过或开启或闭藏来使事物内部对立的各方面发生变化。

4.“进出口”之术。俗话说“病从口入，祸从口出”“一言可兴邦，一言可丧国”。口是人心灵的门户，而心灵是精神的主宰，故意志、情欲、思想和智谋都可由“口”这个门户出入。

用开启或闭藏之法来把守这个关口，用好这个父母赐给我们的不用营业执照的“进出口公司”，做好、做活这个“进出口”生意是非常重要的。我们一定要注重语言修养，因为良好的语言修养是商战或管理中来去自如、稳操胜券的法宝。何时该说，何时不该说，何时该多说，何时该少说，何时语言要严厉，何时语言要缓和，何时可以幽默，何时必须严肃……这都是一个企业家在商战或管理中尤其是在谈判桌上必备的语言功夫。可以说，一个卓越的管理者或企业家，一定是一个语言充满智慧的人。

5. 捭阖之术。所谓“捭之”，就是开启、发言、公开；所谓“阖之”，就是封闭、缄默、隐匿。阴阳两方相谐调，开放与封闭才能有节度，才能善始善终。

捭阖之术用于商战或管理中，是进退自如、能屈能伸的大法则。俗话说：“穷则独善其身，达则兼济天下。”静观秘修时，要独善其身练内功，如完善企业文化、培养人才、研发产品等；大展宏图时，要兼济天下发外力，如掌控市

场风云、撒豆成兵，这样才能无往而不胜矣。而在具体的经商活动中，若遇到强硬的对手，可采用捭的战略，以势压人；也可采用阖的战略，以柔克刚。若遇到弱小对手，可采用善意的阖的战略，以德服人；也可采用强硬的捭的战略，兼并收购。总而言之，在商战或管理过程中，掌握了捭阖之术，就掌握了制胜之术，就能进退自如，纵横商海。

在捭阖之术的运用中，有这么两个经典案例留给了世人以无数思考。第一个是春秋战国时期越王勾践“卧薪尝胆”的故事。这个历史故事包含了捭阖之术“以阴求阳”的道理，并且告诉我们：在企业或个人境遇不佳时，要能够忍辱负重，卧薪尝胆，养精蓄锐，苦修内功，以求卷土重来，东山再起。第二个是海尔集团总裁张瑞敏在他最初担任青岛市电冰箱厂厂长时抡起大锤砸毁了76台质量不合格的电冰箱一事。这个现代“以阳克阴”的典型案例向企业家及员工们揭示了一个真理：我们的心里不要再有什么忽视产品质量的隐秘，必须承认和面对一个铁的定律——质量就是企业的生命。这不能有半点含糊，绝不能麻痹大意，因为今天不砸冰箱，明天砸的就是饭碗。

综上所述，《鬼谷子》捭阖之术的核心就是：纵横捭阖，阴阳互动，因人而异，因事而治。

触类旁通

◎ 通典

高洋守而得天下

中国历史上，东汉刘秀、三国刘备都曾一时以“闭”为自守之策而得天下，北齐开国皇帝高洋也以此之法登上了皇帝的宝座。

高洋是东魏大丞相、齐王高欢的次子。高欢死后，长子高澄继任大丞相，都督中外诸军，坐镇晋阳；高洋则被封为京畿大都督，在邺都辅佐朝政。

高澄凶横暴烈，狂傲不羁，处处锋芒毕露，总揽朝政，不可一世。高洋的表现与其兄高澄正好相反，他温文尔雅，愚钝憨直，讷言少语，对国家大事总是睁一只眼闭一只眼，得过且过。文武群臣素来看不起他。

高洋在兄长高澄面前也从来都是百依百顺。他为夫人购置的一点好的服

饰，高澄看上了就据为己有，高洋却劝夫人不要气恼。自己的美妾多次被高澄调戏，他也佯装不知。高澄对自己的这个弟弟一点都瞧不上眼，曾经说:“我的这个弟弟如果哪天能够富贵，那么预言吉凶贵贱的相面书就无法解释了。”

高洋退朝回家后，常常都是闭门静坐，对妻妾也说不了几句话。有时则脱光了鞋，光着脊梁在院子里奔跑不停。想不到就是这样一个高洋，在局势突变时却变成了另一个人，令人刮目相看。

高澄对皇帝元善见不满，赶到邺都与几个心腹密谋废立之事，被家奴兰京聚众刺杀身亡。高洋得报后，神色不变，率兵赶至邺都，将兰京等凶手一一捕杀，对外则宣布大丞相只是在家奴造反时受了点伤，并向皇帝元善见请求护送高澄回晋阳养伤。元善见立即准行，心里暗喜，认为高澄既伤，而高洋难成大器，威权当复归帝室了。

高洋回晋阳后，当即召集群臣布置政事，推行新法，革除弊政。不到一年，晋阳治理得井井有条，欣欣向荣，百官惊叹不已，高洋见内外安定，这才宣布高澄去世，为其兄发葬。元善见认为他毫无野心，便晋封他为大丞相，都督中外诸军，袭封齐王。

数月后，高洋率兵抵达邺都，逼元善见禅位。元善见闻知，惊得目瞪口呆，只好交出玉玺。高洋登台面南，改国号齐。

◎ 评价

高洋和其兄高澄的为人处世之道可谓是两个极端：高澄处处锋芒毕露，高洋时时以“闭”处世。高洋深知事物阴阳变化的属性，始终保持阴阳兼备，刚柔并济，捭阖自如，急缓相通，并最终成就了一番事业。

◎ 通典

节闵帝装哑

北魏节闵帝元恭(498—532)，也是以韬光养晦之术登上皇位的。在此之前，他竟然装了十二年的哑巴。

北魏节闵帝元恭，是献文帝拓拔弘的侄子。孝明帝时，朝廷专权，肆行杀戮，元恭虽然担任常侍、给事黄门侍郎，但总担心有一天会大祸临头，于是装病不起，过了一段时间，又对外宣称得了喉疾，连话也说不出来了。从那时起，他就开始装哑巴，一装就装了将近十二年。孝庄帝永安末年，有人告发他不能说话是假，心怀叵测是真，而且老百姓中间流传着他住的那个地方有天子之气。元恭听了这个消息，急忙逃到上洛躲起来。没过几天就被抓获，但由于得不到什么证据，不得已又放了他。

北魏永安三年（530）十月，尔朱兆立长广王元晔为帝，杀了孝庄帝，那时，坐镇洛阳的尔朱世隆打算另立元恭为帝，但又担心他真的是哑巴。于是便派尔朱彦伯前去见元恭，摸清真实情况。事已至此，元恭也知道形势已发生了重大变化，见到尔朱彦伯开口便说：“天何言哉！”十二年的哑巴说了话，彦伯大喜。不久，元恭即位当了皇帝。

◎ 评价

“天何言哉”是《论语》中孔子说的一句话。元恭引用这句话的意思是：不说话不要紧，只要有实际的行动就可以了。韬光养晦的方法有很多，装聋作哑也不失为其中一种。元恭装哑巴十二年居然还当了皇帝。元恭可以说是用一种极端的方式来避免了“祸从口出”，真可谓是韬光养晦到了极致。

◎ 通典

天鹅之“死”

民间也有许多故事，讲了以“闭”为术的求生之法。《天鹅装死逃劫难》讲的是在一片树林里，有一棵硕大的无花果树，树上住着天鹅一家。

有一次，天鹅一家出去寻找食物，一个猎人爬上树，在天鹅的窝里布下了机关。晚上，当天鹅飞回窝时，一个个都被绊索捆住了。一家子都动弹不得，只能互相看着等死，不禁流下了眼泪。这时，一只老天鹅说：“我有一个好办法，那个猎人一来，我们就装死。打猎的心里会想，这些家伙都死了。然后就把我们都掷在地上，当他往下爬的时候，你们就一起飞起来。”

天一亮，猎手来了，他看到天鹅都死了。他没有丝毫怀疑，就把它们从绊索上解下来，一只只丢到地上。当它们看见猎人往下爬时，就一起飞起来逃跑了。

◎ 评价

不仅仅民间故事中的聪明的天鹅懂得以“闭”来求生，现在的野外生存技巧中也有遇到攻击性的熊时可以以躺下装死逃生的手段。这里的“闭”更多的时候要看具体的情况、具体的对象来使用，只有在遇到会把天鹅扔到地上的猎人，或者靠嗅觉辨识死亡的熊时，“闭”之术才可能得到充分的利用，达到理想的效果。

◎ 西夏景宗李元昊（1003—1048）又名曩襄，党项族。西夏国王、皇帝，1032—1048 年在位。1032 年袭父位为夏国王。1038 年称帝，西夏正式建立。在位期间，按照本族风俗改革，崇武强兵，定立国制度。

◎ 通典

在外交方略上，“开合”有度才能成功。我国北宋时，外交关系复杂，除了宋辽对峙外，还有西夏国参与其中。西夏景宗李元昊，就能用“开合”之术，周旋于大国中间，安然生存。

元昊建立夏国之后，兵寡势微，而与其相邻的却是幅员辽阔、兵多将广的辽宋两国。

为了在西北占住地盘，元昊采取了灵活多变的外交政策，即根据宋辽两国实力的强弱变化，不断修正自己与两国的亲疏关系，利用大国之间的矛盾，使本国始终安然无恙。

元昊即位时，正是宋朝接受屈辱的城下之盟、向辽国纳贡议和的时候。针对这种情况，元昊采取了“联辽抗宋”的方针，再一次同辽国联姻，迎娶兴平公主耶律氏为妻，并亲自到边境迎亲。同时，他虽然也接受宋朝的封号，却受诏书不跪，并慢待宋朝使节。当时宋夏边境紧张，小规模冲突不断，元昊采纳了张元的建议，据陕东争，更结契丹，不时出兵进扰，使宋朝“一身二疾”，难于应付。

当西夏打了几次大仗，感到力不从心的时候，辽国乘虚而入，在边境上收留了党项族叛民，并打着夏辽“甥舅之亲”的幌子，压服元昊。元昊不甘示弱，诱降了辽国边境部族投奔西夏，并在与宋的谈判中，不受辽国要挟，称男而不称臣，这样就导致了辽夏关系恶化。辽圣宗欲举兵问罪，元昊见形势不好，为了避免两面作战，立即同宋朝签订和约，不再坚持长时间争扯的“名义”问题。并派人偷入辽境，焚毁辽军粮草，阻其出兵。

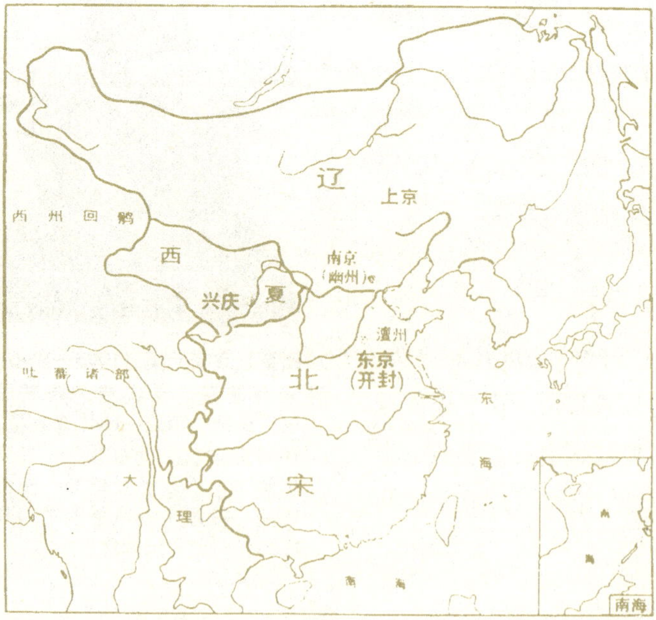

◎北宋、西夏、辽鼎立形势图

1044 年，元昊采用“诱敌深入”的手段，在贺兰山大败辽军，然后优待辽俘，并派人同辽议和，照惯例纳贡，使宋、辽、夏三国仍处于鼎立之势。

元昊以军事辅助外交，多次在打了胜仗后议和，表现了他在制定外交政策时善于把握时机，利用矛盾，采用灵活多变的方针，这也是西夏能以弹丸之地安处于大国之间的一个重要原因。

◎ 评价

元昊深刻地懂得捭阖之道，利用大国间的矛盾，对待宋国的态度随着战争时局的变化而变化，从最开始的“联辽抗宋”，到后面的联合宋国对抗夏国，可谓是阴阳两方相谐调，开放与封闭十分有节度，最后达到了善始善终。

◎ 通典

魏征进谏

唐太宗是一个善于听取臣僚意见的开明皇帝，可是到了晚年，他看到天下一派太平景象，渐渐生出骄傲情绪，身为谏议大夫的魏征很想找个机会对太宗指出这个问题。

贞观十二年（638）的一天，唐太宗为皇孙诞生宴请群臣。席间，太宗高兴地说道：“贞观之前，随我夺取天下的是房玄龄；贞观以来，帮我纠正各种谬误的是魏征。”遂叫人取来两把漂亮的佩刀，赐给房玄龄和魏征。房玄龄爽快地接了过去，魏征却显得心事重重的样子，说：“臣实受之有愧！”太宗很奇怪，问道：“此话怎讲？”魏征说：“近些年来，政事已不大如贞观之初，说明我并没有尽到纠正各种谬误之责，所以受之有愧！”太宗非常诧异，问道：“难道我的政事不如过去吗？”魏征见皇上这么发问，便说：“陛下权威比贞观初年是高了，但人心悦服则不如过去。”太宗不解地问：“何以见得呢？”魏征答道：“陛下过

◎ 魏征（580—643）

字玄成，巨鹿（今河北邢台市巨鹿县，一说河北晋州市或河北馆陶市）人，唐朝政治家。曾任谏议大夫、左光禄大夫，封郑国公，以直谏敢言著称，是中国史上最负盛名的谏臣。

◎ **唐太宗李世民（599—649）**
唐朝第二位皇帝，627—649年在位。政治家、军事家、书法家、诗人。以玄武门之变杀太子李建成，即位为帝后，积极听取群臣的意见、努力学习文治天下，开创“贞观之治”，使社会出现了国泰民安的局面，为后来全盛的开元盛世奠定了重要的基础。

去总担心国家，所以政绩越来越好；现在则以为治好了，心安理得，所以说不如过去。”太宗说：“我现在所做的，还是过去那一些，你怎么说不同了呢？”魏征回答说：“贞观年初，陛下唯恐群臣不提意见，常鼓励大家，遇到有人进谏，能愉快地接受；这一二年来，虽然接受一些意见，可是心里总觉得不舒服。”太宗听了有点吃惊，忙问：“你有什么根据吗？”魏征顺势说：“陛下刚即位的时候，判元律师死罪。大臣孙伏伽进谏，认为按照法律不应该判处他死刑。陛下接受了意见，并把价值百万的兰陵公主的园子赏给他。有人说赏得太厚了，您却说：‘即位以来，还没有人向我提过意见，孙伏伽是第一个，所以得厚厚地奖赏他。’这是您主动引导人们进谏。”魏征见唐太宗并没有不高兴，就接着说：“前不久皇甫德参上书，说修洛阳宫是劳民伤财，收地租是严重地剥削老百姓，妇女流行高髻是宫中传出来的奢靡之风。陛下却狠狠地说：‘这人是想要国家不役使一个人，不收取一文钱，宫女都没有头发，才心满意足呢！’并想以诽谤罪惩办皇甫德参，只是因为臣当时苦苦劝说：‘自古臣子上书，若不激烈直率，就引不起君主的注意，而激烈直率就近于毁谤。’陛下才没有治罪于皇甫德参，这就是勉强接受意见了。”

唐太宗因为喜得孙儿，兴致非常好，所以听了魏征的长篇大论之后，不但没有恼怒，反而拍掌大笑说：“我要把你刚才所说的抄录在屋中的屏障上，早晚阅读，提醒自己，并要史官写入历史中。”

魏征批评唐太宗，是趁唐太宗高兴和发问的时候，这是使皇帝接受劝谏的最佳时机。他抓住这个机会，大胆地向皇帝进谏，使皇帝欣然接受了他的谏言。

◎ 评价

一代名臣魏征的精明之处不仅在于看待国家大事时精辟入理的见解，更加值得世人学习的是他把伴君如伴虎的问题解决得非常精彩。从他进谏唐太宗的手法上看，颇有鬼谷子先生说的谈判之术的风采。他通过分析唐太宗的心情，用“闭”的方法引起唐太宗的发问，进而进谏，使得唐太宗欣然地接受了自己的意见。

◎ 通典

妙语免罪

汉代的著名丞相萧何，有一次向汉高帝刘邦请求将上林苑中的大片空地让给老百姓耕种。上林苑是一处专为皇帝游玩嬉戏打猎消遣的大片园林，刘邦一听萧丞相居然要缩减自己的园林，不禁勃然大怒，认为萧何肯定是接受了老百姓和商人们的钱财，才公然替他们说话办事的，于是下令中央最高司法官员廷尉将萧何逮捕下狱，审查治罪。那时候廷尉专门替朝廷办理案子。只要皇帝认定某人有罪，廷尉会不惜大刑使犯人服罪，以讨好皇上。所以，如果真的把萧何交给廷尉处理，那么肯定会屈打成招，就是跳进黄河也洗不清了。就在这紧要关头，旁边有一位姓王的侍卫官上前劝告刘邦说：“陛下是否还记得原来与项羽抗争以及后来陈豨、英布相继谋反，陛下都亲自带兵东讨的时候？那几年，只有丞相一个人驻守关中，关中的百姓又非常拥戴丞相。假如丞相稍有利己之心，那么关中之地就不会是陛下的了。萧丞相不在那个时候为自己谋大利，反而会在这个时候去贪占百姓和商人的一点小利吗？”

◎ **萧何（约前 257—前 193）**
秦末汉初杰出的政治家，汉朝开国首勋，“汉初三杰”之一。刘邦称赞他“镇国家，抚百姓，给馈馕，不绝粮道”。

简单一席话，击中了要害。刘邦终于意识到了自己的鲁莽，对不起丞相的一片忠心，非常惭愧，于是当天便下令赦免萧何。

汉代的另一位开国元勋周勃，曾经帮助汉室铲除吕后爪牙，迎立汉文帝，有定策安邦的大功。可后来当他罢相回到自己的封地后，一些素来忌恨周勃的奸佞小人便趁机向汉文帝诬告周勃图谋造反。汉文帝竟然也相信了，急忙下令让廷尉将周勃逮捕下狱，追查治罪。按汉代的法律，凡是图谋造反者，不但本人要处死，而且要灭家诛族。就在大祸将要降临到这位可怜的功臣元勋头上的时候，薄太后出来劝文帝说："当皇上还没有即位的时候，周勃手里拿着先皇留给你的玉玺，又统帅着主力部队北军，是谋反最有利的时机，但是他一心忠于汉室，帮助我汉室消灭了企图篡权的吕氏势力，把玉玺交给陛下。现在他退休回到自己的小小封国里，怎么会反而在这个时候才想起谋反呢？"

文帝一听，心中疑虑顿时烟消云散，立即下令赦免了周老丞相。

◎ 评价

萧何和周勃二人，可以说是到了灾难临头，已经无法挽回的时候了，可是因为一席言论顿时转祸为福，这就是一席妙语的巨大威力。劝阻君王，必须要站在君王的角度，考虑将受惩罚之人在君王心中的实际印象，这就是鬼谷子先生说的"开"。

◎ **汉高宗孝元帝刘奭（前 76—前 33）** 西汉皇帝，前 49—前 33 年在位。在位期间"以儒治国"，停止与匈奴的战争，对于缓和社会矛盾，起到了一定作用。但是单一的政治原则和政治水平低下，造成西汉由盛转衰。

◎ 通典

汉元帝贬帝师

西汉末年，宣帝死去后，丞相萧望之受宣帝遗诏辅助幼主汉元帝。由于萧望之深受汉元帝的器重，因此被当时的一些奸臣门下如侍中许章、车骑史高、宦官弘恭和石显等人所嫉妒。弘恭、石显二人看准时机，在元帝面前诬告萧望之与周堪、刘更生等人内外勾结、专擅朝政，建议将萧望之等人"招至廷尉"。当时汉元帝糊里糊涂，还不知道"廷尉"到底是干什么的，以为"招至廷尉"也无关紧要，于是就不假思索地同意了这一建议。后元帝有事要召见萧望之等人，回报说已被关禁在监狱里了。元帝一听大惊，急忙放他们出狱，回到朝廷继续主持政务。这时史高受恭、显指使，出来上奏元帝说："陛下刚刚继位，还没有以道德教化布告天下，而先审查自己的师父，既然已经把他送进了廷尉狱，就应该立刻罢免他的官职，然后赦免出狱，以示恩德。"元帝不审其意，于是将萧望之等人贬为庶人。

◎ 评价

帝王的权威往往如雷霆万钧，无所不及。作为皇帝身边的臣仆，畏君如虎，战战兢兢，如履薄冰，一言不当，一事不慎都可能被削官为民，甚至身首异处。对帝王来说，他们一方面强调君权神授的思想理论，采取各种手段驾驭百官、驱使百姓，维护其统治地位；另一方面帝王身处深宫，不可能详细体察百官、了解下情。这样一来，在与臣仆或百僚的有限接触中，帝王就常常依据臣僚的一言一行而产生喜怒，决定取舍。也就是在这种情况下，才产生许多"一言、一事之官"。

◎ 通典

养马知遇

汉武帝当政时，未央宫御马官上官桀，养马得法，很受汉武帝喜欢。汉武帝曾经有一段时间身体不好，不能坐朝视事和在宫廷外骑马游猎。等汉武帝病体痊愈后，他猛然发现宫中御马比以前瘦了不少。这位非常爱马的帝王把上官桀找来，气愤地指责他说："你是不是以为寡人一病不起，连御马都不能再看上一眼了？"说完便准备把上官桀关起来治罪。上官桀机敏而又真诚地申辩道："吓死臣也不敢这么想！一听说陛下圣体欠安，臣就日日忧虑、夜不能寐，

◎ **汉世宗孝武帝刘彻（前156—前87）**

即汉武帝，前141—前87年在位。在位期间，采"罢黜百家，独尊儒术"，用法术刑名；颁行"推恩令"，削割据势力；官营盐铁贸易，平抑物价；治理黄河，兴修水利，移民屯边，行"代田法"；派张骞等出使西域；任用卫青、霍去病等大破匈奴；设郡县于云南、贵州；将汉朝推向全盛时期。能诗善赋，原有文集两卷，亡佚。

哪还有心思放在喂养御马上呢？臣失职，陛下愿杀愿罚，都请自便，只要陛下圣体健康，臣死而无憾！”

这一席话未说完，上官桀已泣不成声。汉武帝被上官桀的忠诚打动，从此对他格外器重，把他从一个养马官逐步提拔到骑都尉，汉武帝又遗命上官桀辅佐少主，可谓皇恩浩荡。

无独有偶，西汉另一位大臣金日磾，早年在皇门养马。一日，汉武帝带着后宫，游宴观马。大多马官牵马从皇帝眼前经过时都禁不住偷眼看汉武帝几眼，唯独金日磾接受检阅时容貌威严、目不斜视，马又养得肥壮高大。汉武帝深为金日磾的态度所感动，当即封金日磾为马监。后来，金日磾做了驸马都尉，受到汉武帝的特别宠爱，在汉武帝死后受遗诏和上官桀、霍光一起做了辅政大臣。金日磾和上官桀都由养马而受到知遇，从中可见武帝选取人的英明。

◎ 评价

人世间，人的个性千差万别：对待不同个性的人就要用不同的方法。正所谓因人而异，因人制宜，汉武帝就是据此选取人才的。

◎ 通典

用一还一

沈阳市于洪区彰驿村办砖厂，几年来坚持使用一亩地还一亩耕地的做法，收到明显效果，共还耕地两百余亩，创纯利人民币四十多万元。

前几年，这个厂取土随意性较大。怎么方便就怎么取土，土地资源浪费严重。有人调侃说：“到处取土，遍地开花，坑坑洼洼，难种庄稼。”后来，村领导算了一笔账，烧砖取土用的是亩产千斤水稻的良田，每年用耕地四十亩，就等于少产两万公斤水稻，十年就是二十万公斤啊。如果有计划、规范性取土，用一亩还一亩，尽管复耕后前两年产量较低，每亩少产三四百公斤粮食，但总体上来讲，会极大地减少土地的浪费。于是他们采用“平行、平面、平伸”取土法，使土地资源得到了合理利用。

“用一还一”，就开发使用土地和保护土地资源两方面，找到了最佳结合点。还有一些地区只讲土地开发，忽视了保护耕地，有的更是以牺牲耕地为代价。还以砖厂为例，有些砖厂只顾赚钱，取土无原则、无规划，取一片就废一片，废一片荒一片，虽然开发了，土地却浪费了。彰驿村村办砖厂，坚持“用一还一”，使土地使用呈良性循环的状态。目前，这个砖厂又开办了两个分厂，实际上是“一变三”，生产规模不断扩大，乡镇企业成本不断降低，经济效益不断提高。

◎ 评价

这一例子中的企业“用一还一”的方法和鬼谷子先生的“开合”之术有异曲同工之妙，强调的都是阴阳结合，损补结合。只有在这样的平衡状态下，事情才能朝着理想的方向发展。

反应第二

反，反复试探；应，指对方回应。本篇阐述推知别人意图的方法：如果自己的意图和对方不同，就要反复试探，观察对方的反应，要把自知和知人结合起来，综合运用周密详备的计谋和沉着应对的技巧，就能最大可能地了解对方，掌握事物的真相。

2.1

古之大化者①，乃与无形俱生。反以观往，覆以验来②；反以知古，覆以知今；反以知彼，覆以知己。动静③虚实④之理，不合来今⑤，反古而求之。事有反而得覆⑥者，圣人之意也，不可不察。

注释

① 古之大化者：化是教化，大化者指圣人。

② 反以观往，覆以验来：追溯过去的经验，进行研究以面对当前，认识未来。反，同返，返回、回顾。覆，反复。

③ 动静：是指运动和静止。

④ 虚实：真伪的意思。

⑤ 来今：未来与现在。

⑥ 反而得覆：反复地调查过去，研究现在，以定将来的对策。

译文

古代以大道教化众生的圣人，其作为都是与无形的自然规律共生共存的。他们追溯既往，然后再据此察验未来，既可以知古，也可以知今；既可以了解对方，又可以知道自己。动、静、虚、实的运动原理，如果与未来及现在不符合，就需要反思历史以研求前人的经验。有些事要反复考察探索才能把握。这是圣人的见解，不可不认真研究。

古注

陶弘景注："大化者，谓古之圣人以大道化物也。无形者，道也。动必由道，故曰：无形俱生也。言大化圣人，稽众舍己，举事重慎，反覆详验。欲以知来，先以观往；欲以知今，先以考古；欲以知彼，先度于己。故能举无遗策，动必成功。动静由行止也，虚实由真伪也。其理不合于今，反求于古者也。事有不合，反而求彼，翻得覆会于此。成此在于考彼，契今由于求古，斯圣人之意也。不审则失之于几，故不可不察。"

2.2

人言者，动也①；己默者，静也。因其言，听其辞②。言有不合③者，反而求之，其应④必出。言有象⑤，事有比⑥。其有象比⑦，以观其次。象者象其事，比者比其辞也。以无形求有声，其钓语⑧合事，得人实也。若张罝（jū）网⑨而取兽也，多张其会⑩而司之。道合其事，彼自出之，此钓人之网也。常持其网驱之，其言无比⑪，乃为之变⑫，以象动之，以报其心，见其情，随而牧之⑬。己反往，彼覆来，言有象比，因而定基。重之袭之，反之复之，万事不失其辞，圣人所诱愚智⑭，事皆不疑。

注释

①人言者，动也：别人发言就是动。

②辞：倾诉、主张、陈情。

③言有不合：所说的话不合理。

④应：反应。

⑤象：象征，形象。

⑥比：比喻，比拟。

⑦象比：按照形象进行比较。

⑧钓语：如钓鱼投饵一般，在交谈时给对方以诱饵，以便引出对方的话头。

⑨罝网：罝是捕兔子等野兽的网，网是捕鱼等水产的网。

⑩会：聚集的意思。

⑪其言无比：如果言辞不能变化。

⑫乃为之变：改变方法。

⑬牧之：控制对方。

⑭愚智：愚者和智者。

译文

别人说话，是动态的；自己缄默，是静态的。要根据别人的言论，听他的辞意内涵，如果对方言辞有矛盾，要反复地追问他，对方（真正）的答辞就会出现。语言有形象性，事物可用比喻。因为有形象与比喻，所以要观察藏在言辞下面的含义。一般来说，形象可以模拟事件，比喻可以比附言辞，然后以“无形”的规律来求得有声的言辞，引诱对方说出（我方）所要知道的事，从而使对方自投罗网，暴露出自己的真实意图。这就像张开网逮野兽一样。多张一些网，捕获到野兽的可能性就会大一些。如果把这个方法用在人和事上，只要方法合宜，对方就会流露出自己的真实意图，这就是钓人的“网”。我们要经常用这个钓人的“网”去诱导对方，如果对方的言辞不符合平常的规范，反映不了真实的情况，

就要改变方法。就要用“形象”的手段，使之感动，以体会对方的思想、情感，进而控制对方。我们反诘对方，对方再回应过来，双方言辞均有形象、类比，于是与对方交谈心中就有数了。反复地用言语攻击、控制对方，事虽万变但不失于“言辞”，用“言辞”申明大道。圣人以此诱导感化愚人、智者，万事都会顺畅，这是不容置疑的。

古注

陶弘景注：“以静观动，则所见审；因言观辞，则所得明。谓言者或不合于理，未可即斥，但反而难之，使自求之，则契理之应，怡然自出。应理既出，故能言有象、事有比。前事既有象比，更当观其次，令得自尽。象谓法象，比谓比例。理在玄微，故无形也。无言则不彰，故以无形求有声，声即言也。比谓比类也。得鱼在于投饵，得语在于发端；发端则语应，投饵则鱼来。故曰：钓语，语则事合；故曰合事；明试在于敷言，故曰：得人实也。张网而司之，彼兽自得，道合其事，彼理自出，理既彰，圣贤斯辨，虽欲自隐，其道无由，故曰：钓人之网也。持钓人之网，驱令就职事也。或乖彼，遂不言无比，如此则为之变常易网，更有以勇之者矣。此言其变也。报，犹合也。谓更开法象以动之，既合其心，其情可见。因随其情而牧养也。己反往以求彼，彼必覆来而就职，则奇策必申，故言有象比，则口无择言，故可定邦家之基矣。谓象比之言，既可以定基。然后重之、袭之、反覆之，皆谓再三详审，不容谬妄。故能万事允惬，无复失其辞者也。圣人诱愚，则闭藏之，以知其诚；诱智则拔动之，以尽其情。咸得其实，故事皆不疑也。”

2.3

古善反听者，乃变鬼神①以得其情。其变当也，而牧之审也。牧之不审，得情不明；得情不明，定基不审。变象比，必有反辞，以还听之。欲闻其声反默，欲张反敛②，欲高反下，欲取反与。欲开情③者，象而比之，以牧其辞④。同声相呼，实理同归。或因此，或因彼⑤，或以事上，或以牧下⑥，此听真伪、知同异，得其情诈⑦也。动作言默，与此出入，喜怒由此以见其式⑧，皆以先定为之法则。以反求复，观其所托⑨。故用此者，己欲平静，以听其辞，察其事，论万物，别雄雌。虽非其事，见微知类⑩。若探人而居其内，量其能射其意也。符应不失⑪，如螣蛇⑫之所指，若羿⑬之引矢。

注释

① 变鬼神：有如鬼神般灵活多变，玄妙莫测。

② 敛：收藏、制止。

③ 开情：敞开心怀叙述。

④ 象而比之，以牧其辞：用形象、比喻法，了解、驾驭言辞。

⑤ 或因此，或因彼：从种种事情发端。

⑥ 或以事上，或以牧下：或者卑身事上，或者居高临下。

⑦ 情诈：真诚和虚伪。

⑧ 式：定式、形态、态势。

⑨ 观其所托：分辨出主张的本意。

⑩ 见微知类：从微小的事情上，观察出大事物的变化。

⑪ 符应不失：如同合于符节一样，来响应。

⑫ 螣（téng）蛇：传说中能飞的蛇，可预知吉凶。

⑬ 羿：即后羿，传说中的神箭手。

译文

所以，善于从反面听别人言论的人，可以用鬼神莫测的手段刺探到实情。如果能够随机变通谈话的方式，而且运用得当，就可以清楚地掌握实际情况，周详而有效地控制对方。如果控制不周密，得到的情况就不明了，得到的情况不明了，据以决策的基础就不可靠。在谈话中，要灵活运用形象和类比，使对方回应，以便观察对方的反应。想要听别人讲话，自己就要沉默；想要敞开，就要先收敛；想要居高，反而需要先处于低势；想要获取，就要先给予。要想了解对方的内情，就要运用模仿和类比的方法，以便把握对方的言辞。相同的意见可以彼此呼应，合乎实际的道理会有共同的结果。无论是从这件事情发端，还是从那件事情谈起，无论是用来侍奉君上，还是用来统御臣下，只有根据以上不同的情况随机应变，方能分辨真伪，了解异同，以分辨对手给出的是真实情报还是诡诈骗术。总之，活动、停止、言说、沉默，都要通过掌握的情况作出反应，喜怒哀乐也都要根据掌握的实情来确定实行的规则。用主动试探的方式来得到对方的回应，以观察对方主张的本意。用这种方法，自己要平静，以便听取对方的言辞，考察事理，论说万物，辨别雄雌。即使没有论及事情本身，但是可以根据细微的征兆，探知出重要的信息。就像刺探敌情就要深入敌境，估计敌人的能力，再摸清敌人的意图。这样得到的情况，就像验合符契一样可靠，像飞龙指示祸福一样准确，像后羿张弓射箭一样百发百中。

古注

陶弘景注："言善反听者，乃坐忘遗鉴，不思玄览，故能变鬼神以得其情，洞幽微而冥夫会，鬼神本密，今则不能，故曰：变也。言既变而当理，然后牧之道审也。情明在于审牧，故不审则不明；审基在于情明，故不明则不审。谓言者于象比有变，必有反辞以难之，令其先说，我乃还静以听

之。此言反听之道，有以诱致之，故欲闻彼声，我反静默；欲彼开张，我反睑欲；欲彼高大，我反卑下；欲彼收取，我反施与。如此则物情可致，无能自隐也。欲开彼情，先设象比而动之。彼情既动，将欲生辞；徐徐牧养，令其自言，譬犹鹤鸣于阴，声同必应，故能以实理相归也。谓所言之事，或因此发端，或因彼发端；其事有可以事上，可以牧下者也。谓真伪、同异、情诈，因此上事而知也。谓动作言默，莫不由情与之出入，至于或喜或怒，亦由此情以见其式也。谓上六者，皆以先定于情，然后法则可为。反于彼者，所以求覆于此，因以观彼情之所托，此谓信也。知人在于见情，故言用此也。谓听言之道，先自平静，既得其辞，然后察其事，或论序万物，或分别雄雌也。谓所言之事，虽非时要，然观此可以知微，故曰：见微知类。闻其言，则可知其情，故若探人而居其内，则情原必尽，故量能射意，乃无一失，若合符契，螣蛇所指，祸福不差，羿之引矢，命处辄中，听言察情，不异于此，故以相况也。”

2.4

故知之始己，自知而后知人[①]也。其相知也，若比目之鱼[②]。其伺言也，若声之与响；见其形也，若光之与影也；其察言也，不失若磁石之取针，舌之取燔骨[③]。其与人也微，其见情也疾。如阴与阳，如阳与阴；如圆与方，如方与圆。未见形圆以道之，既见形方以事之。进退左右，以是司之。己不先定，牧人不正[④]，事用不巧，是谓“忘情失道”；己审先定以牧人，策而无形容，莫见其门，是谓“天神”。

注释

① 知之始己，自知而后知人：假如你想要了解他人，就必须先了解自己。

② 比目之鱼：一双眼睛生于身体一侧的鱼，经常是两尾并游，这里比喻人与人的相知如比目鱼般两两相随不可分。

③ 燔骨：烧烤的骨头上所带的肉。

④ 牧人不正：不能公正地驾驭人。

译文

所以要想掌握情况，要先从自己开始，只有了解了自己，然后才能了解别人。双方互相了解，就像比目鱼一样形影相随；掌握对方的言论就像声响与回音一样契合无误；从外表观察对方的内心，就像光和影子一样不走样；侦察对方的言辞，就像用磁石吸引钢针、用舌头剥取焦骨上的肉一样万无一失。这样，与对方交谈，自己暴露给对方的微乎其微，就可以迅速洞悉对方的真实意图。就像由阴变阳，又像由阳转阴，像圆变方，又像方转圆一样自如。在情况还未明朗以前，要用圆融的道理来诱惑对手，在情况明朗以后就要用方略来战胜对方。御人之道，无论是升迁、黜退、贬斥、推崇，都可用这个方法来控制。如果自己不事先确定策略，就不能正确地统帅别人。做事没有技巧，就是不顾实情，违背事物发展的规律。自己首先认真确定策略，再以此来统领众人，就能在不暴露意图的前提下，于无形中驱策别人以致成功，而旁人还看不清其门道所在，就可以称为“天神”。

古注

陶弘景注：“知人者智，自知者明。智从明生，明能生智。故欲知人，必须自知。我能知己，彼须我知，必两得之，然后圣贤道合，故若比目之鱼。圣贤合则理自彰，犹光生而影见。以圣察贤，复何所失？故若磁石之取针，舌之取燔骨。圣贤相与，其道甚微，不移寸阴，见情甚疾。上下之道，取类股肱，比之一体，其来尚矣。故其相成也，如阴与阳；其相形也，犹圆与方。谓向晦入息，未见之时，当以圆道导之。亦既出潜离隐，见形之后，即以方职任之。此言用人之道，或升进，或黜退，或贬左，或崇右，一惟上圆方之理，故曰：以是道司之。方圆进退若不先定，则于牧人之理，不道其正也。用事不巧，则操末续颠，圆凿方枘，情道两失，故曰：忘情失道也。已能审定，以之牧人。至德潜畅，玄风远扇，非形非容，无门无户。见形而不及道，日用而不知，故谓之天神也。”

阅典笔记

本篇的“反应”实际是阐释了一种循环反复的思考方法。在对客体的观察中，只有循环反复地思考才能接近其本质，获得真知。作者认为，对事物要“重之、袭之、反之、复之”，万事才能不失其辞。对世间一切事物皆当如此，了解今天必须反观历史，预测未来必须以现实为依据，此即“圣人之道”。

本篇还提出了把握对方谈话的“钓言之道”。所谓“钓言之道”就是让人家说出真话，钓言时要明了对方的情况，辨清对方是真情还是诡诈。历史及现代生活中许多谍报事件，都发人深省地说明行“钓言之道”、反复观察以知事物真相的重要。

本篇分四层：第一层讲要运用“反覆”的方法，了解过去、现在、将来，了解自己和对方，观今鉴古，知己知彼。第二层讲要善于诱导对方发言，静听对方的发言，反复推敲，掌握真实情况，以确定自己的谋略。第三层讲反应之术要善于变化，特别是善于从不同的角度变化，善于以柔克刚，从而达到“览微知类”、鬼神不测的境界。第四层讲要了解别人，首先必须了解自己，自己有了定见，才能正确而灵活地运用各种策略，进退自如。总之，本篇提出了“反复斟酌”“以静制动”“知之始己”等说服对方的原则。本篇在讲如何诱导对方时，还提出了“象比”与“钓语”这两个专有名词。所谓“象”，有“形象”“象征”的含义，“象其事”就是用象征或比喻之类的具体形象的语言去阐述抽象的事理。所谓“比”，就是通过可供类比的先例使对方信服。运用“象比”，就可以借助形象而有力的语言表达出幽微无形的事理，从而说服对方，这就是“钓语”。本篇说理，不仅层次井然，而且形象生动，运用了多个独特的比喻，如：钓人之网、比目之鱼、响之随声、影之随光、后羿射日。

“反应术”是《鬼谷子》中关于刺探情报的一种方法。这里的反应与我们现在常说的“反应”有区别，它专指经过刺探使对手发生的变化。《鬼谷子》一书认为：别人说话是动态，自己缄默是静态，主张以静测动。这一招法也是纵横家独创的。它有自己的一套原则。主张通过某种活动或言辞，刺激对方开口，再根据对方的话来分析其真情，假如有不清楚或不合理的地方，再回来重新探求，从对方的言行中可以分析下一步的言行，力争得到对方的实情。

实行“反应术”就像渔人一样多撒一些网，等待对手落网，只要方法得当，以引诱之辞为饵，不愁探求不出对手的实情来。如果对方说出的情况还不够用，就需要用模仿和比较的方法让对方将心里的东西都表达出来，以让对方进一步暴露实情，从而控制对手。要通过反反复复的反应，全面掌握情况。

反应术在运用时还有一些小计谋。比如，要想让人家说话，自己先沉默；要让对方敞开，自己先收敛；要想获得什么，就先给对方点甜头。这一小计谋就是要解除对方的戒备心理，使其倒出实情。此外还需要辨别真伪，通过比较，排除假情况；要善于通过小事推测出大事；刺探情况要准确，要迅速；要先了解自己，才能更好地了解对手；要与对手把感情拉近，像声和响一样密切，观察对手的言论要认真，像磁石吸铁针一样；自己暴露给对手的东西微乎其微，而得到的东西要多而且迅速。

本篇受《周易》的影响是非常明显的。如《易·乾·文言》云:“同声相应，同气相求。”《易·中孚·九二》云:“鸣鹤在阴，其子和之。我有好爵，吾与尔靡之。”本篇则说:“同声相呼，实理同归。”《周易》说:“拟诸其形容，象其物宜，是故谓之象。”本篇则说:“象者象其事。”

本篇受《老子》的影响更加明显。《老子》云:“反者，道之动。”“将欲翕之，必固张之;将欲弱之，必固强之;将欲废之，必固兴之:将欲夺之，必固与之。是谓微明。柔弱胜刚强。”本篇则说:“欲闻其声反默，欲张反敛，欲高反下，欲取反与。”

触类旁通

◎ 通典

范雎说秦王

《战国策》中的策士们是精通“反应”之术的。《秦策三》所记载的范雎说秦昭王的故事，就是一个突出的例子。范雎从魏国逃到秦国后，认真分析了秦国的政治形势：秦昭王大权旁落，受到太后与四个当权大臣（包括其舅父穰侯魏冉）的控制;而昭王不愿意受这种控制，却苦于没有人为他出谋划策。于是，他向昭王上书说:“语之至者，臣不敢载之于书;其浅者，又不足听也。”

昭王体会到话中有话，于是派车把他接进宫内。昭王屏退左右的一切人，然后请教说："先生何以幸教寡人？"范雎只是回答："唯、唯。"过了一会，昭王再请教，范雎又是回答："唯、唯。"第三次也一样。昭王说："先生不幸教寡人乎？"这时，范雎才开口说："我是外地来的小臣，跟大王交情很浅，不了解大王的内心；而我要讲的内容，牵涉到您的骨肉至亲和大臣，所以我不敢轻易地说。您害怕太后，又被奸臣控制，处境孤危，国家也危险，这就是我害怕的事情。我个人的生命并不重要，如果我的死亡能够换来秦国的兴盛，那比我活着更有价值。"于是诱导秦昭王说出了真心话："先生何必这样说呢？事无大小，上及太后，下至大臣，愿先生全都说给寡人听，先生不要怀疑寡人的真心。"范雎这才向昭王详细地分析了秦国的内外形势，并说："现在国外都只知道秦国有太后，有穰侯等四个当权大臣，不知道有你这个国君，我担心后代的秦王不是您的子孙。"于是，昭王下决心，任用范雎为相，废太后，驱逐穰侯等四个权臣，并且对范雎说："过去，齐桓公得到管仲，尊称他为仲父；今吾得子，亦以为父。"范雎当权后，在国内加强了王权，在国外实行"远交近攻"的策略，为秦的强大做出了巨大的贡献。

◎ 评价

上文中的范雎的整个游说过程，充分体现了本篇所说的"欲闻其声反默""同声相呼，实理同归"的理论。在秦王问他事情的时候，他以沉默应对，待秦王问其缘由时，再说出其本意，这种反应术相对直接向秦王进谏，成功率要高得多。

◎ **伍子胥**（？—前484）
春秋末期吴国大夫、军事家、谋略家。名员（yún），字子胥。本为楚国人，因杀父之仇逃亡吴国。辅佐吴王阖闾登上王位后，一举攻破楚国首都郢（今湖北江陵北）。后辅佐吴王夫差，为伯嚭陷害而死。

◎ 通典

卧薪尝胆

春秋时，伍子胥劝吴王夫差灭越，而吴王既辨不出伍子胥对他的忠心，也看不出越王勾践的用计，因而遭受国破身亡之难。吴王夫差贪图眼前利益，要去攻打齐国，伍子胥劝阻他说："齐国和吴国习俗不同，语言不同，即使我们得到齐国的土地也不能居住，得到齐国的百姓也不能役使。而吴国和越国疆土毗邻，田地交错，道路相连，习俗一样，语言相通。我们得到越国的土地能够居住，得到越国的百姓能够役使。越国对于我国也是如此。现在舍弃越国去进攻齐国，这就像担心虎患却猎杀野猪一样，虽然可能获胜，但后患无穷。”太宰嚭(pǐ)说：“伍子胥的话不可听信。君王如果进攻齐国并战胜它，然后移兵，以大军压晋国之境，晋国一定会俯首听命。这是君王一举降服两个国家啊！这样，君王的命令一定可以在中原各国推行。”吴王夫差认为太宰嚭说得对，不听从伍子胥的意见，而采用了太宰嚭的计谋。

过了几年，越国人报复吴国，攻破了吴国的国都，灭绝了吴国的世系，毁灭了吴国的社稷，夷平了吴国的宗庙，夫差本人也被活捉。夫差临死时说：“死后如果有知的话，我在地下有什么脸面见子胥呢？”于是用巾盖上脸自杀了。

这个故事说明糊涂君王，祸患还没来时无法使他明白；祸患来后，他们虽然明白过来也来不及了。夫差死到临头才知道伍子胥的策略是正确的，才发现自己愧对伍子胥。

越王勾践被吴王夫差打败，越国要求跟吴国讲和，吴国的条件是要勾践夫妇到吴国给夫差当仆役，勾践答应了。勾践将国事委托给大夫文种，让大夫范蠡随他夫妇二人前往吴国。到了吴国，他们住在山洞石屋里。夫差每次外出，勾践就亲自为他牵马。有人

指骂他，他也不在乎，低眉顺眼，始终表现出一副驯服的模样，很讨夫差的欢心。一次，夫差病了，勾践在背地里让范蠡做了个预测，知道夫差的病很快就会好，于是勾践就亲自去见夫差，探问病情，并亲口尝了尝夫差的粪便，向夫差道贺，说他的病很快就会好。夫差问他怎么知道，勾践就胡编说："我曾跟名医学过医道，只要尝一尝病人的粪便，就能知道病的轻重。刚才我尝了大王的粪便，味酸而微苦，用医生的话说，是得了'时气之症'，不会有大碍，大王不必担心。"果然不几天，夫差的病就好了。夫差认为勾践比自己的儿子还孝顺，深受感动，就把勾践放回国去。

勾践回国之后，卧薪尝胆，二十年以后，终于报仇雪耻，灭掉了吴国。

◎ 评价

这个故事讲的是忍辱负重的道理，可这个故事的关键却在于夫差把勾践放回了国。勾践使用的方法正是不断地揣测、试探夫差的本意，夫差要的是勾践再无复国之心，勾践就在行为举止上体现出其忠心耿耿服侍夫差的表象，待夫差明白时，已放虎归山，为时已晚矣。

◎ 通典

淳于髡救薛

本篇中的投石问路，是掌握对手想法的重要手段。在社交、政治等活动中要随时根据对方的反应制定策略，以便施展自己的手段，但不应露出自我行踪。

淳于髡（kūn）救薛地，正是掌握了齐王的心理，因势利导，达到了预期的目的。

战国时代齐国名士孟尝君因与齐王闹翻而辞去宰相职务后，便回到自己的领地薛。他本想好好地休养一段时间，但是出乎意料地发生了南方邻国正计划举兵进攻薛的事情，只有向齐王求援以解燃眉之急。但是孟尝君刚同齐王闹翻，确实不好开口。此时，

◎ 淳于髡
战国时期齐国政治家和思想家。博学多才、善于辩论，是稷下学宫中最具有影响的学者之一，曾对齐国新兴封建制度的巩固和发展，对齐国的振兴与强盛，对威、宣之际稷下之学的发展，做出了重要的贡献。

恰巧奉齐王之命出使楚国的淳于髡，归途中顺便到薛地向孟尝君问候。孟尝君一听到这个消息，真是喜出望外，心想："一切都要依赖他了。"

淳于髡是齐国的人赘女婿，身长约五尺，人很机灵，能言善辩，因而经常奉命差遣，每次都不辱使命。他博闻强记，学问不属于任何一派，与人交谈时善于察言观色。淳于髡与齐国王室和孟尝君的关系都很密切。交涉此事他是最合适的了。

当淳于髡来到薛地时，孟尝君以礼相待，分别时亲自到郊外为其送行，并对他说："楚国人攻打薛地，我已经没有别的办法侍奉您了。"淳于髡点点头，表示意会，心里在想如何救孟尝君。

淳于髡接受了孟尝君的请求，坚定地说："一切依照你的指示。"他很快回到了齐都，立刻谒见齐王。表面上他以使者的身份向齐王复命，实际上则是为孟尝君请求援兵。齐王问道："现在楚国的情况怎么样了？"淳于髡抓住这个时机说："我感到十分困扰，楚国是如此顽固，而薛人又是如此无自知之明。"淳于髡故意把话题转向了薛，而齐王不自觉地被淳于髡牵着走了，迫不及待地问道："到底是怎么回事？"淳于髡慢条斯理地说："薛不考虑自己的情况，就在当地建立起祭奉先王的宗庙。现在楚国要进攻薛地，根本不会把祖先的庙放在眼里。薛真是无自知之明，而楚也太顽固了。我所指的就是这件事情啊。"

齐王一听变了脸色，于是立即发兵救薛，因此薛地得以保全，孟尝君得救。齐大夫淳于髡善于劝说，借齐王的力量丝毫不露形迹，以此挽救了薛。

◎ 评价

此例中的淳于髡亦是在揣测试探了齐王的担忧之所在后，并通过反推的思路，将齐王的先王祖庙正好在薛地的事情貌似不经意地说出来。齐王听到要害之处时，便会自然而然地发兵救薛地。

◎ 通典

苏秦合纵

苏秦是鬼谷子的门徒，苏秦合纵成功，正是把握住了各国诸侯的心理。苏秦起初用连横的主张，去游说秦惠王，建议秦惠王利用秦国地利兵强的优势，用武力统一天下。但他的主张始终没被秦王采纳。他的衣服破了，钱也用完了，只得离开秦国回家。

苏秦说秦连横遭到拒绝，回家后，他连夜搬出几十个书箱，拿出藏书，找到姜太公所写的叫《阴符》的谋略书，伏案诵读，刻苦揣摩。读书读困了，想睡的时候，就拿锥子刺自己的大腿。这样，经过一年的时间，终于想出改连横为合纵六国的策略。

于是，苏秦去赵国，求见赵王，劝说赵王合纵赵、齐、燕、魏、楚、韩六国攻打秦国。赵王对苏秦的主张非常欣赏，让苏秦做赵相，授给他相印，同意苏秦到各国相约合纵，拆散连横，以便压制秦国。

结果，苏秦没有耗费一斗粮食，没有用一个士兵，没用断一根弓弦，没有折断一枝箭，就使六国受制于合纵计谋，诸侯相互亲爱，胜似亲兄弟。诸侯中没有人敢和赵王对抗，都和秦国断绝了外交关系。

◎ **苏秦（前 337—前 284）**
字季子，东周洛阳人，战国时期著名纵横家，鬼谷子弟子。与赵秦阳君共谋，发动韩、赵、燕、魏、齐诸国合纵，迫使秦国废帝退帝；又离间齐与赵、楚关系，使齐国险些被燕国灭亡，可谓“一怒而天下惧，安居而天下熄”。有《苏子》三十一篇，今佚。

◎ 评价

此例中的苏秦在发觉连横之计不可行时，果断地改变策略，并站在六国的立场上，揣摩各国君王的意图，让各国认识到秦国的强大，各自为政不如五指并拳，提出了合纵之计。

◎ 通典

郭淮化险为夷

公元 220 年，曹丕受禅登基，建立魏国，天下各地都派人前来祝贺。征羌将军郭淮受左将军张郃派遣，亦为贺客之列。但是，走到半路，郭淮病倒了，所以没能赶上曹丕的登基大庆。

到了京城以后，在一次君臣宴会上，曹丕责怪郭淮说："大禹曾在涂山召集各路诸侯大会，防风氏因晚到便被杀。现在魏国建立，普天同庆，而你却来得最晚，你说说这是什么缘故吧？"

曹丕把防风氏被杀的典故说给郭淮给听，意思是告诉郭淮要当心自己的脑袋，回答得好则罢，回答不好必死无疑。郭淮听后，回答说："我听说，黄帝时总是以德来教导人民，夏朝的时候因为政治衰退，才开始使用刑法。现在我生活在唐虞盛世，无刑法之用，因此我知道我不会像防风氏那样被杀，所以我才敢来迟。"

曹丕听后大悦，不仅没有处罚郭淮，反而把他提升为雍州刺史，加封射阳亭侯。

◎ 评价

此例中的郭淮恰到好处地估摸到了曹丕初为人王时对自己的王朝成为盛世的期待心理。唐虞是中国传说五帝中的尧和舜，他们在位时政治清明，百姓和乐，所以把他们治国时期称为唐虞盛世。郭淮巧妙地把曹丕比作唐虞，回答巧妙，应对机智，不仅救了自己的命，而且得到提升，堪称是随机应变的智者。

◎ 通典

许攸是曹操手下的大将，有一段时间，因不满于曹操而自拥兵将，出言侮骂，有背叛之意。曹操气极了，便想兴兵讨伐。群臣劝谏，曹操不听，横刀于胸不许群臣再谏，一场曹兵内乱眼看就要发生。

这时，正好杜袭从外面进来，曹操抢先对杜袭说："我的大计已定，求求您就别劝谏了。"杜袭就着曹操的话说："到底是什么事我还不知道呢。"曹操说："许攸骂我，这事该如何处理？"杜袭说："以您看许攸是个怎样的人呢？"曹操回答说："凡人而已。"杜袭说："只有贤者才能理解贤者，只有圣人才能认识圣人。许攸既是凡人，又怎么能了解您这个圣人呢？如果您兵伐许攸，人们就会说您只敢欺负许攸这样的凡人弱者，对其他的豪杰强侯只好退避三舍了。这样，您进兵，别人不会说您勇武；退兵，别人不会说您仁慈。那么，对于区区许攸，您劳神虑智能有什么好处呢？”曹操听后，沉吟良久，说：“你说得不错。”便派人厚抚许攸。许攸受到厚抚，便请罪于曹操，君臣得以和好，一场就要发生的内部混战，在杜袭的巧言劝说之下消弭了。

◎ 评价

此例中的杜袭也是充分地抓住了曹操自诩为乱世枭雄的心理，将曹操比作圣人，将许攸说成凡人，利用曹操傲人一等的君王等级之心，成功地化解了这次危机。

◎ 通典

朱元璋“攻心为上”

朱元璋占据太平以后，方山寨民兵元帅陈野先立即派兵把守新塘、高望、鸡龙山等要地，以切断朱元璋军的军粮运输线，自己和部将康茂才率兵两万，分水、陆两路进逼太平。朱元璋得到消息后，亲自率领诸将正面迎敌，同时，命令徐达另率一军绕到陈野先军的背后，前后夹击来犯之敌。陈野先在突围时被擒获，朱元璋没有杀他，继而命令卫兵给他松绑，并好言抚慰。陈野先说：“要杀就杀，饶我不死有什么用？”朱元璋笑道：“当今天下大乱，豪杰四起，你得胜，人家就归顺你；失败了，你就归顺人家。你应当通时达变，何必轻生呢？”陈野先迟疑了好一会儿才同意投降，并答应写信招降部下。

陈野先借朱元璋不杀之机，假意投降，以谋东山再起。朱元璋的部将察觉了他的阴谋后，力劝朱元璋把他杀掉，以除后患。朱元璋心平气和地说：“人各有志，追随元人，还是跟随我，由他自己决定吧！”尔后就把陈野先外放出去。

不久，朱元璋挥师进攻集庆，陈野先与元将福寿合兵，在秦淮河一带阻截朱元璋军郭天叙、张天佑部。郭、张二将战死，余部溃败，陈野先乘胜追击，途中肆意掠夺，无恶不作。途经葛仙乡村，乡里民兵首领卢德茂密派青衣兵五十人持酒肉假意欢迎陈军，乘其不备之时，青衣兵拔出身上暗藏的兵器向陈野先砍去，陈野先和部将十余人被杀死。

陈野先死后，其子陈兆先纠集先父余部残兵屯驻方山，与元将蛮子海牙成犄角之势，以窥太平。翌年，朱元璋率诸将再次挥师进击集庆，陈兆先率部众对垒。只一役，朱元璋军即活捉了陈兆先，收降其余部三万多人。朱元璋不但没有追究陈兆先的阻师之罪，而且还擢用了他。这时，朱元璋左右顾虑降众太多，唯恐生变，认为应早做处置。降兵们内心也惶惶不安，唯恐性命难保。朱元璋发现这种情况后，就从降兵中间挑选了五百名精壮勇士，做自己的贴身护卫。入夜，除朱元璋自己外，只让部将冯国用一人留侍帐中，而令这些卫士们环榻卧眠。睡觉时，朱元璋独自上床，解下铠甲，脱去战袍，一觉睡到天明。从此投降兵士们的心里全踏实了，心甘情愿地为朱元璋冲锋陷阵。

◎ **明太祖高帝朱元璋（1328—1398）** 明朝开国皇帝，1368—1398 年在位。25 岁时参加郭子兴领导的红巾军反抗蒙元暴政。1368 年，在基本击破各路义军和扫平元朝残余势力后，于南京称帝，国号明，年号洪武。其统治时期被称为“洪武之治”。

◎ 评价

在元朝末年战乱不已的形势下，朱元璋采用“攻心为上”的策略，对陈野先父子擒而不杀，终于感化了他的部众，使其转而为己所用，使自己的势力一天比一天壮大起来，在争夺天下的战争中处于越来越有利的地位。

◎ 通典

陈泰妙守狄道

公元 251 年，西蜀大将姜维、夏侯霸等人引兵数万进攻曹魏的陇西。雍州刺史王经对征西将军陈泰说：“听说姜维分兵三路，一路向祁山，一路奔石营，另一路赴金城。所以我们也要分三路布置，您出兵侧翼保石营，调凉州军至枹罕保金城，派讨蜀护军徐质保祁山。”陈泰心想，以姜维的实力和兵力势必不能分取三路，而自己的兵力也不好分开，便对王经说，“先别急，看看形势，知道敌人的意图再说。”后来，姜维果然只一路进兵，率领全部兵力至枹罕，意在夺取狄道，虎视关陇。知道敌人意图后，陈泰派王经去守

◎ **姜维（202—264）**
字伯约，天水冀（今甘肃甘谷东南）人。三国时期蜀汉著名军事家、军事统帅。原为曹魏天水郡的中郎将，后降蜀汉，官至凉州刺史、大将军。

狄道，告诉他须待大军到后，再与姜维交战。陈泰自己率军到陈仓，意欲从侧翼发动攻击。

王经去后，不守狄道，而是率军前进，与姜维相遇于故关，交战大败，仓忙跑回狄道，收拾残军防守。由于此战失利，姜维乘胜引兵前进，把狄道团团包围起来。狄道形势危急，陈泰知道原来的侧翼攻势已无用，便急命五营前行，自引大军跟随，去解狄道之围。

部队到了上邽，邓艾、胡奋、王秘等人亦领兵到来。邓艾等人说："王经的精兵已败于姜维，敌人兵多气盛，难以抵挡。而您所率之兵实为乌合之众，新败之后，士气消沉，陇右动荡不安。古人说：'蝮蛇螫手，壮士断腕'。《孙子兵法》也说：'兵有所不击，地有所不守'。这是说要忍受小失而保全大局。现在，陇右的危险远过于蝮蛇，狄道不正是不守之地吗？姜维之兵，乘勇前进，我们应避其锋锐。所以现在不如放弃狄道之守，先求自保，然后再设法进兵陇右，这才是上计。"陈泰说："姜维提轻兵深入远地，粮草不继，必定要与我们寻求速战。所以，王经应当高壁深垒，挫其锐气，不与交战。但他不知形势，与敌速战，遂使敌人得志进兵包围了狄道。如果姜维攻克狄道，再引兵东进，占据栎阳粮米之地，驻兵此处，招降纳叛，勾结羌人，东争关陇，则此处四郡大概都会被姜维所得。这样的话，我们的麻烦就大了。不征讨呢，姜维虎视中原，危险时在；征讨呢，姜维以得胜之兵据城坚守，攻守的形势不同，我军要想取胜便非常不易。而现在呢？姜维仓促之间调集大军深入，粮草必然不继，这正是我军破敌之时，只要我军一进，以迅雷不及掩耳之势，姜维必破无疑。而且，我军占据高地，而姜维勒兵桃水低处，以上击下，势如破竹，敌人必不战而走。敌寇不可容纵，被围的狄道也不会坚持多久，诸位将军何必说出这种话来呢？"陈泰于是便进兵跨越高城岭，准备救狄道之围。

但是，心意定了，救兵之计却如何布置呢？陈泰心想，姜维用兵亦非比寻常，他既然兵围狄道，想必会在山路险阻之处设兵伏击援兵。怎么办呢？他命令部队趁夜潜行，绕过敌人可能设伏的北路，率军向南，走到了狄城东南的高山之上，果然绕过了姜维的伏兵。大军一到，于高山之上多举烽火，击鼓鸣角，告诉城中救兵已到，城中兵将士气大振。而姜维见对方救兵突至，出乎意料，军中上下震惊。姜维引兵来战陈泰，由于地势不利而退。后来，陈泰又密谋截断了姜维的退兵之路。姜维听到后，连忙引兵遁去，狄道之围被解，姜维没有在陈泰手中得到一点好处。

◎ 评价

在这场互斗心智的战争中，陈泰的智谋表现得淋漓尽致，他先是想守住姜维进兵的必由之路狄道，然后从陈仓发动侧翼反攻。故关一败，狄道危急，侧翼反攻无法实施，便出奇兵绕过埋伏，突然出现在姜维的大军面前，保住了狄道。再后又密谋截断姜维的退路，吓走了姜维。此战一胜，连司马懿对陈泰也是赞不绝口。此战中姜维表现出了极高的军事谋略。

◎ 通典

淡漠超然的山本

日本的 DC 公司经理山本村佑与美国一家公司谈一桩生意，美国方面知道 DC 公司面临破产的威胁，就想用最低价格买下 DC 公司的全部产品。DC 公司如果不卖，资金无法周转；而 DC 公司如果以最低价格卖给美方，DC 公司的利益就会受到严重损害。当时山本村佑的内心非常矛盾，但他是一个不轻易流露自己内心深处想法的人。当美方提出这些要求时，山本却叫来人问他去韩国的机票是否已准备好了，如果准备好了他明天就飞往韩国，谈一笔更大的生意，而对美方这桩生意兴趣不大。

对他这种淡漠超然的态度，美方谈判代表是丈二金刚摸不着头脑，急忙打电话给总裁。当时，美方也急需这些产品，总裁最后下决心还是以原价买下了这些产品。DC 公司得救了，人们不得不佩服山本惊人的谈判艺术和掩饰自己内心的本领。

◎ 评价

山本的这次谈判的关键在于知道美国人也是特别的想要得到自己公司的产品，并通过订机票一事揣摩出美国人肯定想要的意图，从而在谈判中反客为主，获得成功。

◎ 通典

李光前投石问路

李光前是已故的新加坡华人企业家，颇具经营才能。1914年，他被聘为新加坡中华国货公司的英文财务，并处理采办与交涉等事务。当时民国初立，中国商务印书馆与中华书局分别出版了新型的“共和版”课本和“中华版”教科书，东南亚各地有许多华侨学校，采用的仍是清末的旧课本。李光前目光敏锐，感到机不可失，立即与国内出版社联系，买入大批新教科书转售给各侨校，为公司赢得了一笔可观的收入。

1928年8月31日，李光前创立了自己的公司——南益橡胶公司。之前，他准备购买胶园，扩大规模。这时，刚好有一位英国商人准备回国，想把新加坡的1000英亩胶园以10万元价格出售。李光前调查之后决定购买。然而，他的岳父陈嘉庚先生表示反对，因为胶园经常有猛虎伤人。如果工人不敢去割胶，胶园再便宜，也会荒芜。李光前认为胶园价格将会倍增，因为政府已准备在该胶园附近修建公路，有了公路，人来车往，老虎也会绝迹。他坚持己见，筹钱把胶园买了下来。

不久，李光前的预言变成了现实。政府在此胶园附近修建公路，胶园价格因此暴涨了2—3倍。1928年，李光前把这片胶园以大约40万元的高价售出。

这样，在短短一年内，李光前就净赚了30万左右。他正是用这笔钱创办了南益公司。

如今，营销观念已被大多数企业接受，并对提高企业的经济效益，促进企业的自身发展，满足人们需要发挥着越来越大的作用。但是，在当前的营销实践中，却存在着过于重视通过各种营销策略去“获得顾客”，而忽视了“保持顾客”的现象。保持顾客，就要做出“关系”之网，以“关系”“网住”对方，以求成功，“网住”顾客可以克服营销实践中的片面性，在营销中，每个企业都有必要发展“保持顾客”的营销。而关系营销对于企业保持其顾客来说是相当重要的。“关系营销”就是企业通过各种努力与顾客之间建立良好、稳固的关系，并利用这种关系来实现企业营销目标。一般说来，在实践中可以有五种不同层次的“关系营销”：

最基础的层次实际上并不真正包含建立关系。例如，轿车推销员微笑着卖给顾客一辆轿车，在顾客开走的时候挥着手道再见。而顾客却再也见不到这位推销员，当车坏的时候，他只能跟修理部打交道。

反应营销是关系营销的第二个层次。还以轿车营销为例，推销员在与顾客道别的时候说：“要是车有什么毛病或出了什么问题，就打电话给我。您不必给修理部门打电话，我会让您满意的。”

义务营销是关系营销的较高形式。在这个层次上，推销员在车卖出后的几个星期内给新车主打电话，询问对于新车的看法，以及是否有什么值得改进的地方。顾客可能会说：“我希望车门能多一个袋子，后窗上也有刮水器……”这类能帮助生产商改进它的产品的信息。

关系营销的更高层次是积极营销。推销员会时不时地给顾客打电话告知：“本公司找到了一种帮您节省燃料的方法，我们可以为您往发动机上加一种装置。”从而让顾客感觉到该企业一直在关注他们的需要。

关系营销的最高层次是伙伴营销。但伙伴营销主要用于与其他企业建立良好的关系。通过与其他企业建立良好的关系，通过与其他企业的密切合作，便于发现双方经营存在的问题，从而促进双方的共同发展。

一般来说，越高层次的关系营销所需费用就越高。因此，一个企业必须决定进入较高层次是否值得。在这里，企业应主要考虑两个因素：一是所经营的业务的利润高低，二是顾客的数量。对于低利而顾客较多的业务，企业的关系营销在基础层次上进行；而对于高利而顾客数量很少的业务，如大型成套设备的销售，就需要买卖双方密切合作，形成真正的伙伴关系。

◎ 评价

商界中的反应之术亦在于如何更准确地揣测对手和顾客的原本意图，通过在谈判中使用投石问路的手段，在营销过程中使用供不应求的手法等，都可以准确地得知对方的根本意图，在知己知彼之后，方能百战百胜。

内楗① 第三

内，纳的意思，也就是叙述自己的观点。楗 (jiàn)，本意为门闩。这里有坚持和束缚的意思。本篇讨论臣下向君主，下级向上级进献说辞，要寻求进说者与施说对象之间的心理默契。首先分析了君臣的关系有远近亲疏，又指出进献说辞要掌握时机，并学会固守自己的计谋，结合内情、外情，或帮助对方治理混乱的局面，或称颂对方，讨其欢心，从而获得信任。

3.1

君臣上下之事，有远而亲①，近而疏②；就之不用，去之反求。日进前而不御③，遥闻声而相思。事皆有内楗，素结本始④。或结以道德，或结以党友，或结以财货，或结以采色⑤。用其意，欲入则入，欲出则出；欲亲则亲，欲疏则疏；欲就则就，欲去则去；欲求则求，欲思则思。若蚨 (fū) 母⑥之从其子也；出无间，入无朕。独往独来，莫之能止。

注释

① 远而亲：距离遥远，却极亲密。指与君主志同道合者。

② 近而疏：看似亲密，其实极为疏远，指曲意逢迎的人。

③ 御：用。

④ 素结本始：本篇指在君臣心灵之间，像紧紧地连着一条绳子一样的契合。素，平常，本始，本源、根本。

⑤ 采色：美女。

⑥ 蚨母：青蚨，昆虫名，每当出入巢穴时，都要一一把穴口加盖以防外敌。

译文

君臣上下之间的关系十分微妙，有的距离很远却很亲密，有的距离很近却很疏远。有的留任在身边却不使用他，有的离任以后反受聘请。有的天天都能见到君主却不被信任，有的离君主十分遥远却被思念。凡是事物内部都有规律，人与人之间有内在的契合方式。君王与臣子的结交，或者以道德为纽带，或者以朋党的方式相结交，或者通过钱财相结交，或者靠美色相结交。虽为臣下，只要明白君王的喜好，就能进退自如。想亲近就亲近，想疏远就疏远；想接近就接近，想离去就离去；想追求就追求，想思念就思念。就好像母青蚨完全依从小青蚨自由出入洞穴一样，小青蚨想进就进，想出就出，进出完全不留痕迹。小青蚨独自前往，独自返回，谁也没法制止它。

古注

陶弘景注："楗者，持之令固也。言上下之交，必内情相得，然后结固而不离。道合则远而亲，情乖则近而疏。非其意，则就之而不用；顺其事，则去之而反求。

分违则日进前而不御，理契则遥闻声而相思。言或有远之而相亲，去之反求，闻声而思者，皆由内合相待，素结其始，故曰：皆有内楗，素结本始也。结以道德谓以道德结连于君，若之臣名为臣，实为师也。结以党友，谓以友道结连于君王者之臣，名为臣也，实为友也。结以财货，结以采色，谓若桀纣之臣费仲、恶来之类是也。自入出已下八事，皆用臣之意。随其所欲，故能固志于君，物莫能间也。蚨母、螳蠩也。似蛛蜘，在穴中，有盖，言蚨母养子，以盖覆穴，出入往来，初无间朕，故物不能止之。今内楗之臣，委曲从君，以自结固，无有间隙，亦由是也。”

3.2

内者，进说辞也。楗者，楗所谋也。故远而亲者，有阴德①也；近而疏者，志不合也。就而不用者，策不得也；去而反求者，事中来也。日进前而不御者，施不合也；遥闻声而相思者，合于谋待决事也。故曰：不见其类而为之者，见逆。不得其情而说之者，见非。得其情乃制其术②，此用可出可入，可楗可开。

注释

① 阴德：心意暗合。

② 术：技能、谋略、手段。

译文

所谓“内”就是接受采纳意见，所谓“楗”就是进献谋策。所以说，与君主相距很远却被亲近的人，是因为能与君主心意暗合；距离君主很近却被疏远的人，是因为与君主志趣不一；在职上任而不被重用的人，是因为他的计策没有实际效果；革职离去再被反聘的人，是因为他的主张被变化着的现实证明可行；每天都出入君主面前，却不被信任的人，是因为他的言行与实情相悖；距君遥远却被思念的人，是因为其主张正与决策者相合，正等他参加决断大事。所以说，在没有看清对方之前就去游说的人，定会事与愿违，在没掌握实情的时候就去游说，定然没有好结果。只有了解情况，依据实际

情况确定方法，去推行自己的主张，才能进退自如，可以进谏君主，坚持己见，又可以放弃自己的主张，随机应变。

古注

陶弘景注："说辞既进，内结于君，故曰：内者，进说辞也。度情为谋，君不持而不舍，故曰：揵者，揵所谋也。谓所言当时未合，事过始验，故曰：中来事。言不得其情类而说之者，必北辕适楚，陈轸游秦，所以见非逆也。得其情则鸿遇长风、鱼纵大壑，沛然莫之能御，故能制行其术也。此用者，谓其情也。则出入自由，揵开任意也。"

3.3

故圣人立事，以此先知而揵万物。由夫道德、仁义、礼乐、忠信、计谋，先取《诗》《书》，混说损益①，议论去就②。欲合者，用内；欲去者，用外③。外内者，必明道数④，揣策来事⑤，见疑决之。策无失计，立功建德，治民入产业⑥，曰揵而内合。上暗不治⑦，下乱不寤⑧，揵而反之⑨。内自得⑩而外不留说⑪，而飞之⑫。若命自来，已迎而御之。若欲去之，因危与之。环转因化，莫知所为，退⑬为大仪⑭。

注释

① 先取《诗》《书》，混说损益：引用《诗经》和《尚书》来验证自己的观点，加以褒贬。

② 议论去就：议论是否应该做。

③ 欲合者，用内，欲去者，用外：从内运动可使情合，在外运动可使情离。

④ 外内者，必明道数：在决定内外大事时，必须明白道理。

⑤ 揣策来事：推断将来的事情。

⑥ 产业：产是谋生，财产。业是事情、经营功绩。

⑦ 上暗不治：是说君主昏庸不能推行善政。

⑧ 下乱不寤：百姓叛乱而不能辨明事理。寤，通悟。

⑨ 楗而反之：固守己见，也会使事物走向反面。

⑩ 自得：君主自以为贤明。

⑪ 不留说：不采纳他人的进言。

⑫ 飞之：褒奖的意思，飞是表扬。

⑬ 退：保全。

⑭ 大仪：大法，大原则。

译文

圣人立身处世，就是依据此理而有先见之明，议论万事万物。其先见之明来源于道德、仁义、礼乐、忠信和计谋。首先是利用《诗经》和《尚书》的教诲，进行综合分析利弊得失，从而讨论行动与否。要想与人合作，就要在内部努力，要想离开现职，就要把力量用在外面。处理内外大事，必须先明确理论和方法，预测未来，并善于当机立断，处理各种疑难问题。在运用策略时没有失误，从而建立功业和积累德政。管理百姓，使他们从事生产事业，这叫做计谋与内情相结合。如果国君昏庸不理国家政务，基层纷乱不明，为臣理事，各执己见，事事抵触，这叫做计谋与内情不合。君主自以为是，不接受新思想，应用赞扬的话使之改变。在这种情况下，如果朝廷诏命自己，虽然受命，但要有所防备。如果想要拒绝诏命，就要趁乱离开，保全自己。是去是留要反复权衡，就像圆环旋转往复一样灵活，让人弄不清自己的真实意图，急流勇退，乃是上策。

古注

陶弘景注："言以得情立事，故能先知可否，万品所以结固而不离者，皆由得情也。由夫得情，故能行其仁义道德以下事也。混，同也。谓先考诗书之言，以同己说；然后损益时事，议论去就也。内谓情内，外谓情外。得情自合，失情自去，此盖理之常也。言善知内外者，必明诸道术之数，预揣来事，见疑能决也。既能明道术，故策无失计。策无失计，乃可以立功建德也。理君臣之名，使上下有序；入赋税之业，使远近无差。上下有序，则职分明；远近无差，则徭役简。如此则为国之基，故曰：楗而内合也。上暗不治其任，下乱不寤其萌，如此天下无邦，域中旷主，兼昧者可行其事；侮己者由是而兴，故曰：楗而反之。言自贤之主，自以所行为得，而外不留贤者之说。如此者，则为作声誉而飞扬之，以钓观其心也。君心既善己，必自有命来召，己既迎而御之，以行其志。翔而后集，意欲去之，因将危与之辞矣。去就之际，反覆量宜，如员环之转。因彼变化，虽傍者莫知其所为，如是而退，可谓全身大仪。仪者，法也。"

阅典笔记

古代君臣关系是很难处的。君王声威赫赫，臣子也常自负其才，不可一世，然而二者的关系却是十分微妙的。君王应怎样保持清醒，臣子应如何保其本位，进退有度，则是一门大学问。

这门学问，处理当代的人际关系时也可以借鉴。在上下级关系中、同事关系中，在集团矛盾、商业经营中，进退有度地创造理想的环境，使对方接受我方的意图，也是非常必要的。

本篇名为“内楗”，指人的内心应自守，不被外物纷扰，不被琐事搅乱，才能有所为。

本篇所论及的人与人（包括君臣）的关系是在内楗的前提下，有清醒的交往目的与原则。以情为重，而又仁义宽容。以“情”字为网络事物的中心，以变通之法应变，即是鬼谷子的主导思想，也是人之常情，得“情”自合，而失“情”则自去，才是建功立业的根本。

“内楗术”是《鬼谷子》中关于进献计策的方法。该方法主张拉近与游说对象的关系，使其总是想着自己。要用道德、党友或财货等手段与游说对象联系在一起。“内”就是使人采纳自己的计策，“楗”是设法坚持自己的主张。要设法使自己的道德与被游说者暗合，使自己的志向与被游说者一致，要设法得到重用，即使由于某种原因被解职，也要设法再度被启用。要使自己的行为合于分寸、得体，使自己的谋略与决策者一致。这就需要掌握被游说者的想法，不能草率行动。待完全掌握情况以后，就可以控制对方。

“内楗”是说向君主进献说辞，首先要深入了解真实的情况和君主的内心世界，这样才能使双方紧密结合，关系亲密无间。全篇分四层：第一层分析君臣上下之间的关系复杂微妙，远近关系与实际距离往往相反。因此，要取得君主的信任，不能靠血缘或亲戚关系，不能靠已有的地位，而要使用其他手段，

才能达到心心相印，亲密无间的目的。第二层讲掌握对方的真实情况与真实心理，是游说成败的关键。文中提出："不见其类而为之者，见逆；不得其情而说之者，见非。""得其情乃制其术。"第三层讲要明"道术"，针对不同的对象、不同的情况，灵活地运用"内楗"之术。本篇说："内者，进说辞也；楗者，楗所谋也。"以上三层，实际上是阐述"内"（进说辞），即如何才能使君主接受自己的游说，其中包括"素结本始""见类得情""明道数"。第四层是讲"楗"，即如何跟君主结交的问题，提出要针对不同的对象采取不同的策略。包括"楗而内合""楗而反之""飞之""迎而御之""因危与之"，总之要圆转灵活。《庄子 · 庚桑楚》篇说，老子教导后学时，使用了"内楗"与"外楗"这两个词，是讲修道应物的方法。在该篇中，"内楗"的意思是闭塞内心，"外楗"的意思是闭塞耳目。本篇把道家全真养性的方法运用到游说之中，成为一种游说之术。

触类旁通

◎ 通典

触龙说赵太后

《战国策·赵策四》中的"触龙说赵太后"，是谋臣成功运用"内楗"的范例。赵太后新当权，秦国乘机进攻，赵国向齐国求救，齐国要求赵太后的小儿子到齐国作人质，才肯发救兵。缺乏政治素养的赵太后不同意，并坚决拒绝群臣的进谏。溺爱幼子的本能与手中的大权结合，使她固执而盛气凌人，不可理喻。群臣束手无策。在危急关头，触龙挺身而出，把赵太后说得心悦诚服。他的说辞特点：一是求其所同。他首先说自己年老有病，因此关心太后的健康，太后说身体不适，他马上就向太后介绍自己的养生经验。两个老人之间，一下子就拉近了彼此的感情距离，为游说营造了良好的氛围。二是投其所好。

他故意请求太后，让自己的小儿子充当皇宫的卫士，寻找到与溺爱小儿子的赵太后之间的共同语言，诱导太后说出“丈夫亦怜爱其少子”的话语。然后，抓住时机，以“甚于妇人”四字为主脑，阐述父母爱子女应该“为之计深远”的道理。

◎ 评价

触龙先动之以情，后晓之以理，取得了成功。其他臣子之所说，遭到拒绝，其原因就是本篇所说的：“不见其类而为之者，见逆；不得其情而说之者，见非。”这个故事，完全符合本篇所说的“欲合者用内”的理论，即深入了解君主的内心世界，使彼此感情融洽，从而让对方接受自己的游说。

◎ 通典

田叔救孟舒

楚汉争霸时期，刘邦曾封张敖为赵王。西汉建立后，丞相赵午、贯高撺掇张敖谋杀刘邦，篡汉登基。

刘邦惊闻此讯后，马上下令搜捕张敖及其逆臣，并颁下诏书：“追随张敖反叛者，罪及三族。”张敖一看势头不对，携大臣田叔、孟舒至长安请罪。

刘邦一见张敖，气得鼻孔生烟，把张敖骂了个狗血喷头，最后贬张敖为宣平侯。

接着审讯田叔、孟舒。不打不相识，一席谈话，二人的韬略雄才使刘邦目瞪口呆。他万万没想到，小小的赵国竟有这样的奇才！于是，擢田叔为汉中守、孟舒为云中守。

汉文帝即位后，曾问田叔：“你可知道当今天下德高望重的长者是谁吗？”

◎ **汉太宗孝文帝刘恒（前 203—前 157）**
即汉文帝，汉高帝刘邦第四子，前 180—前 157 年在位。在位期间，继续执行与民休息和轻徭薄赋的政策，使汉朝从国家初定走向繁荣昌盛的过渡时期。后世将这一时期与其子景帝执政的时期统称为“文景之治”。

“愚臣以为云中守孟舒是德高望重的长者。”

文帝摇摇头：“匈奴进攻云中，孟舒不能坚守，损兵折将数百人，这也算得上德高望重的长者？”

田叔跪下叩头，辩解道：“贯高谋反时，高祖曾诏谕全国，凡追随赵王者罪及三族，孟舒自知罪过难免，便追随赵王到长安请罪，本打定要死的主意，他也不知道日后要去云中守，更不会料到战事失利。”

田叔越说越起劲：“做了云中守以后，孟舒能尽心尽责。他爱兵如子，兵也敬他为父，上下拧成一股绳，交融甚欢。匈奴每次进攻，孟舒能够身先士卒、士兵们也争先恐后，觉得为郡守而战，死也值得，这难道是孟舒瞎指挥，逼士兵去送死吗？事实上，他心里很清楚，将士们连日征战，疲惫不堪，但望着奋力争杀的士卒，他能说什么好呢？”

文帝听过田叔这一番辩解，恍然大悟，心想：孟舒果真是一位贤臣。此时，孟舒因战事失利，已被撤职查办。不久，一道诏令又把孟舒召回云中，继续做他的太守。

◎ 评价

田叔在文帝面前直抒己见解救孟舒，使汉文帝顿开茅塞，捐弃前嫌，重新用孟舒，也不愧是一位贤君。君臣之间，以诚相见，便拉近了君臣之间的距离，再进行游说的时候就大大地提高了成功率。

◎ 通典

言辞与智谋

伊尹隐耕于有莘，应汤的三次聘请出来助汤伐桀，要使人君成为尧舜一样的圣明君主，使人民和尧舜时期一样安居乐业。伐夏功成后，汤成为后世的尧舜，汤的圣名传于天下。

傅说藏身于傅岩，商高宗武丁察访于傅岩得到了他，于是立他为相，傅说作《说命》三篇，来辅佐高宗治理天下，其功绩像日月星辰一样。

管仲助齐桓公成霸业，商鞅辅佐秦成强国。虽然有些圣儒提到他们时颇有微词，看不起他们，然而考察他们的施政情况，却不曾有一点违背他们开始的谋略。

◎ **诸葛亮**（181—234）
字孔明，号卧龙，琅琊阳都（今山东临沂市沂南县）人，蜀汉丞相，三国时期杰出的政治家、战略家、发明家、军事家。在世时被封为武乡侯，谥曰忠武侯。代表作有《出师表》《诫子书》等。发明木牛流马、孔明灯等。

韩信劝汉高祖刘邦任用天下勇敢的人，用城邑褒封功臣，发义兵攻楚军，平定三秦之地。攻下魏国后，立即北面拿下燕、赵，东面攻下齐国，南面断绝楚军粮道，西面与汉王会军以至消灭楚王，后来没有一句话不成为现实。

诸葛亮向刘备通论天下形势，分析天时、地利、人和各种因素，指出了发展变化的必然结果。后来历史的变化正如他当初指出的那样。世人称他未出茅庐已知天下三分。

房玄龄捧策见李世民，帮助他收罗天下的有识之士，和众将密切合作，共创唐室基业。到他当宰相后，国家的典章制度都是他一手制定。即使在几百年后，仍对社会有着深远的影响。

王朴侍奉周世宗柴荣。五代时天下大乱，王朴以“平边策”上书世宗，认为：“唐丢掉吴蜀、晋失去幽、并，我们从这里应该知道平定那些地方的方法——等待时机，消灭他们。”世宗采用了王朴的策略，取得了很大的胜利。

◎ **房玄龄**（578—648）
别名房乔，字玄龄，齐州临淄（今淄博市临淄区南马坊村）人。唐朝著名政治家，开国宰相，李世民重要谋士，凌烟阁二十四功臣之一，与杜如晦合称“房谋杜断”。

◎ 评价

在古代圣人立身处世，就是以先见之明议论万事万物，其先见之明来源于道德、仁义、礼乐、忠信和计谋。他们与国君说话时充分使用计谋，说话前做好充分准备，不打无准备、无把握之仗，正确处理好“投其所好”和政治道德标准两者的矛盾，所以在当时收到了良好的效果。

◎ 通典

麦克阿瑟的宽容

在外交活动中以“情”通融，宽容之法常会赢得人心。

1941 年，太平洋战争爆发之后，日本军队背信弃义疯狂虐待美国官兵，引起了美国上下的愤怒，当时的指挥官麦克阿瑟将军更是对此恨之入骨。

1945 年，日本投降，麦克阿瑟被任命为驻日盟军总司令，负责日本战后工作。这一任务十分艰巨。日本军人具有武士道精神，死硬派可能顽抗和搞暗杀。虽然进驻日本存在很大的危险，麦克阿瑟仍然大胆决定同第一批占领军一起出发去日本。

8 月 30 日,麦克阿瑟乘坐“巴丹”号飞机抵达日本厚木。为了防止意外发生，警卫人员戒备森严，如临大敌。面对众多围观的日本人，麦克阿瑟镇定自若，他命令警卫人员收起武器，随行高级人员也把佩带的手枪放在飞机上。这一举动在日本取得了良好的心理效果。美国人在日本国土上不带武器，表明日本确实已经失败了。麦克阿瑟被任命为驻日盟军总司令，引起了世界的注目，人们纷纷预测，日本要遭受大规模的报复了。出乎意料的是，麦克阿瑟却主张实行宽恕政策。

◎ **道格拉斯·麦克阿瑟(1880—1964)**

美国著名军事家，第二次世界大战时期历任美国远东军司令，西南太平洋战区盟军司令；战后出任驻日盟军最高司令和“联合国军”总司令等职，主持战后日本的改革与重建工作。

麦克阿瑟手下的一些军官多次建议把天皇裕仁这一头号战犯处死，麦克阿瑟拒绝了。他认为：这样做，会使日本人对盟军产生强烈的抵触情绪。1945 年 9 月 27 日，天皇怀着忐忑不安的心情来到美国大使馆。麦克阿瑟获悉后，赶快来到了会见大厅的门口礼貌地迎候了天皇，以上宾礼仪接待。天皇满怀负罪的心情，主动说道：“麦克阿瑟将军，我对贵国和世界人民犯下了不可饶恕的罪行，我今天来见你，是要把我交由您所代表的各个大国来裁决。我对我的人民在战争中所做的一切政治、军事决定和采取的一切行动承担全部责任。”麦克阿瑟听到这些话后，十分高兴，他回答说：“战争责任是要追究的，但天皇可以例外。请相信，您将得到我们占领军的妥善对待。”这几句话使天皇提着的心放了下来，使他感动得手足无措，连声说：“谢谢，谢谢。”

麦克阿瑟的宽容政策，遭到了盟军一大批人的强烈反对，他们要以牙还牙，惩前毖后。指责麦克阿瑟毫无道理，心怀叵测。麦克阿瑟解释说，“从感情上，我是仇恨日本人的。但一旦取得胜利，作为占领军的最高长官就不能感情用事。我现在关心的是怎样使他们重新站起来，而不是永远爬不起来。”

◎ **昭和天皇裕仁（1901—1989）**
日本第124代天皇，1926—1989年在位。在位期间发动“九一八”事变等侵略事件，全面挑起侵华战争、太平洋战争。1945年日本战败后得到赦免。

麦克阿瑟的宽容政策起到了很好的作用。在以武士道精神著称的日本，美军的占领并未遇到多少障碍。1951年4月16日当麦克阿瑟离职回国时，日本总理大臣吉田茂向全国发表广播讲话时说：“麦克阿瑟将军为我国利益所做的贡献是历史上的一个奇迹。我无法用语言表达我国人民对他的离职所感到的依依不舍之情。”以后吉田茂评论说，麦克阿瑟对裕仁处理得当，是美国对日本占领之所以成功的一个重要原因。

天皇在日本人的心目中是至高无上的，他对日本人有着神秘的影响。如果麦克阿瑟处死裕仁，或做出其他有意贬低天皇身份的事，必将伤害日本人的感情，使占领变得十分困难。麦克阿瑟对天皇的宽大，是使用了攻心为上的计策，利用了天皇的影响。

◎ 评价

在外交活动中以“情”通融，宽容之法常会赢得人心。麦克阿瑟在数百万日本部队尚未解除武装的情况下，只带少数先遣人员，毫无防备地到一个战败国家，显示了冷静与勇气。尤其重要的是他对日本人的信任感，博得了日本人由衷的赞美和感激。

◎ 通典

法林商店的降价促销

在商业经营中动之以情，常是赢得顾客的绝招。法林是美国著名商人，他看到许多商品积压，于是处心积虑，想出了一个办法。他在波士顿市中心的繁华处开了一家商店，并在电视上做了广告，声称该店有一套与众不同的经营方法：商品标出价格的头 12 天按全价出售；从第 13 天起到第 18 天，降价 25%；从第 19 天到第 24 天，降价 50%；第 25 天至 30 天，降价 75%；第 31 天至第 36 天，如果仍然没人要，商品就送给慈善机构。

这一商店的开办立即成了人们议论的话题，几乎所有人都想去这个商店看一看。大部分人预言："这个笨蛋将倾家荡产。"因为，如果顾客等到商品价格降到最低时才买，商店岂不是会吃大亏？

然而，事实却是法林商店的商品十分畅销。一家制衣厂的产品积压很多年，求助于法林，结果不久便销售一空。

◎ 评价

法林的高明之处在于他揣测到了顾客的心理：我今天不买，明天就会被他人买走，还是先买为强，更何况还有些同情者呢。

◎ 通典

"买包抽抽，看死不死人！"

威尔逊是一个美国商人，专门经营香烟。这位商人运气不好，几年来商品几乎无人问津，一直亏损，濒临破产。他百思不得其解，最后决定改变经营方法。

一天，他在商店门口画了一大幅广告："请不要购买本店生产的卷烟，估计，这种香烟的尼古丁，焦油量比其他店的产品高 1%。"另用红色大字标明："有人曾因吸了此烟而死亡。"这一广告因别具一格而引起电视台记者的注意，通过新闻节目，人们便对这一商店很熟悉了。一些人专程从外地来买这种烟，称"买包抽抽，看死不死人！"有些人抽这种烟是想显示一下自己的男子汉气概。结果，这个店的生意因此日渐兴隆，现在已成为拥有 5 个分厂、14 个分店的大企业。

◎ 评价

本例中的威尔逊利用的是人群的“逆反心理”。这是一种常见的心理现象，明知山有虎，偏向虎山行。他抓住了这种心理，也就获得了成功。

◎ 通典

卡诺莎之行

11 世纪，神圣罗马帝国皇帝亨利就曾以自守为主，以情为谋与教皇争斗，并取得了最后的胜利。在中世纪的欧洲由于各个王国的封建主割据，只有罗马教皇可以统一指挥各国，这就使得罗马教皇成了凌驾于各国国王之上的共同的太上皇。

1076 年，神圣罗马帝国皇帝亨利与罗马教皇格里高利争权夺利，斗争日益激烈，发展到了势不两立的地步。教皇在罗马召开了一个全基督教会的会议，宣布驱逐亨利出教，不仅要神圣罗马帝国反对亨利，也在其他国家掀起了反亨利的浪潮。神圣罗马帝国境内的大大小小的封建主都兴兵造反，向亨利的皇位发起了挑战。

亨利面对危局，被迫妥协，于 1077 年 1 月身穿破衣，只带着两个随从，骑着毛驴，冒着严寒，翻山越岭，千里迢迢前往罗马，向教皇请罪忏悔。但格里高利故意不予理睬，在亨利到达之前躲到了远离罗马的卡诺莎行宫。亨利没有办法，只好又前往卡诺莎去拜见教皇。到了卡诺莎后，教皇紧闭城堡大门，不让亨利进入。为了保住皇帝宝座，亨利忍辱跪在城堡门前求饶。当时大雪纷纷，天寒地冻，身为帝王之尊的亨利屈膝脱帽，一直在雪地上跪了

◎ **格里高利七世（约1021—1085）**

原名希尔得布兰德，罗马教皇，1073—1080年在位。出身寒门，早期追随历任教皇，推行宗教改革，扩大教廷势力。在位期间，继续厉行改革，并同神圣罗马帝国皇帝亨利四世展开曲折尖锐的主教叙任权之争。斗争几经反复，最终遭亨利革职。

三天三夜，教皇才开门相迎，饶恕了他。这就是历史上著名的“卡诺莎之行”。亨利恢复了教籍，保住了帝位，他返回神圣罗马帝国后，集中精力整治内部，然后派兵对封建主实行各个击破，并剥夺了他们的爵位和封邑，曾一度危及他皇位的内部反抗势力逐一告灭。在阵脚稳固之后，他立即发兵进攻罗马，以报跪求之辱。在亨利的强兵面前，格里高利弃城逃跑，最后客死他乡。

◎ 评价

显然,亨利的“卡诺莎之行”是别有用心的。在国内外反对声一片，王位岌岌可危的情况下，他利用苦肉计取得和解，赢得喘息时间，以便重整旗鼓，东山再起，和教皇较量，并在和解的同时获得了群众的心。这正是他揣测出了大众心中的君王应该是什么样的心理的结果。

◎ 通典

经营之道

商业经营的策略，也必须因市场而综合利弊“混说损益，议论去就”。

大市场中的顾客有需要高档产品的，经营中高档商品的利润率，以单件计，绝对高于中低档商品。以服装销售为例，品牌专卖店近年在北京日益走红，它们的出现不仅给京城平添了“梳状效应”，也为北京市民带来了品牌意识。近年崛起的“银街”（崇文门至雍和宫），仅一年多时间，就有50多家海内外品牌商品专营店在这条街上开张落户。论穿，有“苹果”“鳄鱼”“金利来”“比利牛仔”“皮尔卡丹”……论吃，有“肯德基”“加州牛肉面”“荣华鸡”……据悉，外商在这条街上的投资已有3亿元人民币。而“彪马”“斯特法内”“贝纳通”“伊都锦”“麦当劳”“必胜客”则散见于京城其他地域。许多专卖店还进驻各大商场。但国际高档名牌服饰还是多见于四、五星级饭店内。

最近新开张的意大利劳拉·比娇蒂专卖店在天伦王朝饭店内的名店廊引起了人们注意。被称为“羊绒女皇”的劳拉女士设计的高档羊绒时装，尽管价格昂贵，但不论是否当季，都不乏买主，国贸中心地下商场更是名牌专卖店的云集之地……有人担心北京人是否有能力承受高档专卖店的价格，但从结果上看，似乎大可不必。即使是成万元一套的西服，一年也能销出数几百套。

然而，市民工薪阶层是很难与那些“北京人”共享高档商品的，因此，每天早市、夜市的摊群上还有大量五光十色的服装，绝不乏顾客。商品大都没有确定的标价，售价多从一件十几元到几十元不等，与“银街”的气魄大不相同。

◎ 评价

商业经营的策略，也必须因市场而综合利弊“混说损益，议论去就”。摊群服装价格实惠，式样也合时，周转快，本钱小，也不乏利润。可知综合分析市场，也是一种重要谋略。

抵巇 第四

抵，抵塞。巇，缝隙。抵巇，在这里指弥补不足、堵塞漏洞。本篇讨论“物有自然，事有合离”，提出万事万物都会出现裂缝，要审时度势，在这些危险征兆刚刚出现的时候，将之减小、消除，如果能够补救，就采用“抵而塞之”的办法加以消除；如果无法补救，就要采取“抵而得之”的办法加以取代。

4.1

物有自然，事有合离。有近而不可见，有远而可知。近而不可见者，不察其辞也；远而可知者，反往[1]以验来[2]也。巇（xī）[3]者，罅（xià）也；罅者，涧也；涧者，成大隙也。巇始有朕，可抵而塞，可抵而却，可抵而息，可抵而匿，可抵而得，此谓抵巇之理也。

注释

① 往：既往、过去。

② 来：将来的意思。

③ 巇：同隙，是裂痕的意思。

译文

万物都有它们自然存在的规律，事情都有它们自然离合的道理。有的距离很近却看不见，有的距离很远却能知其然；距离近的所以看不见，那是由于没有考察对方虚实的缘故；距离远的所以能知道，那是因为反观过去而验证未来的缘故。所谓“巇”就是“罅”，而罅就是裂痕，小裂痕会变成大裂谷。当裂痕刚出现时，常有预兆，就应该设法加以堵塞，使其变小，使其不再扩展，使其消失；倘若过大不能挽救，就彻底消除，弃旧取新，这就是抵巇的原理。

古注

陶弘景注：“抵，击实也。巇，衅隙也。墙崩因隙，器壊因衅。而击实之，则墙器不败，若不可救，因而除之，更有所营置，人事亦由是也。此言合离，若乃自然之理。察辞观行，则近情可见；反往验来，则远事可知。古犹今也，故反考往古，则可验来，故曰：反往以验来。朕者，隙之将兆，谓其微也。自中成者，可抵而塞；自外来者，可抵而却；自下生者，可抵而息；其萌微者，可抵而匿；都不可治者，可抵而得。深知此五者，然后善抵巇之理也。”

4.2

事之危①也，圣人知之，独保其身。因化②说事，通达计谋，以识细微，经起秋毫之末③，挥之于太山④之本。其施外，兆萌芽蘖⑤之谋，皆由抵巇。抵巇之隙，为道术用。

注释

① 事之危：有危机征候的表现。

② 因化：顺应变化。

③ 秋毫之末：指秋季动物所生出细毛。比喻事物微末。

④ 太山：也作泰山，是壮丽又宏伟的名山。

⑤ 兆萌芽蘖：兆萌是微小的征候。芽蘖是伐木后从根部所生的新芽。

译文

当事情发生危机时，圣人是知道的，而且能妥善处理。利用事物变化的原理说明事情的原委，并且能通过各种谋略，辨别细微现象而采取措施。万物都是从秋毫之末开始的，但是发展之后根基却能稳如泰山，宏伟壮观。当这种圣人的德政推行外放后，小的征候也可以使用抵巇之法。可见抵巇是一种道术。

古注

陶弘景注："形而上者谓之圣人，故危兆才形，朗然先觉，既明且哲，故独保其用也。因化说事，随机逞术，通达计谋，以经纬识微，而预防之也。汉高祖以布衣登皇帝位，殷汤由百里而驭万邦。经，始也。挥，动也。其施外兆萌芽蘖之时，托圣谋而计起，盖由善抵巇之理，故能不失其机，然则巇隙既发，乃可行道术，故曰：抵巇隙为道术也。"

4.3

天下分错①，上无明主；公侯无道德，则小人谗贼②；贤人不用，圣人窜匿③；贪利④诈伪者作，君臣相惑，土崩瓦解⑤，而相伐射⑥。父子离散，乖乱反目，是谓"萌芽巇罅"⑦。圣人见萌芽巇罅，则抵之以

法。世可以治则抵而塞之，不可治则抵而得之；或抵如此，或抵如彼；或抵反之[8]，或抵覆之。五帝[9]之政，抵而塞之，三王[10]之事，抵而得之。诸侯相抵，不可胜数。当此之时，能抵为右[11]。自天地之合离、终始，必有巇隙，不可不察也。察之以捭阖，能用此道，圣人也。圣人者，天地之使[12]也。世无可抵，则深隐而待时；时有可抵，则为之谋。可以上合[13]，可以检下[14]。能因能循，为天地守神。

注释

① 分错：错是混乱、骚乱。分错是四分五裂。

② 谗贼：本是歹徒，又进谗言。

③ 窜匿：逃跑隐匿。

④ 贪利：贪图利益。

⑤ 土崩瓦解：崩离，四分五裂。

⑥ 伐射：互相残杀。

⑦ 罅：裂痕、隙开。

⑧ 反之：帮助这些，使之复原。

⑨ 五帝：我国古代五位圣天子，也就是黄帝、颛顼、帝喾、尧、舜。也有的说为：伏羲（太昊）、神农（炎帝）、黄帝、尧、舜。

⑩ 三王：古代三位明王，也就是夏禹王，商汤王、周文王。

⑪ 右：上位。

⑫ 天地之使：天地的代行者。

⑬ 上合：对上可合作。

⑭ 检下：对下可以督查。

◎ **黄帝**
相传华族姬姓部落的首领，号轩辕氏，又号有熊氏，以云为官，居姬水（今陕西武功县漆水河）。与炎帝联合，在涿鹿（今河北涿鹿，一说在陕西华县）大破蚩尤。继而在阪泉（今河北涿鹿东南，一说在陕西华县附近）败炎帝，遂合并为一，形成以黄帝为首的炎黄部落联盟。是传说中远古时代中华民族的共主，五帝之首。

译文

天下纷乱，朝廷无明君，公侯无道德，小人嚣张狂妄，贤能之人不被任用，圣人逃匿，贪赃枉法者兴风作浪，君臣

◎ **颛顼**

相传炎黄联盟首领，号高阳氏，下分八族，居帝丘(今河南省濮阳东南)。黄帝之孙，昌意之子。曾在夺权斗争中击败共工氏。他以句芒木正、蓐收为金正、祝融为火正、玄冥为水正、句龙为土正，合称五官。

互相猜疑，国家纲纪土崩瓦解，以致百姓互相攻战杀伐，民不聊生，流离失所，骨肉乖离，夫妻反目，这就是“裂痕出现”。当圣人看见这种裂痕之后，就要采取相应的手段去应对这种局面。圣人认为：当局势还能控制时，就要用抵术加以弥补；当局势不可挽救时，就要用抵术对之彻底改造，取而代之。同样是抵术，当裂痕出现时，或者堵塞它，或者取代它；或使反叛者归正，或使反叛者消亡。

五帝时代的政治，是对敌手进行抵抗进而消除裂痕以维护、巩固政权；三王时代的政治，是对敌手进行抵制、消灭对手而取得政权。

至于诸侯之间的互相征伐，其次数之多已无法统计。当天下混乱时，能抵抗对手的人，为尊者能人。

自从天地有离合变化以来，就有逆乱事件出现，这是为政者不可不慎察的。要想参透这些问题，就要用“捭阖之术”，能巧妙运用此道的就是圣人。所谓圣人，乃是天地的使者。假如世间没有可“抵”之事时，就隐形匿行等待时机，假如世间有可“抵”之事，就挺身而出，为国家谋策。对上可以跟君主合作，对下可以治理百姓。能够继承和遵循抵巇之法，掌握着天地间的神妙变化。

古注

陶弘景注：“此谓乱政萌芽，为国之巇罅，伐射谓相攻伐而激射。如此谓抵而塞之，如彼谓抵而得之；反之谓助之为理，覆之谓因取其国。五帝之政，世间犹可理，故曰：抵而塞之，是以有禅让之事。三王之事，世间不可理，故曰：抵而得之，是以有征伐之事也。谓五伯时，右由上也。合离谓否泰，言天地之道。正观尚有否泰，为之巇隙，又况于人乎！故曰：不可不察也。捭阖亦否泰也。体大道以经人事者，圣人也。后天而奉天时，故曰：天地之使也。上合谓抵

而塞之，助时为治；检下谓抵而得之，束手归已也。言能因循此道，则大宝之位可居，故能为天地守其神祀也。”

阅典笔记

“抵术”是鬼谷子纵横八术中的重要一术。《鬼谷子》认为任何事物都会出现裂痕，且这种裂痕会由小变大。因此在裂痕刚出现时就要“抵”住。“抵”就是为防止和消灭裂痕采取的措施。通过“抵”使裂痕闭塞，通过“抵”使其变小，通过“抵”使其停止，通过“抵”使其消失，最后达到自己的目的。

《鬼谷子》认为政治斗争尤其需要抵。万事万物都起于秋毫之末，一旦发展起来就会像泰山的根基一样。圣人的事业都会遇到小人的破坏，都需要“抵”。

天下大乱之时，朝廷无明主，公侯乏道德，小人猖狂，忠良放逐，圣人隐居。结果上下猜疑，纲纪瓦解，百姓相残，父子分离，夫妻反目，这些都是裂痕。“抵”就是用一定的方法来治理。治理有两种方法，一是弥补，二是征服。弥补的结果是恢复原样，征服就是加以改造取而代之。在天下大乱时，就是要靠“抵”取胜。

“物有自然，事有合离”是鬼谷子在《抵巇》中所论的基本观点。所有事物都在变化中，遵循着“合离”运动的规律。在“合离”运动中，所谓“自天地之合离，终始必有隙，不可不察也”。

由此可知万物均有“巇”存在。而“巇”者，一般说来可视为矛盾、漏洞，或待人们解决的问题。解决“巇”的术法，称为“抵”。

然而，如鬼谷子在本篇所言：“世无可抵，则深隐而待时，时有可抵，则为之谋。”其意为解决问题的原则是抓住“时机”，实施谋略。按事物的发展

◎ **帝喾**
相传炎黄联盟首领，号高辛氏，颛顼族子，下分八族，居亳（今安徽亳州）。继颛顼后再度在夺权斗争中击败共工氏。他掌三辰（日、月、星）以利民，取地之材而节用，对“观时”“治气”发展农事生产有巨大贡献。

法则去做，就“可以上合，可以检下”，而且“能因能循，为天地守神”。

由上述可知，审时度势是抵术的重要原则。矛盾是客观的，解决矛盾的方法必须是抓住时机，使之迎刃而解。

本篇讲抵巇之术，即如何对待社会矛盾。全篇可划分为四个层次：第一层讲天下万事万物都有合有离，都会产生裂缝，产生矛盾，从政者一定要善于观察矛盾的征兆，采取不同的态度对待：“巇始有朕，可抵而塞，可抵而却，可抵而息，可抵而匿，可抵而得。”这五种态度中，本文后面所着重阐述的是“可抵而塞”与“可抵而得”。第二层讲事物和矛盾都是从细微发展到巨大的，圣人能够抓住事物的危险征兆采取措施。第三层讲天下裂缝扩大、矛盾激化时，要分别采取两种措施：可以补救，就协助当权者补救；不可以补救，就取而代之。第四层讲抵巇之术是一种符合自然规律的圣人之道，人们应该根据时代的要求灵活应用。

本篇列举了从上古的五帝、三王，到当代诸侯的历史事件，以证明自己的“可抵而塞”或“可抵而得”的观点。

本篇是《鬼谷子》中最有特色的一篇，也是受正统思想攻击得最厉害的一篇。作者不是站在最高统治者的立场来看待并处理社会矛盾，而是站在一种比较公正的立场来对待并处理社会矛盾。他公开宣布：国家产生了矛盾，还可以挽救的话，就协助当权者挽救；如果国家已经腐败不堪，不可挽救，就推翻它，取而代之。这种观点，把当时的民本思想推向了极致，接近了民主思想的边缘。这种观点，只可能在春秋战国时代有产生的土壤，有宣传的空间。因

◎ **董仲舒（前 179—前 104）**
汉广川郡（今河北省景县）人，汉朝思想家、哲学家、政治家、教育家。他以《公羊春秋》为依据，将诸家学说结合起来，建立新的儒家思想体系。汉武帝采纳其“罢黜百家，独尊儒术”的建议后，儒学成为官方哲学。

为，春秋战国时代还没有高度中央集权的君主专制制度，有作为的臣下取代无能的君主的事件经常发生。董仲舒《春秋繁露·王道》统计："弑君三十二，亡国五十一。"《汉书·刘向传》统计："弑君三十六，亡国五十二。"如：晋国的三个大夫，就取代晋国，建立了韩、赵、魏三个新的政权；齐圜的大臣田成子就取代了原来的姜姓齐国而建立了田姓的齐国。上古时代，汤伐桀、武王伐纣的事，也都为社会大多数人所赞扬。

◎ **秦始皇嬴政（前259—前210）**
杰出的政治家、军事统帅。战国末期秦国君主，首位完成中国统一的秦王朝的开国皇帝，前247—前210年在位。在位期间，完成了深刻影响中国的制度变革，被明朝思想家李贽誉为"千古一帝"。

活动在战国前期的儒家大师孟子，在这个问题上与《鬼谷子》有相似之处。孟子不理会空有其名的周天子，到处游说诸侯。齐宣王对商汤取代夏桀、周武王伐纣这类事件有怀疑，向孟子求教说："汤伐桀，武王伐纣，真有这样的事情吗？"孟子说："历史记载有这样的事情。"宣王说："难道臣子可以弑君吗？"孟子说："破坏仁爱的人叫做贼，破坏道义的人叫做残。残贼一类的人，就是独夫。武王杀的是独夫纣王，不是什么君主。"孟子还对齐宣王说："如果君主有过错，贵戚大臣就要劝阻；如果反复劝阻而君主不听，贵戚大臣就可以取君主之位而代之。"当然，孟子认为可以取代君主的是贵族大臣，而《鬼谷子》认为平民出身的游说之士也可以"抵而得之"。两种主张是有差别的。而且孟子坚持儒家的道义，轻视功利，这跟纵横家是分道扬镳的。在战国时代，其他著作中也有这种思想。如《六韬》云："天下非一人之天下，乃天下之天下也。同天下之利者，则得天下；擅天下之利者，则失天下。"（《文韬·文师》）"天下者，非一人之天下，乃天下之天下也。取天下者，若逐野兽，而天下皆有分肉之心。"（《武韬·发启》）"天下者，非一人之天下，惟有道者处之。"（《武韬·顺启》）《吕氏春秋·贵公》也说："天下非一人之天下也，天下之天下也。"这也许是证明本篇写于春秋战国之交的一个思想方面的证明材料。

战国后期的法家对这种原始的民本思想进行批判，主张绝对尊君。秦始

◎ **宋濂（1310—1381）**
字景濂，号潜溪，别号玄真子、玄真道士、玄真遁叟。浦江（今浙江义乌）人，"明初诗文三大家"之一，曾被明太祖朱元璋誉为"开国文臣之首"。

皇采用法家思想，建立了极端专制的君主制度，钳制其他思想，企图让其子孙永远统治天下。可惜历史无情，秦朝二世而亡。汉朝统治者鉴于秦王朝二世而亡的历史教训，不敢公开地毫无保留地赞扬法家，而是打着儒家的幌子实际上施行法家的主张，这就是所谓"阳儒阴法""儒表法里"。用汉宣帝的话说就是"王霸杂用"。以后的封建王朝都是如此。在这种专制制度下，"可抵而得"的思想，当然会被看成是洪水猛兽，受到批判或歪曲。所以，宋濂要说《鬼谷子》是"小夫蛇鼠之智，家用之则家亡，国用之则国偾，天下用之则失天下"。《四库全书》提要之所以要删除"更有所营置，人事亦由是也"这11个字，大概是恐怕冒犯了清朝最高统治者。我想刘向明知有《鬼谷子》，而《汉书·艺文志》没有收录《鬼谷子》，这可能是一个原因。"抵巇"之术，还在后代被片面的理解或歪曲。如汉人把"抵巇"片面理解为乘人之危而进行攻击，故《汉书·杜周传》的评赞有"因势而抵陒"的语句。"抵陒"就是"抵巇"。颜师古注解说："抵，击也。陒，毁也。言因事形势而击毁之也。陒音诡。一说诡读与巇；同音许宜反。巇，亦险也，言击其危险之处。《鬼谷》有《抵巇》篇也。"到了唐朝，"抵巇"又被曲解为"钻营"的含义，故韩愈《释言》云："不能奔走，乘机抵巇，以要权利。"

在中国古代思想界，只有法家与鬼谷子公开宣传权术。但是，两者之间又有差别。法家只主张君主运用权术去驾驭臣子与百姓，把"法""术""势"都当做君主驾驭天下的手段；而鬼谷子却主张上下之间相互都可以运用权术，甚至主张可以取代君主。鬼谷子之所以受到强烈的非难与谴责，而法家顶多被批评为"刻薄寡恩"，主要是因为法家的思想有利于封建君主专度，而鬼谷子的思想是具有破坏性的。所以，批判鬼谷子的人，大多数是受正统思想（儒表法里思想）影响的文人。鬼谷子在民间受到欢迎的现象，也透漏出这样的信息。

触类旁通

◎ 通典

孝文帝迁都

在南北朝时，北魏孝文帝拓跋宏迁都洛阳是一件大事，但这件事的实施却费尽了周折。

当时北魏的国都是平城（今山西大同市东北），地处偏远，地瘠民贫，孝文帝要实行一系列的改革措施，迁都就势在必行。但鲜卑族世世代代住在这里，说到迁都谈何容易，于是孝文帝便想到了一个“外示南讨，意在谋迁”的谋略。因为迁都可以反对，但南征是没有人敢反对的。

公元 493 年夏季的一天，他把大臣们集中到明堂进行斋戒，命令太常卿王堪进行占卜，预测南伐之事是否可行，占卜的结果得一“革”卦。孝文帝十分高兴当即宣布，南下伐齐，群臣一听，一时间谁也不敢反对。于是，发布檄文，征召兵士，声势造得轰轰烈烈，不明真相的人，还真以为孝文帝要大举南征呢。

8 月，大军从平城出发。也许是天意，从平城到洛阳，一路上阴雨连绵，道路泥泞不堪。

9 月到达洛阳，士兵个个精疲力竭，不少人还染上了可怕的瘟疫。休息几天之后，军队继续南进。然而阴雨不止，人马疲惫，再往前走，路途遥远，孝文帝就此时机告谕天下迁都洛阳。王公大臣们以为如何？决定一旦做出，就不能再改变了。在朝廷议策，同意迁都的站在左边，不同意迁都的站在右边。这时只见前南安王拓跋桢站出来说：“如今陛下要光大王业，停止南征，迁都中土，这是千秋不朽的大业，也是我们群臣的心愿，苍生的大幸。”他这样一说，大家都齐呼“万岁”。孝文帝迁都洛阳就这样决定了下来。

◎ 评价

孝文帝导演的这场迁都戏，终于降下帷幕。当初，他虽然谋虑着要迁都，但俗话说安土重迁，上上下下都眷恋旧土，阻力太大，他于是打出了南征的旗号，这是谁也不敢反对的。以南征之名行迁都之实，终于获得成功。

◎ 通典

弥补与征服

唐朝建国之初，北海郡（山东昌乐）有个尚没有归顺的贼帅綦公顺带兵攻打郡城，被官兵打败了。后来，綦公顺得到一个叫刘兰成的人作为自己的军事参谋。刘兰成机智多谋，仅用几千人，出奇制胜，便攻占了北海郡城。海州郡(今江苏灌云西南)的臧君相带了5万士兵来北海郡城。刘兰成只派敢死队20人，乘夜突袭，便把海州军队打得一败涂地。

徐圆朗割据山东时，有人对他说："有个人叫刘世彻，他才能出众，不可多得，在中国的东部声名很高。你如果把他请来，听取他的谋划，就很容易取天下、建功勋。"徐圆朗于是就派人把刘世彻邀请来了。刘世彻来时，已组织了几千名兵士，徐圆朗请他夺取谯郡（今安徽亳县）和杞（今河南杞县）一带地区。这里的人早就听说了刘世彻的大名，对他十分畏惧，因此他的部队所向无敌。

裘甫在浙江东部地区叛乱后，唐王朝派王式带兵前去讨伐他。裘甫的一位同党刘暀给他献计说："你应该先取越郡（今浙江绍兴），立足于越城坚固的防守和丰富的钱粮，沿浙江修筑防御工事，抵抗官

兵，有机会就一路前进，攻占浙江西部地区，并越过长江，夺取扬州。然后回头在石头城（今江苏南京）修筑工事，派重兵把守，这样一定有人举兵响应我们。”这一策略没被裘甫采用。

扬州节度使高骈的部下毕师铎攻打高骈，毕师铎向宣州节度使秦彦请求援助，秦彦的兵马一到，他们便攻占了扬州。这时毕师铎派人催秦彦渡过长江，并答应以秦彦为首领。有人劝毕师铎说："你应顺应民心，为本地人除去祸害，应该重新以高骈为首领，自己来辅佐他。你掌握兵权，谁还敢不听你的？况且，秦彦只是宣州的节度使，你奉他为主，庐州（今安徽合肥）、寿州（今安徽寿阳）的长官能情愿做他的下属吗？我担心你的功业成败，前途难知呀！现在，应该尽快阻止秦彦过江。秦彦如果能看清形势的话，他一定不敢轻易过江，即使将来他责备我们不守诺言，我们仍不失为高骈的忠臣。”毕师铎对这一建议不以为然。第二天，当他把这一计谋告诉郑汉章以后，郑汉章觉得说得在理，并说："这是一位有智谋的人。”但再寻找那人时，已找不到了。

唐朝末年，王建为四川节度使，驻守成都。有一次在攻打彭州（今四川彭县）杨晟时受到阻碍，长时间攻取不下。当地的老百姓为躲避战祸，都逃跑了，藏入深山中。部队不但不安抚人民，还天天出兵追捕抢劫他们。王先成是个有智谋的人，他劝带兵的将军王宗侃说："老百姓逃到山谷中，是为了等候你们去安抚。现在，你们却让士兵劫掠他们，这与盗贼有什么区别呢？军队一早就出去，天将黑了才回营，军营空虚，毫无守备。万一彭州城中有智谋的人为杨晟出主意，乘我们不备，突击出来，先把精锐部队埋伏在城内，见我们的部队走远以后，他们派出弓箭手、枪手攻打军营的一面，再在其他三面分别派重兵进攻，在我们措手不及的时候，各个寨部只顾自我防御，无法互相救援，这样能不失败吗？”王宗侃听了以后大吃一惊，便问王先成说说应该怎么办。王先成为他列出七条该做的事，王宗侃连忙告诉了王建，王建下令照他所说的去做。王先成写的告示贴出三天，藏在山中的老百姓像赶集一样，纷纷出来，回到家乡，重新从事生产。

◎ 评价

以上的五个例子说明，无论是史书上有记载的奇才异士、还是那些名不见经传的历史人物，他们治理国家的方法也不外乎弥补和征服两种。这与鬼谷子先生在该篇中提出的思想不谋而合。

◎ 通典

杜畿收河东

东汉末年，地方割据势力日益加重，朝廷的命令常常得不到贯彻执行，建安年间，河东郡（今山西夏县）太守王邑接到诏书，要将他调回朝廷。他正打算上路，却遭到部下卫固、范先二人的阻拦。原来这两个人已暗中与北边并州（今山西太原）的高斡联系多日，准备阴谋叛乱割据。

面对这种情况，掌握朝廷大权的曹操采取了把新任太守派进去的方法。新太守是谁呢？曹操选中了杜畿去接这个危险的烂摊子。

杜畿接到命令，即时上路。到了陕县（今河南三门峡）黄河边，却被卫固等人派来的军队堵住，阻止其渡过黄河。僵持了几个月，杜畿搞清了情况，有了主意："河东郡有三万户人家，并不都是叛乱的人，不如干脆自己单骑闯进去，来个出其不意。卫固这人虽然很有计谋，但并不果断，见了我必然假装接受。我只要进去一个月，就足以用计解决问题了。"

于是，杜畿悄悄地从另一个渡口过了黄河，卫固果然表面上承认了他。杜畿使了个欲擒故纵的计策，先好声好气地夸奖卫固、范先说："卫姓和范姓，都是河东的大族，很有名望呀！我虽然是太守，实际上要仰仗你们，听从你们的指示管理河东。"卫固等人听了，心中还很得意。哪知过了几十天，杜畿便派兵砍下了他的脑袋。

◎ 评价

先礼后兵，这也是“抵术”的一种方法。

◎ 通典

李泌与董晋的“抵术”

安史之乱以后，唐朝藩镇势力逐步发展。将强了，就要背叛朝廷；兵强了，就要驱杀将帅。唐德宗贞元初，陕虢（今河南三门峡、灵宝一带）节度使张劝被部下杀害，兵马使达奚抱晖夺得了军权，并上书朝廷，要求任命他为节度使。

唐德宗派李泌前往处理此事。李泌动身时，德宗令皇帝的亲军神策军护送。李泌笑笑，拒绝了，请求单骑前往。出了潼关，却又碰见另一支 3000 人的部队在列队等待，带兵军官上前报告说：“奉皇帝密诏，前来护送！”李泌当场写了一道命令，让他们退回。自己却快马加鞭，一路飞奔而去。

达奚抱晖听说李泌就要到了，不让将领们按礼节出城远迎。直到李泌距城 15 里了，才出去迎接。李泌一见达奚抱晖就一阵好夸奖：“你在危难之时，临时站出来主持军中事务，为国家保住了这地盘，很有功劳！”说着走着，进了城内，开始主持工作。

第二天，做好一切准备后，李泌将达奚抱晖招来，说道：“你杀了节度使，按罪当处死的，不过今天饶你一命。这并不是因为我关照你，而是恐怕今后再有此类事情发生，朝廷任命的将帅都派不下去，所以放你一条生路。”达奚抱晖听罢此言，又悔恨又感激，只好逃跑了。

在开封，也出了这样的事情，镇守开封的宣武军节度使李万荣的儿子——兵马使李乃趁其父生病卧床之机，准备叛乱夺权，但是，另一位将军邓惟恭却不买账，把他抓起来扭送京师。这位邓惟恭也是位野心家，临时掌握大权后，

◎ 李泌（722—789）
字长源，京兆（今西安）人，唐朝大臣。历仕玄宗、肃宗、代宗、德宗四朝，德宗时，官至宰相，封邺县侯，世人因称李邺侯。

自以为朝廷会正式任命他为节度使。但就在此时，忽然传来消息，朝廷已经派东都（今河南洛阳）留守董晋为宣武军节度使了！邓惟恭大失所望，负气不派人去洛阳接董晋。

董晋上任时，随身只带了十几个仆人，一个卫兵也没有。走到郑州时，有人劝他说："不如留在这里，看看开封那边有什么动静再说。"从开封来的人也劝他说不要进去。董晋一概不听，继续赶路，很快到了开封。

邓惟恭没想到董晋这么快就来了，来不及想出对策只好匆忙带领各位将领出城迎接。董晋进城后，将军政大事仍然交给邓惟恭处理。过了一段时间，邓惟恭心里越来越感到不安，暗地里策划作乱。事情败露后，董晋将邓惟恭的同党全部逮捕处斩，而把邓惟恭捆送京师。

唐代史书中，讽刺董晋懦弱苟安，政事废弛，其实不然。当时，朝廷恐怕董晋到开封后维持不住局面，派汝州刺史屈长源为行军司马，当他的副手。屈长源生性刚强、刻薄，对许多旧的规章制度都想改革。董晋开始并不阻拦他，但等他拿出方案后却不采用，所以军队安定不乱。以前宣武军的士卒十分骄横，很难管理，为此节度使选派亲信士卒住在公庭旁边，执弓带剑，严阵以待，防止军队作乱，以保护自己。对这些亲兵，节度使当然要时常赏赐他们酒肉，以慰劳笼络。董晋却不这样做，到任后的第二天，他便解散了这支卫队。董晋在开封任职三年后死去，由屈长源接替他任节度使，不久屈长源就被作乱的士兵害死。如果当初董晋听从屈长源的改革方案，恐怕宣武军早就叛乱了。

◎ 评价

从以上几个例子可以看出，审时度势是"抵术"的重要原则。矛盾是客观存在的，解决矛盾必须抓住时机，使之迎刃而解。

◎ 通典

罗斯福平众议

西奥多·罗斯福早有当总统的雄心。在纽约当警察局局长时，他就很注意自己的形象，办案力求公正。罗斯福的这一野心被《纽约邮报》及《纽约太阳报》的记者雷伊斯和斯蒂芬识破了。他们在背后议论道："看来罗斯福有当总统的野心，他的所作所为只是为了下一步打基础而已。"

为了证实自己的判断，这两个记者竟直接跑到罗斯福的警察总署办公室，单刀直入地问：“罗斯福先生，我们二人在底下私议，认为你准备有朝一日出来竞选总统，你说对吗？”

平时一向十分和善的罗斯福一反常态，脸色骤变，突然跳了起来，抓起鸡毛掸子，不问青红皂白，就向斯蒂芬和雷伊斯劈头盖脸打去。二人见势不妙，马上转身就逃。罗斯福还在后面高举鸡毛掸子，怒气十足地追逐，直到二人逃出警察总署。

从此以后，再也没有人敢议论罗斯福想当总统的事了。几年以后，他终于如愿以偿，成为美国第 26 任总统。

◎ **西奥多·罗斯福（1858—1919）**
人称老罗斯福，美国军事家、政治家，第 26 任总统，1901—1909 年任职。曾任海军副部长。执政期间，建立资源保护政策，保护了森林、矿产、石油等资源；建立公平交易法案，推动劳资和解；对外奉行门罗主义，实行扩张政策，建设强大军队，干涉美洲事务。

◎ 评价

恰到好处地解决矛盾，才能不失时机地达到预期的目的。当记者问及罗斯福的野心时，使他进退两难：如果如实回答，则使人们认识到罗斯福是为了竞选才扮演活包公的，这就会使他几年的努力付诸东流。如果他公开否认，则以后一定难自圆其说。在这种情况下，罗斯福急中生智，用了鸡毛掸子。一方面转守为攻，避免了不能回答的尴尬；另一方面，使得别人以后不敢再议论此事。

◎ 通典

王导解财困

东晋丞相王导善于理财。当时国库空虚，资金短缺，国库里存放的只有几千匹粗布，还卖不出去。而达官显贵们又难改西晋的奢侈恶习，影响了民风。王导对此十分忧虑，于是他带头不穿华丽的服饰，而穿粗布单衣。王导当时声望高，影响大，达官显贵们见丞相穿粗布单衣，也跟着用粗布做衣裳。别的人一看，也争着用粗布做衣服。粗布的价钱一下子就涨了许多，几千匹的库存很快就卖光了，缓解了当时的财政困难。

◎ 评价

人们穿衣都有趋时尚、赶潮流的心理，王导利用了这一点，所以粗布能很快销售一空，而且扭转了东晋的民风。这也是通过审时度势来进行弥补的很好的例子。

◎ 通典

奇妙的“6”字

企业家要调动工厂工人的积极性，是需要韬略的。

查尔斯·施瓦布是美国著名企业家，他属下的一个工厂的工人总是完不成定额。为此，施瓦布换了好几任厂长，然而却不奏效。于是他决定亲自处理这件事。

一天他来到工厂的厂长办公室过问此事，厂长答道：“我劝说过工人们，也骂过他们，甚至还以开除相威胁，但全然于事无补。”

“你领我到厂里去看看吧。”施瓦布说话时，正值白班工人要下班，夜班工人要接班的时候。

来到工厂，施瓦布问一个工人：“你们今天一共炼了几炉钢？”“6炉。”这个工人回答。施瓦布在一块小黑板上写了一个“6”字，然后巡视了一下工厂就回去了。

夜班工人上班了，看到黑板上出现了一个“6”字，十分好奇，忙问门卫是什么意思。

“施瓦布今天来这里，”门卫说，“他问白班工人炼了多少炉，知道是6炉后，他就在黑板上写了这个数字。”

第二天早晨，施瓦布又来到工厂，特意看了看黑板，看到夜班工人把“6”换成了“7”，十分满意地离开了。

白班工人第二天上班都看到了“7”。一位爱激动的工人大声叫道：“这意思是说夜班工人比我们强，我们要让他们看看并不是那么回事。”当他们晚上交班时，黑板上出现了一个巨大的“10”字。就这样，两班工人竞争起来，这个落后的工厂很快超过了其他工厂。

◎ 评价

施瓦布仅仅用了一个小小的“6”字就改变了工厂的面貌，解决了用打骂甚至开除威胁都办不到的事情。施瓦布的高明之处在于，他唤起了工人们的竞争意识。“抵”之术正是在于巧妙地改变现状从而激起大众的热情。

◎ 通典

“可抵而得”的小摊贩

在商品经济社会，商业活动必然发达。摆摊的小贩是商品经济活动中的一支大军，有人却对此不以为然，认为小摊贩本小利微是最不成气候的经营者，然而世界上几乎所有城市都被摆摊的商业摊群困扰着。特别是无照摊贩更是麻烦，在北京、天津如此，在纽约也如此。在商业社会，小摊本是毫末之事，但他们对于交通、市容均有很大影响，因此，不可不察办。

1994 年纽约市的朱利安尼市长计划管理摆摊。此前，纽约市对曼哈顿几个地区的食品小贩采取过严厉的取缔措施。现在朱利安尼政府想在更广的范围推行这一政策，禁止商贩在全纽约市的所有街道摆摊，让摊贩们远离拥挤不堪的人行道，政府建立露天商场式的市场供摊贩经营。市政府称，在全市开设了多达 24 个露天市场，这一做法将所有无营业执照的小贩都逐出了纽约市的街道。市政府对街头商贩所采取的措施受到了广泛的欢迎。

几十年来，如何处理街头商贩一直是令纽约市长头痛的问题。为了解决这个问题，市长不得不采取中庸之道，一方面要考虑小业主的顾虑，他们既付税，又雇人，另一方面还得考虑到街头小贩的意愿。这些小贩多是贫困的百姓，不得不为其小本经营的生意寻求立足之地。但是这些小贩往往没有营业执照，在许多城市，小贩在街道上贩货都是受到法律限制的。纽约市政府承认两类街头小贩：第一类是贩卖食物的，有卫生局发给的营业执照；第二类叫做一般商贩，除了食品他们什么都卖，他们有市政府消费者事务局发给的执照。卫生局已给大约3000名食品小贩颁发了营业执照，而消费者事务局向853个一般小贩颁发了执照。

纽约市政府官员称，贩卖食品的商贩大都是有营业执照的，但一般商贩中的绝大多数均无照营业。市政府官员估计，纽约市有8000到1万名无照营业的一般商贩，贩卖的东西五花八门。在每年逃缴的营业税中，这些无照营业的小贩逃缴的税额至少达3亿元。由此可知妥善管理小摊贩既有利于市民，也可以增加城市税收，而管理不当就会成为城市祸根。

◎ 评价

纽约市政府对于无照小摊贩的管理态度反映了“抵”之术中的弥补，既然不能通过蛮力解决小摊贩，而且管理好小摊贩能够让政府和人民受益，为何不为这些小商贩办理营业执照呢？这就是可以补救的即补救，也即“可抵而得”，利用一切能让社会稳定发展的手段，这就是国家管理中的“抵”术。

◎ 通典

商标的规范

现在谁都知道商标的价值，都在争当名牌以取信顾客。但是也不有法之徒，企图用假冒伪劣商品哄人骗钱，还有一些机关借评估注册商标之机捞钱。

有些工商管理部门，拉上报社等单位一起“评估”企业，评估时，必让企业交出巨额款项，否则榜上无名。如此现象，引发了一系列官司。

曾有组织者要求顺美服装有限公司参加“首届中国十大名牌西装，十大名牌衬衫市场确认活动”，顺美表示现在评估活动太滥，决定不参加。后因组织者再三说服，顺美碍于面子同意参加，并交了报名费7500元。两个月以后，顺美公司接到组委会通知，要它向“确认活动”组织者——某报广告部交纳2.5万元的宣传费。顺美公司断然拒绝了，结果顺美公司没有获得“双十奖”，只获得了临时增加的质量奖。顺美公司询问组织者这次“确认活动”的具体条

和市场调查结果时，组织者表示："公布数据有难度。"于是，顺美公司要讨个"说法"，并保留诉讼的权利。1994 年 4 月 5 日，北京日报也刊登了一则消息，由于天坛家具公司拒绝给某调查所交纳 8800 元的参评费，使本来很有名的天坛家具公司在那次评选活动中名落孙山。当该公司向调查事务所提出质疑时，该所回答说："在调查中贵公司的天坛牌家具确实名列前茅，因为你们没有交钱，就等于不承认我们的调查评选活动。"天坛家具公司不得不表示怀疑：这种以"钱"为前提的评选活动，它是不是国家许可的？

这些活动的组织者不妥之处有三：

一是国务院三令五申，各类协会、学会、研究会等社会团体和民间组织以及新闻、事业单位一律不得对企业进行各种评比和评比性检查，包括各种升级评优及各类专项奖等活动。可是这些评比活动依然禁而不止。

二是以钱为准，按交钱不交钱以及交钱多少来排名次，使明眼人一看就知道其组织者的真实用心。

三是否认主管机关的管理，否认法律的保障作用，更是错上加错。某调查所著文说："名牌不是企业自封的。"这当然是对的。"但名牌也不是哪个'权大'的行政部门命名的"，而是法律赋予的权利。企业花几万元被某调查所确认的"驰名商标""著名商标""优秀商标""推荐商标"于法无据，得不到法律的保护，那岂不是瞎子点灯——白费蜡？该事务所著文所说的"名牌只能在市场竞争中形成，为社会公认才能确立"这个话表面看起来是对的，但联系该事务所所组织的"公认"活动就不对了，因为谁交钱就给谁授予"公认名牌"称号，即使尚未注册商标，也可以被"公认"，不交钱在市场上再有品牌也不能被"公认"，这实际上还是"私认"，是认钱不认牌。

许多企业呼吁，认定驰名商标、名牌，必须依法进行；否则，既把商标搞乱了，也扰乱了市场。

◎ 评价

此例中的各种评估机构按钱进行评估的现象，其实就是社会中出现的不可以补救的现象。按照鬼谷子先生的“可抵而塞”，应当设立专门的、法律承认的评估机构，进行统一评估，取代各种不规范的学会、研究会等民间组织。

飞箝
第五

飞，是褒奖的意思。《意林》引《太公六韬》:“辩言巧辞，善毁善誉者，名曰：间谍飞言之士。”箝，是指箝制，控制。本篇讲用赞美、褒扬的方法，赢得对方的欢心，取得信任，从而诱导对方，掌握实情，达到箝制对方，控制对方的目的。采用飞箝之术要了解对方的权谋、才能，了解对方的底细，有针对地使用捭阖之术。

5.1

凡度权①量能，所以征远来近。立势而制事②，必先察同异之党，别是非之语，见内外之辞③，知有无之数④，决安危之计，定亲疏之事⑤，然后乃权量⑥之。其有隐括⑦，乃可征，乃可求，乃可用。引钩箝之辞⑧，飞而箝之。

钩箝之语，其说辞也，乍同乍异⑨。其不可善者⑩：或先征之，而后重累⑪；或先重以累，而后毁之；或以重累为毁；或以毁为重累⑫。其用⑬或称财货、琦玮⑭珠玉、璧白、采色⑮以事之⑯，或量能立势以钩之，或伺候见涧而箝之，其事用抵巇。

注释

①权：权衡，指人的计谋。

② 立势而制事：建立制度，把事情导向成功。

③ 内外之辞：内是实质，外是表面，也就是所说事情的反正两面。

④ 有无之数：探讨有无的术数。

⑤ 亲疏之事：或亲密或疏远的事。

⑥ 权量：计量长短轻重。

⑦ 隐括：原指矫正竹木以成器，此处指矫正人的缺点不足。

⑧ 引钩箝之辞：钩是弯曲金属所作的钩针，比喻诱使他人言论归顺己方。

⑨ 其说辞也，乍同乍异：钩箝之语，对于对方的言论，本着有时同意，有时反对的原则进行。

⑩ 不可善者：即使运用飞箝之法也不能改变的人或事物。

⑪ 重累：同重叠，反复试验。

⑫ 毁为重累：反复试验，对方暴露缺点。

⑬ 其用：准备要采用时。

⑭ 琦玮：珍贵的宝玉。

⑮ 采色：美女。

⑯ 事之：对待他。

译文

揣度人的智谋，考量人的才干，就是为了吸引远近人才。要形成一种声势、建立制度，使事情获得成功，就得先观察人们的相同和不同之处，区别议论的是与非，了解对内对外的各种进言，掌握其真假，决定事关安危的计谋，确定与谁亲近和与谁疏远，然后再看看这样做的利弊得失。衡量这些关系时，如果是可以矫正时弊的人，就可以加以征召，聘请，任用。借用言辞诱导使对方说出真情，然后通过恭维来控制对手。

钩箝是一种游说辞令，其特点是忽同忽异。对于那些没法控制的对手，或者先对他们威胁利诱，然后再对他们反复试探；或者先对他们反复试探，然后再诋毁他们；或者在反复考验中，诋毁对方，或者把诋毁对方作为反复考验。想要重用某些人时，可先赏赐财物、珠宝、玉石、璧帛和美女，以便对他们进行试探；或者通过衡量其才能创造气氛，来吸引他们；或者通过寻找机会抓住漏洞来控制对方，在这个过程中要运用抵巇之术。

古注

陶弘景注："飞，谓作声誉以飞扬之；箝，谓牵持缄束，令不得脱也。言取人之道，先作声誉，以飞扬之。彼必露情竭志而无隐，然后因其所好，牵持缄束，令不得转移。凡度其权略，量其材能，为远作声誉者，所以征远而来近也。谓贤者所在，或远或近，以此征来，若燕昭尊隗，即其事也。言远近既至，乃立赏罚之势，制能否之事，事势既立，必先察党与之同异，别言语之是非。外谓浮虚，内谓情实，有无谓道术能否，又必见其情伪之辞，知其能否之数。既察同异、别是非、见内外、知有无，然后与之决安危之计、定亲疏之事，则贤不肖可知也。权之所以知其轻重，量之所以知其长短，轻重既分，长短既形，乃施隐括，以辅其曲直，如此则征之亦可，求之亦可，用之亦可。钩谓诱致其情，言人之材性，各有差品，故钩箝之辞，亦有等级。故引钩箝之辞，内惑而得其情曰钩，外誉而得其情曰飞。得情即箝持之，令不得脱移，故曰：钩箝，故曰：飞钩箝。谓说钩箝之辞，或捭而同之，或合而异之，故曰：乍同乍异也。不可善，谓钩箝之辞所不能动，如此必先命征召之。重累者，谓其人既至，然后状其材所有，其人既至，然后都状其材术所有，知其所能，人或因此从化者也。或有虽都状其所有，犹未从化，然后就其材术短者訾毁之，人或过而从之，言不知化者也。或有状其所有，其短自形，此以重累为毁也。或有历说其短，材术便著，此以毁为重累也。为其人难动，故或重累之，或訾毁之，所以驱诱令从化。其用，谓人既从化，将用之，必先知其性行好恶，动以财货采色者，欲知其人贪廉也。量其能之优劣，然后立去就之势，以钩其情，以知智谋。谓伺彼行事，见其（山间）而箝持之，以知其勇怯也。谓此上事，用抵巇之术而为之。”

5.2

将欲用之于天下[①]，必度权量能，见天时之盛衰，制[②]地形之广狭，阻险之难易，人民货财之多少，诸侯之交孰亲孰疏，孰爱孰憎。心意之虑怀，审其意[③]，知其所好恶，乃就说其所重[④]，以飞箝之辞钩其所好，以箝求之。

注释

① 用之于天下：把飞箝之术用到治理天下。

② 制：知的意思，掌握，了解。

③ 心意之虑怀，审其意：详细知道想法和希望等。

④ 说其所重：游说其所重视的问题。

译文

要把“飞箝”之术用之于治理天下，必须考量国君的权谋和才干，观察天地的兴衰，掌握地形的宽窄、山川的险阻和平易，以及人民财富的多少；诸侯交往中谁与谁亲密，谁与谁疏远，谁与谁友好，谁与谁相恶。要详细考察对方的愿望和想法，了解他们的好恶，然后针对对方所重视的问题游说他，先用“飞”的方法诱出对方爱好之所在，最后再用“箝”的方法控制住对方。

古注

陶弘景注：“将用之于天下，谓用飞箝之术，辅于帝王。度权量能，欲知帝王材能可辅成否。天时盛衰，地形广狭，人民多少，又欲知天时、地利、人和，合其泰否。诸侯之交，亲疏爱憎，又欲知从否之众寡。既审其虑怀，知其好恶，然后就其所最重者而说之，又以飞箝之辞，钩其所好，既知其所好，乃箝而求之，所好不违，则何说而不行哉。

5.3

用之于人，则量智能、权材力[①]、料气势[②]，为之枢机[③]以迎之、随之，以箝和之，以意宜之，此飞箝之缀[④]也。

用之于人，则空往[⑤]而实来[⑥]，缀而不失，以究其辞。可钳而从，可箝而横；可引而东，可引而西；可引而南，可引而北，可引而反，可引而覆，虽覆能复，不失其度。

注释

① 材力：材同才，指才干。

② 气势：气和势都是势，是表现思想的力量。

③ 枢机：转动门户的轴叫枢，启动发射的装置叫机，是事物的关键。

④ 飞箝之缀：飞箝之术的秘诀。缀，连接、缀合。

⑤ 空往：仅仅用语言赞美、歌颂。

⑥ 实来：使对方打开心扉，拿出真情来归服己方。

译文

如果把“飞箝”之术用于个人，就要揣摩对方的智慧和才能，度量对方的实力，估计对方的气势，然后以此为突破口与对方周旋，进而争取以“飞箝”之术达成妥协，有意识地适应对方。这就是“飞箝”的秘诀。

如果把“飞箝”之术用于外交，可用华美的辞藻套出对方的实情，保持联系，勿使失误，以便考究游说的辞令。这样就可以把握关键实现合纵，也可以实现连横；也可以引而向东，也可以引而向西；可以引而向南，也可以引而向北；可以引而返还，也可以引而覆败。即使覆败也可以恢复，关键在于不可丧失其节度。

古注

陶弘景注：“用之于人，谓用飞箝之术于诸侯也。量智能、料气势者，亦欲知其智谋能否也。枢所以主门之动静，机所以主弩之放发，言既知其诸侯智谋能否，然后立法镇其动静，制其放发，犹枢之于门，机之于弩，或先而迎之，或后而随之，皆箝其情以和之，用其意以宜之。如此则诸侯之权，可得而执，己之恩又得而固，故曰：飞箝之缀也。谓用飞箝之术连于人也。用于人，谓以飞箝之术任使人也。但以声誉扬之，故曰：空往，彼则开心露情，归附于己，故曰：实来，既得其情，必缀而勿失，又令敷奏以言，以究其辞，如此则纵横东西，南北反覆，惟在己之箝引，无思不服。虽有覆败，必能复振，不失其节度，此箝之终也。”

阅典笔记

“飞箝术”是用褒扬之辞来抓住对方心理的一种方法。飞箝的前提是“钩箝”。在使用“飞箝”术之前，可先诱导对手发言，将对方的话诱导出来以后，马上加以推崇，以此抓住对方，不让他收回。要想诱导对手顺着自己的思路说话，在诱导时就要忽同忽异，给对手以假象，让对方摸不着头脑，最后落入圈套。用“钩箝”之法还无法箝住的人，就可以对他们施加点压力。同时还要了解天时、地利，分析周围的关系，控制对手。这种方法如能用于诸侯各国，就能够与其建立密切的关系，达到合纵或连横的目的。

此“飞箝”意犹如“开闭”意。“飞”者是指情绪放纵，言论自由。而“箝”者，则是指夹住，使之不能自由活动。作为行为，说的是让人发言的术法，说服人的术法，牵着人按照自己的意图走的术法。

简言之，作为统治者（领导人）要施行任贤之道，利用人的专长，以获得人和社会舆论的支持，来成就大业。飞箝之术可以说是引人之术，服人之术。

文中道："用之于人，则量智能、权材力、料气势，为之枢机。"说明了用人的关键在于权衡人的智能、才干、气质。怎样权衡呢？其方法是："迎之、随之，以箝和之，以意宜之。"同时不失其度。采取顺从、迎合、适可而止的做法取用人才，把握局势，达到自己的目的。

本篇分三层，从三个不同的角度研讨如何控制对方。第一层从君主的角度讨论如何运用飞箝之术对待人才。首先强调君主必须全面把握人才的情况；其次讲用言辞、"重累"等各种方法试探他，掌握他的真实思想；然后讲如何控制他，包括使用财物、利用形势、抓住对方弱点等。第二层从游说之士的角度讨论如何运用飞箝之术对待君主。强调要全面了解国家的情况与君主个人的气质思想，运用飞箝之术保持君主对自己的信任。第三层从游说之士如何对待普通人的角度讨论飞箝之术，也强调要周密了解对方，紧紧抓住对方，加以控制利用。总之，全面了解对方是运用飞箝之术的关键。本篇在《鬼谷子》中占有重要地位。刘勰《文心雕龙·论说》："飞箝伏其精术。"本篇的核心是讲权术，但是它与法家讲权术不同：法家主张君主对臣民讲权术，反对臣民对君主讲权术；鬼谷子却认为，君主与臣民相互之间都可以使用"飞箝之术"，彼此是对等的。

游说之士都必须精通飞箝之术。且以"飞"为例。"飞"就是"飞语"，是箝的一种手段，即远远放出话语，引起对方注意，从而达到利用控制对方的目的。放出的话语，大部分是赞扬性的，所以道藏本题解说："飞，谓作声誉以飞扬之。"但是，放出的话语，也不一定是赞扬性的，关键是要能够抓住对方。

触类旁通

◎ 通典

蔡泽说范雎

《战国策·秦策三》所记载的蔡泽游说范雎的故事就是运用飞箝之术的一个典型例子。范雎在秦国废太后，逐诸侯，加强王权，做了多年宰相，功勋地位显赫。但是，时间久了，总会出现失误，从而与秦王的关系产生了裂痕，于是其政治地位出现了危机。蔡泽是个不得志的游说之士，到处碰壁。他了解到范雎的处境后，就毅然进入秦国，放出话语："我是个杰出善辩的人才。只要见到秦王，秦王就一定会任命我做宰相，取代范雎。"范雎听到后，非常不愉快，派人召见他，质问他说："您扬言取代我担任秦国的宰相，有这回事情吗？"他回答说："对。"范雎说："请讲出理由。"他说："唉！您太迟钝了。功成身退，是世间的常理。秦国的商君、白起，楚国的吴起，越国的文种，都由于功成而身不退，招致杀身的惨祸。您如果继续下去，就会跟他们一样。如果趁这个时候辞去宰相职务，推荐贤人，就可以长寿而享受爵禄，又有谦让的美名。"范雎听了他的话，于是入朝见秦昭王说："蔡泽是个杰出人才，我赶不上他。"他称病辞职，把宰相职位让给了蔡泽。

◎ 评价

蔡泽所使用的就是"飞箝"之术。在范雎为相困难之际，蔡泽充分地意识到了时机来了，并远远放出话语，引起范雎的注意，从而达到利用控制范雎的目的。

◎ 通典

被“飞箝”的管仲

管仲，名夷吾，春秋初期齐国著名的政治家。他“相桓公，霸诸侯，一匡天下”。然而，管仲的成就，是与鲍叔牙知人让贤的风格、齐桓公不记前仇的气度分不开的。

鲍叔牙与管仲年轻时就是好朋友，互相都很了解，后来，鲍叔牙当了齐桓公小白的家臣，管仲当了齐公子纠的谋士。公元前685年，齐国国君无知在雍林被杀。当时流亡在莒国的公子小白与流亡在鲁国的公子纠，都急于回国争夺君位。公子纠的谋士管仲认为，莒国离齐国都城近，如果小白先到，争夺君位就没有希望了。于是管仲带了一支精兵，先赶到莒通往齐的必经之路进行拦截。不久，有一队车马奔驰而来。管仲估计是小白来了，忙驾车上前参见，趁小白答礼而无防备的时候照小白射去一箭。小白“哎呀”一声，倒在车上，管仲见大功告成，策马飞驰而去。其实，这一箭，恰巧射在小白的带钩上，小白知道管仲箭法厉害，急中生智，便应声而倒。待管仲走后，马上沿小路疾驰，直奔齐都。

小白即位后，称为齐桓公，遂命鲍叔牙为统帅，以讨伐公子纠为名进攻鲁国。鲁庄公在齐国大军压境的情况下，只好按齐国提出的要求，将公子纠杀了，将管仲囚禁引渡回齐国。

鲍叔牙辅佐小白取得了君位，桓公要任命他为国相，鲍叔牙推辞不受，一再推荐管仲。鲍叔牙说：“我有五点不如管仲：对民宽和，使民富裕，不如他；治国严谨，不失国家主权，不如他；团结人民，使百姓心悦诚服，不如他；制定礼仪，使人人都能遵守，不如他；临阵指挥，使将士勇往直前，不如他。”鲍叔牙恳切地指出：“你如果要建立霸业，非管仲辅

◎ **管仲（约前 723—前 645）**
春秋时期齐国著名的政治家、军事家。姬姓，管氏，名夷吾，谥敬仲，史称管子。辅佐齐桓公成为春秋时期的第一位霸主，其言论见于《国语·齐语》，另有《管子》一书传世。

佐不可。”桓公本来要报管仲的一箭之仇，但听了鲍叔牙之言，决定起用管仲。鲍叔牙受桓公之命，来到齐国边境等候着管仲的到来，在堂阜这个地方亲自给管仲解开镣铐。

管仲受任为大夫，主持国家政务。但管仲出身贫贱，朝中同一等级的贵族豪门和功臣宿将很多，他怕不能服众，便把这个顾虑告诉桓公。于是桓公加封他为上卿（百官之首）。

过了一段时间，国家并没有什么大的改变。桓公问原因，管仲说：“手中无钱不好办事，所以不能使国家富起来。”于是桓公就让他掌管贸易和税收。又过了一段时间，国家还没有明显好转，桓公又问原因，管仲说：“我不是你的近亲，对公族的一些事情不好处理。”于是桓公尊称他为仲父，号令全国，不准直呼管仲的名字。

管仲有了号令百官、掌握财政、处置贵族这三个特权，就开始大胆放手主持国家政务。

管仲积极改革内政，加强国防。利用齐国滨海占有渔业和盐业的优势，鼓励贸易，发展生产。他采用五家为轨，设轨长；十轨为里，里设有司；四里为连，设有连长；十连为乡，设乡良人的制度，实行军政合一。同时加强对国家常备军士的控制和训练，组建起一支战斗力很强的武装部队。他体察民情，十分重视救困扶贫。他把“礼、义、廉、耻”作为立国的纲纪，对百姓进行教育。发现有才能、讲仁德者，就选拔录用。因此，很快国盛民富起来。

管仲执政，能把握时机，善于应变，往往因祸得福，转败为胜。公元前 663 年，山戎族侵扰燕国，齐桓公应燕庄公请求，出师征伐山戎，保卫了燕国，还把原来山戎盘踞的地区交给燕国。燕庄公非常感激，就在桓公撤军回国的时候，一送再送，不知不觉进入齐国境内。齐桓公说：“按规矩，除非天子，诸侯相送是不出自己国境的，我不能对燕妄自尊大而破坏这个规矩。”于是，把庄公所到的齐境土地全部割送给了燕国。

中原诸侯听到齐桓公救燕不但没有侵占一寸土地，反而送给燕几十里地方，从此既畏惧齐的军威，又仰慕齐的仁德。这一成功之举完全是管仲的计谋。

公元前681年，齐桓公与鲁庄公会盟于柯，会盟前，齐曾三次打败鲁国，夺取了大片土地，而这次会盟，鲁庄公另有他图，便带大将曹沫为随从。当两国国君在坛上正在准备歃血时，曹沫突然掏出暗藏的匕首，飞速跃上前去抓住桓公。坛上坛下的人都为之一惊，不知所措。桓公身边的管仲很快镇静下来，问曹沫：“你想干什么？”曹沫说：“齐国恃强凌弱，夺我土地，今日若能把侵占我们的地方退还，就签订盟约，不然，我就与你主公同归于尽。”说罢，对着桓公举起匕首。管冲忙向桓公示意。桓公便对曹沫说：“我答应你的要求。”于是曹沫放开桓公，丢掉匕首，回到随员的座位上。

桓公摆脱险境后就后悔了，不仅不想把土地退还鲁国，还想杀曹沫。桓公这样做是很容易的，因为坛下都是齐国的将士。但管仲劝阻了桓公。管仲私下对桓公说：“他劫持你，你答应了他的要求；他放了你，你却违背诺言还要杀他，这是突一时的痛快而弃信于诸侯。以后天下诸侯哪个还会相信你说的话呢？这会失掉所有人的支持，千万不可这样做。”

桓公接受了管仲的意见，盟会以后，把在战争中侵占的鲁地全部退还鲁国。

天下诸侯得知这件事，都认为桓公诚实可靠，说话算数，大家都来归附他。所以说“将欲取之，必先与之”是为政之宝。

管仲的才能所以能得到充分的发挥，为齐国强盛作出贡献，是因为鲍叔牙对他的了解、信任和推崇。

管仲说："我以前贫困的时候，曾与鲍叔牙合伙做生意，每次分红利我总要多分一些，但鲍叔牙不以为我贪财，他知道我家里穷。"又说："我帮鲍叔牙办事，没有把事情办好，鲍叔牙不以为我愚蠢，他知道是没碰上好机会。我曾三次做官，而三次被撤职，鲍叔牙不认为我没有才干，他知道我是没有赶上显示才能的时机。"管仲回想起自己走过的道路，万分感激地说："生我者父母，知我者鲍子也。"

管仲为齐的上卿以后，鲍叔牙一直心甘情愿地在管仲手下工作，接受管仲的领导。所以，天下称赞管仲才能者少，而称赞鲍叔牙让贤者多。

◎ 评价

此例中有鲍叔牙对管仲的"飞箝"之术。鲍叔牙退位让贤，是通过自己的退位向齐桓公暗示了管仲的能力强于自己。此外还有齐桓公对管仲的"飞箝"之术。管仲为了治理好国家向齐桓公一而再再而三地要求更多的权利，齐桓公一一满足其要求，也从另一方面钳制住了管仲的忠心，管仲深知齐桓公对自己的信任，定会全力治理国家。

◎ 通典

惠施假楚毁齐

公元前341年，齐、魏两国在马陵交战，结果，齐军大胜魏军，杀死了魏国太子申，歼灭了魏国10万大军。

魏惠王召见惠施，对惠施说："齐国是我的仇敌，到死我也不会忘记对他的仇恨。我国虽小，但也想调动所有的军队去攻打它，你说怎么样？"惠施回答魏王说："不行。"

惠施说："成就王业的君主做事要得法，成就霸业的君主要善于谋划。你现在的想法疏于法度和谋划。君王您本来先和赵国结怨，然后又和齐国作战。如今仗没有打胜，国小兵弱，大王还想调动所有军队去攻打齐国，这就是臣所说的做事不得法和不善于谋划。大王想要向齐国报仇，不如改变王者的服饰，委曲求全，去拜见齐王。这样做楚王必定大怒，然后大王再派人游说齐国和楚国，使它们相互结怨，楚国就一定会出兵攻打齐国。以休整好的楚国军队去攻打已经疲惫不堪的齐国，齐国必然会被楚国打败。这就是大王借楚国之力打败齐国的方法。”魏惠王听到惠施这个借刀杀人的计策后，说：“好极了！”并马上派人去齐国报告，说魏王愿意臣服齐国，并且要去朝拜齐威王。

齐相田婴答应了魏王的要求。策士张丑阻止说：“不行，楚国本来就好用兵和追求名声，如果齐国接受魏王称臣，肯定会激怒楚国，这样楚国一定会成为齐国的祸患。”田婴不听张丑的劝谏，终于让魏惠王入齐，并让他和自己一起去朝拜齐侯。

本来都是平等的国家，现在齐王让魏王称臣，赵王对此感到羞耻，楚王也为此感到愤怒，亲自率军队攻打齐国，赵国也响应楚国。结果，楚国在徐州把齐国打得大败。

◎ 评价

本故事通过魏惠王在马陵战败，惠施让魏王委曲求全，以激怒楚王，从而达到假楚毁齐的目的。从另一个方面来看待这个例子，可以看出“飞箝”之术中使用言语的对象不一定是要钳制的对象。

◎ 通典

司马错谋蜀

“飞箝术”就是动用言辞之术及各种谋略技巧去收服人心，使对方为我所用的谋略。正确地使用它，可以使人纵横驰骋，随心所欲。古往今来有许多人运用飞箝之术，建立功业，身显一时，名垂千古。

巴国、蜀国互相攻打，都来向秦国告急。秦惠王想出兵讨代蜀国，但考虑到道路险峻难行，韩国又可能来侵略，所以犹豫不决，把司马错和张仪叫来商量对策。

司马错建议秦惠王出兵攻打蜀国，张仪不同意，张仪说：“不如去讨伐韩国。”秦惠王说：“请谈谈你的见解。”张仪回答说：“我们应该和魏国、楚国亲善友好，然后出兵黄河、伊洛一带，攻取新城、宜阳、兵临东西周王都，控制象征王权的九鼎和天下版图，挟持天子以号令天下，各国就不敢不从，这是称王的大业。要博取名声应该去朝廷，要赚取金钱应该去集市。现在的黄河、伊洛一带和周朝王室，好比天下的集市和朝廷，大王您不去争夺，反倒和远方的戎狄小族争斗，这不是帝王的大业啊！”司马错反驳张仪说：“不

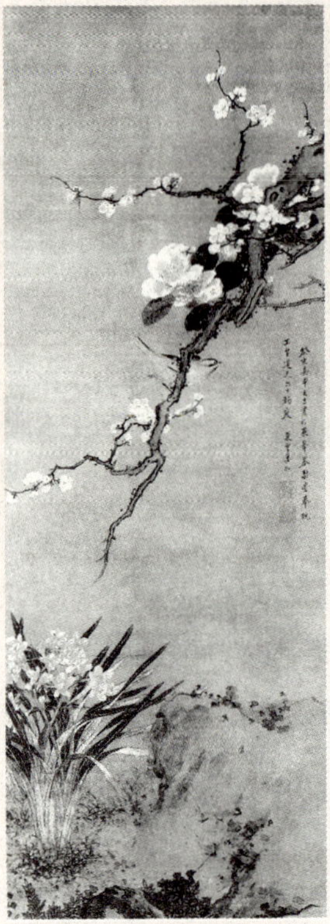

对。我听说过这样的话：想要使国家富强必须先开拓疆土，想要使军队强大必须先让百姓富裕，想要成就帝王大业必须先树立德望。如果这三条具备了，帝王大业也就水到渠成。现在大王的国家地小民贫，所以我建议先从容易的事做起。蜀国，是西南偏僻之国，又是戎狄之族的首领，政治昏乱，如同夏桀、商纣，以秦国的大兵攻打蜀国，就像狼入羊群一样。攻占它的土地可以扩大秦国疆域，夺取它的财富可以养育百姓，军队用不了多大伤亡就可以使蜀国投降。这样，吞并一个国家，而天下并不认为秦国强暴；获得广泛的利益，天下人也不认为秦国贪婪。这样我们可以一举两得，名利双收，还可以享有除暴安良的美名。秦国如果攻打韩国，劫持周天子，就会臭名远扬，也不见得有什么实际利益。周朝，是天下尊崇的王室；齐国，是韩国的亲睦联邦。周朝自知要失去九鼎，韩国自知要失去伊洛一带的领土，两国将会齐心合力，共同谋划，向齐国和赵国求援，会和有旧怨的楚国和魏国和解，甚至不惜把九鼎送给楚国，把土地割让给魏国，到那时，大王您只能束手无策，那是很危险的！所以，我说攻打蜀国才是十拿九稳的上策。”秦王听从了司马错的建议，决定出兵攻打蜀国。仅用了十个月，秦国就打败了蜀国。蜀国被秦国吞并后，秦国更加富庶和强盛了。

◎ 评价

司马错的“飞箝术”的精华在于利用秦国攻打蜀国的仁义之举来收买天下人的心。由此可见，只要策略使用得当，钳制的对象可以由个人到民众。

◎ 通典

里根竞选州长

在现实社会中，无论是在政治上、经济上、军事上还是在外交上，掌握和运用“飞箝术”都有极其重要的意义。

美国总统里根，在1966年竞选加利福尼亚州长时，开合有法，争取了公众而战胜了对手。1966年，里根作为共和党的候选人竞选加利福尼亚州州长。当时，形势对里根很不利。加利福尼亚民主党和共和党的人数比例是5 ∶ 3，竞选对手是老州长、民主党人埃蒙德·布朗。布朗从1958年起就担任加利福尼亚州州长，是一个老练的政客。1962年布朗曾同尼克松争夺加利福尼亚州州长，把尼克松打得溃不成军，落荒而逃。此外，当时的总统约翰逊是布朗的好朋友，他表示全力支持布朗连任。老州长本人也认为，自己在加利福尼亚有基础，“二流影星”里根不在话下。

◎ **罗纳德·威尔逊·里根（1911—2004）**
美国政治家、演讲家、演员，第40任总统，1981—1989年在任。执政期间，对内复兴美国经济，对外直接对抗苏联，被称为“振奋了美国人在1980年面临的低昂士气和挫折感”。

里根虽然地位低下，没有政治经验，但也有长处：他身材魁梧，五官端正，容貌俊美，风流潇洒，可以算得上一个标准的美男子。他还做过电影演员、电台广播员，讲起话来声音洪亮，娓娓动听。

于是里根利用自己善于演说的优势，经常在电视台、电台和一些公众集会上亮相，发表演说，以争取更多的选票。由于缺少从政经验，因此，他尽量少谈政治，多讲一般老百姓关心的社会、生活问题，把自己打造成一个“平民政治家”。

当时美国家庭中电视已经普及。就拿加利福尼亚州来说，平均每户有1.5台电视机。选民们在电视机上看到的里根是一个生气勃勃，精力充沛，能说会道的政治家，因而对他产生了好感。里根谈的问题又是普通老百姓关心的物价、工资、就业等问题，所以颇受一般老百姓的欢迎。

选举的结果，里根比布朗多得近100万张选票，很多民主党人也投了里根的票。里根终于如愿以偿，登上了加利福尼亚州州长的宝座。

◎ 评价

使用飞箝之术时，常用言辞套住对方，用计谋使对方随我方的意图而仰俯、升沉，但要注意使对方不失常态，才是精彩的飞箝之术的妙用——扬长避短是被广泛运用的策略。可以设想，里根若不利用自己的美男子形象，如果去大谈一些自己所不熟悉的历史、政治及国际关系问题，州长的头衔必然会与他无缘。

◎ 通典

铁娘子的“和战争”

1975年英国的撒切尔夫人当选为保守党领袖后，其目标就是出任首相。撒切尔以和为贵，巧施“飞箝”之术，终于战胜了前首相希思，并以宽容之法争取了希思，使英国人归服于她。

在英国这种国家，欲当首相者必须是一个政党的党魁，因此，党内的夺魁斗争一向十分激烈。争夺各方常常是撕破脸皮，竭尽排斥、贬低和打击对方之能事。撒切尔夫人不赞成希思的政治主张，先是支持基思·约瑟同希思竞选，继而又亲自向希思挑战，使希思感到她有意与自己作对，心中大为不快。但竞选期间，希思的人马故意打出“我支持杂货商，但不支持他的女儿”的口号，把撒切尔夫人的家庭身世翻出来，作为攻击目标。这种做法，当时使撒切尔夫人十分气恼。双方的对立情绪一度达到空前的程度。

◎ 撒切尔夫人（1925—2013）
玛格丽特·希达尔·撒切尔，英国政治家，英国首相，1979—1990年在任，有“铁娘子”之称。执政期间，对内推行货币主义政策，保持经济持续稳定增长，对外巩固和发展英美特殊关系，重视西欧防务体系的加强。她是英国历史上第一位女首相，也是英国20世纪内任职时间最长的政府首脑。

撒切尔夫人当选后，认识到为了团结全部力量参加首届大选，必须弥合与失败者的裂痕，恢复保守党的团结，稳定自己的后院。由于希思在党内追随者不少，势力不能小看，他在国际上的声望也较高，影响颇大。没有他的支持与合作，要战胜执政的工党，有较大困难。撒切尔夫人为了获得希思一派的支持，主动捐弃前嫌。

她获胜后的第一个行动就是去拜会希思，热情地邀请他参加她领导下的影子内阁，但被一口回绝。她不灰心，其第二个行动是请希思手下的总督导员怀特洛出任保守党副领袖，怀特洛接受了邀请。由于撒切尔夫人的做法符合许多保守党人的心愿，得到了广泛的支持。

接着，撒切尔夫人于1976年10月的保守党年会上再次主动发出和解的信号。她在讲话中赞扬希思过去的政绩，在政策主张上也作了一些相应的调整和修补，采纳了希思的一些观点，使两派在对外政策上明显接近。在此情况下，希思也就发表了对撒切尔夫人“完全相信”、“支持影子内阁”的内外政策声明。至此，撒切尔夫人在党内的领袖地位最终确立了，为登上首相宝座奠定了必不可少的基础。

◎ 评价

统治者胸怀宽广，才能招天下人归服。一个统御他人的人，要最大限度地发挥自己的影响力，虚怀若谷既是重要的工作作风，又是谋略手段。“君子之德如风”，宽容大度必能感召部属，赢得人心。撒切尔夫人的做法正是显示了一个优秀政治家的飞箝之术。

◎ 通典

古尔德控制国库

在商业竞争中，用人、制人、巧使人，常常是得胜的手段。许多人都曾用过。

1877年美国大资本家古尔德，几乎收购了除国库之外美国市场上所有的黄金，并设法控制国库，使他一日之内净赚了2000万美元，这在人类历史上是罕见的。

古尔德的成功，就在于他钩住了一个人。古尔德了解到当任的格兰特总统有个妹妹嫁给了柯尔平上校，而柯尔平并不宽裕，于是，他设了一计：

一天，古尔德找到了柯尔平，十分客气地邀请他入股。柯尔平十分坦率地表示没有资本，古尔德忙说：“不要紧，您用不着拿一分钱，只要表示一个愿望就行了。我很敬佩上校的为人与才能，十分想与您交朋友。这点小意思就算鄙人的一点诚意吧。”柯尔平看到有利可图，何乐而不为。于是两个人签约：柯尔平在古尔德那里认购200万美元的黄金股，只要黄金价格上涨，每周可以领到这些黄金股的涨价费。若黄金下跌，按惯例，他相应要作赔。

为了防止金价下跌，柯尔平用不着古尔德示意，自己就主动地利用妻子，劝总统不要抛售政府手中的黄金。通过这种方式，柯尔平着实地赚了不少钱。

古尔德又用同样的手段，收买了财政部长的秘书入股，从而保证了财政部不抛售国库黄金。

市场上黄金渐少，金价自然飞速上升，最高时达到每盎司 146 美元。同年 9 月 22 日，市场上的黄金都不见了。这种形势引起全美国一片愤怒之声，格兰特总统迫于舆论，决定抛售国库黄金。柯尔平等劝说无效，他马上把这一紧急情况告诉了古尔德，同时又使总统格兰特暂缓一天宣布抛售国库黄金的消息。就在这一天的时间内，古尔德售出了他所有的黄金，净赚了 2000 万美元。

◎ 评价

收购了美国市场上所有的黄金，这的确是古尔德一生中最大的杰作。一天之内净赚了 2000 万美元，也是十分罕见的。抓住关键人物，实施有效的钩箝术，古尔德正是运用小利钳制住了柯尔平和其他的一些政府官员，从而从另一个方面控制了国库。

◎ 通典

推销中的"飞箝"之术

美国有一家面包公司，经理迪巴诺就以飞箝之法，钩住了纽约大饭店的经理，从而使自己的面包公司事业兴隆。

迪巴诺的面包公司远近闻名，产品十分畅销，然而，离它最近的一家纽约大饭店却一直对它不理不睬。迪巴诺十分纳闷，他决定敲开这家大饭店的门。他每星期必去拜访大饭店的经理一次，甚至以私人的身份住进大饭店，还常把迪巴诺面包送给大饭店的职员。然而，不论他怎么做，这家大饭店仍是对他的面包熟视无睹。迪巴诺是一位意志十分坚强的人，面对这种冷遇，他发誓不达目的决不罢休。失败多次之后，迪巴诺总结了教训，决定改变策略，开始调查饭店经理所感兴趣的事。

于是，他在饭店里安插情报人员，从而知道饭店经理是美国饭店协会的会员，而且热心协会的事，还担任了国家饭店协会的会长。凡协会召开的会议，不管在何地举行，他都一定乘飞机前往。

了解到这些情况后，迪巴诺便到图书馆查阅了协会的资料。第二天，便去拜访了饭店经理，他自然以协会为话题，双方谈得十分投机，使饭店经理两眼放光，认为遇到了知音。在谈话中，迪巴诺丝毫不提面包二字。

几天以后，饭店的采购部门先给迪巴诺打了一个电话，要他把面包样品和价格表送去，迪巴诺赶到饭店后，采购组长第一句话就是："你用了什么绝招使我们老板这么赏识你？"迪巴诺公司是驰名远近的，然而，迪巴诺的长期的正面攻势并未收效，一个面包也没售出，而仅仅与饭店经理谈了一下对方关注的事，形势就彻底改变了。

◎ 评价

"钩箝"之术是现代生活中推销员的利器。推销员必须善于投顾客所好，而后牵着对方的"鼻子"走，以便达到自己的目的。若想达到自己的目的，首先要让对方认同，使自己被人喜爱，而要做到这一点，必须以对方所关心的事为话题。

第六 忤合

忤是相背，合是相向，这里是指以忤求合，先忤后合。本篇指出互相对立是事物的客观存在，只有精通“以反求合”之术才能顺应事物的变化，并讨论了如何利用对立和顺合的规律来考察、选择适合自己的君主，从而建功立业。

6.1

凡趋合倍反[1]，计有适合。化转[2]环属[3]，各有形势[4]。反覆相求，因事为制[5]。是以圣人居天地之间，立身、御世、施教、扬声、明名也，必因事物之会，观天时之宜，因知所多所少，以此先知之，与之转化。世无常贵，事无常师；圣人常为无不为，所听无不听。成于事[6]而合于计谋[7]，与之为主[8]。合于彼而离于此，计谋不两忠，必有反忤[9]；反[10]于是，忤于彼；忤于此，反于彼。其术也，用之于天下，必量天下而与之；用之于国，必量国而与之；用之于家，必量家而与之；用之于身，必量身材能[11]气势而与之。大小进退，其用一也。必先谋虑计定[12]，而后[13]行之以飞箝之术。

注释

①趋合倍反：趋合是趋向合一，相当于“合”；倍反是背逆，相当于“忤”。倍，通“背”。

② 化转：变化转移。

③ 环属：像铁环一般连锁起来而没有中断。

④ 形势：事物发展变化的态势。

⑤ 因事为制：这里是指要根据实际情况进行控制。因，依据、凭借。制，法则、法度、控制。

⑥ 成于事：把事情办成功。

⑦ 合于计谋：实现或符合预定的计谋。

⑧ 与之为主：与之，与他们。为主，为主人。指都是选择其作为主人。

⑨ 计谋不两忠，必有反忤：任何计谋都不可能同时忠于两个主人，必然要相抵触。忠，忠实；反，背反，忤、抵触、背逆。

⑩ 反：此处当顺从解释。

⑪ 材能：才质和能力。

⑫ 计定：确定计谋。

⑬ 而后：然后。

译文

世间万物，既有相向归一的趋势，又有背逆相反的趋势，施计图谋均应符合这一规律。变化和转换就像铁环一样连锁而无中断。然而，变幻着的事物各有具体情况，彼此间互相依赖，要根据实际情况处理。圣人生活在世界上，为了立身处世，教化众人，扩大影响，宣扬名声，他们必须根据事物之间的联系，来观察天时，抓住有利时机，根据国家哪些方面有余，哪些方面不足，据此先把握实质，并设法促进事物向有利的方面转化。世上没有永远显贵的事物，没有永恒固定的样式，圣人常常是无所不做，无所不听。办成要办的事，重要的是不违背预定的计谋。如果为了自己的君主，维护这一方的利益，就要

背叛那一方的利益。凡是计谋不可能同时忠于两个对立的君主，必然会违背某一方的意愿。合乎这一方的意愿，就要违背另一方的意愿；违背另一方的意愿，才可能合乎这一方的意愿。这就是“忤合”之术。如果把这种“忤合”之术运用到天下，必然要把全天下都放在“忤合”之中权衡之；如果把这种“忤合”之术用到某个国家，就必然把整个国家放在“忤合”之中权衡之；如果把这种“忤合”之术运用到某个家族，就必然要把整个家族都放在“忤合”之中权衡之；如果把这种“忤合”之术用到某一个人，就必然要把这个人的才能气势都放在“忤合”之中权衡之。总之运用“忤合”之术的范围或大或小，其功用是相同的。所做之事都要预先谋划、分析、计算之后，用飞箝之术实现它。

古注

陶弘景注：“大道既隐，正道不得，坦然而行，故将合于此，必忤于彼，令其不疑，然后可行其意，即伊、吕之去就是也。言趋合倍反，虽参差不齐，然后施之计谋，理乃适合。言倍反之理，随化而转，如连环之属。然其去就，各有形势，或反或覆，理自相求，莫不因彼事情，为之立制也。所多所少，谓政教所宜多、所宜少也。既知多少所宜，然后为之增减，故曰：以此先知，谓用倍反之理知之也。转化，谓转变以从化也。能仁为贵，故无常贵；立善为师，故无常师。善必为之，故无不为；无稽之言不听，故无所听。于事必成，于谋必合，如此者与众立之，推以为主也。合于彼，必离于此，是其忠谋不得两施也。既有不两施，宜行反忤之术。反忤者，意欲反合于此，必行忤于彼。忤者，设疑其事，令昧者不知觉其事也。用之者，谓反忤之术。量者，谓其事业有无。与，谓与之亲。凡行忤者，必称其事业所有而亲媚之，则暗主无从而觉，故得行其术也。所行之术，虽有大小进退之异，然而至于称事扬亲则一，故曰：其用一也。”将行反忤之术，必须先定计谋，然后行之，又用飞箝之术以弥缝之。

6.2

古之善背向者，乃协四海，包诸侯忤合[①]之地而化转之，然后求合[②]。故伊尹[③]五就汤[④]、五就桀[⑤]，而不能所明，然后合[⑥]于汤。吕尚[⑦]三就文王，三入殷，而不能有所明，然后合于文王。此知天命之箝[⑧]，故归之不疑也。非至圣人达奥，不能御世；不劳心苦思，不能原事；不悉心见情，不能成名[⑨]；材质不惠，不能用兵[⑩]；忠实无实，不能知人[⑪]。故忤合之道，己必自度材能知睿，量长短远近孰不如，乃可以进，乃可以退，乃可以纵乃可以横。

◎ 伊尹

商初大臣。以伊为氏，尹为官名，一说名挚。辅佐商汤灭夏，建立商朝。

注释

① 忤合：逆合。

② 合：联合。

③ 伊尹：古代传说人物，辅弼商汤消灭夏桀，是商朝开国名相。

④ 汤：商朝的开国之君，重用伊尹消灭夏桀，开创商王朝，推行善政。

⑤ 桀：古代传说人物，他是夏朝最后一个暴君，被商王汤消灭。

⑥ 合：契合。

⑦ 吕尚：即姜太公，辅佐周文王，周武王，对周朝的建立贡献极大，是齐国的始封主。

⑧ 天命之箝：天命的制约。

⑨ 成名：树立名声。

⑩ 兵：这里指军队。

⑪ 知人：了解他人。

译文

古代那些善于使用向背规律而横行天下的人，常常驾驭着四海之内的各家势力，控制各个诸侯，在“忤合”中促成转化，然后达到“合”于圣贤君

◎ **姜子牙**

姜姓，吕氏，名尚，字子牙，被尊称为太公望。中国历史上最享盛名的政治家、军事家和谋略家。辅佐周文王、周武王取代商朝。周朝建立后，受封于齐。

主的目的。过去伊尹五次投奔商汤，五次投奔夏桀，没有得到赏识，然后才决定一心投奔商汤王。吕尚三次投奔周文王，三次投奔殷纣王，没有得到赏识，最后归服了周文王。这就是懂得天命的制约，所以才能归顺一明主而毫不犹豫。如果不具备高尚的品德，超人的智慧，是不能驾驭天下的；如果不用心冥思，是不可能揭示事物的规律的；如果不全神贯注地考察事物的实情，就不可能功成名就；如果才能、胆量都不足，就不能统兵作战；如果只是愚忠呆实而无真知灼见，就不可能有察人之明。所以要运用忤合法则，首先要估量自我聪明才智，度量自身的优劣长短，与周围的人分析比较。这样就可以前进，可以后退，可以合纵，可以连横了。

古注

陶弘景注："言古之深识背向之理者，乃令同四海，兼并诸侯，驱置忤合之地，然后设法变化而转移之，众心既从，乃求其真主，而与之合也。伊尹所以就桀纣者，以忤之令不疑。彼既不疑，然后得合于其真主矣。以天命系于殷汤文王，故二臣归二主不疑也。夫忤合之道，不能行于胜己，而必用之于不若我，故知谁不如，然后行之也。既行忤合之道于不如己者，则进退纵横，唯吾所欲耳。"

阅典笔记

《忤合》篇是讨论"以反求合"之术的。在谈笑中，要达到某一目的，实现某一意愿常常要曲折地、灵活地应变，以求成功，这正是"忤合"之术。事物总在变化中，正如本篇所言"世无常贵，事无常师"，所以"成于事而合于计谋，与之为主"或"合于彼而离于此，计谋不两忠，必有反忤"。由此可知，"忤合"是事物发展变化中的应变常规。

任何事物都有正反逆顺的发展方向，施用"忤合"之术的前提是必须对具体事物多方研究，从而采取具体的应变方法。缺乏针对性的以反求合，不仅不能实现原先的意图，而且可能适得其反。

实施忤合之术，必须充分认识万物皆在变化中，变化才有发展，有效的忤合智谋必须使实施者相信。要超过自己的对手有两个必备条件：其一是知己知彼。知己知彼才能进退自如，游刃有余。其次是在对方不知我方谋略的情况下，行忤合之术，必将使我方获得主动权。

《忤合》篇认为联合和对立都有相应的策略，而且两种状态是互相转化的，就像铁环一样连接在一起，没有一点中断。圣人就是要了解掌握这一规律，促使两者之间的转化。世上的事没有永远不变的，这就叫“世无常贵，事无常师”。圣人常常是无所不为，无所不听，任何计谋都不会同时忠于两个君主。或忤于彼或忤于此，凡是忤则通过计谋使之合，这就是反忤之术，因为反忤之结果可以合，也称之为忤合之术。这种忤合之术，可以协四海、包诸侯，将忤的局面转化为合。行忤合之道的条件是要了解自己和估量环境。这样既可前进也可后退，既可以合纵也可以连横。

本篇分三个层次。第一层次是论述实行忤合之术的必要性。所谓“忤”，就是意见相互抵触而彼此背离，本篇又称为“倍反”。所谓“合”，就是意见契合而走到一起，本篇又称为“趋合”。因为事物和各国的情况千差万别，主张也就各不相同，或者相互契合，或者相互抵触，而且“世无常贵，事无常师”，这就是实行“忤合之术”的必要性。第二层讲如何实行忤合之术。那就是要周密了解情况，认真谋划，然后行动。第三层列举历史上运用“忤合之术”成功的范例，并阐明实行“忤合之术”的主观条件。

本篇说：“世无常贵，事无常师。圣人常为无不为，所听无不听。成于事合于计谋，与之为主。合于彼而离于此，计谋不两忠。”这种思想，与《抵巇》篇的完全一致。它为纵横游说之士的朝秦暮楚的活动提供了理论根据，开辟了广阔的政治活动舞台。“忤合”可以从两个方面理解：一方面是指选择有作为的君主，一方面是指选择能够接受自己意见的君主。选择有作为的君主，文中举出了商朝开国元勋伊尹与周朝开国元勋吕尚（姜太公）这两个历史范例。伊尹五次投靠夏桀，五次投靠商汤，最后选择了商汤；吕尚三次到商纣王的首都寻找从政机会，三次投靠周文王，最后选择了周文王。他们不是以忠诚于某个君主为从政标准，而是主动地挑选君主。后来，人们说：“良禽择木而栖，良臣择主而事。”就是接受了这种理论，为才能之士选择能够接受自己意见的君主提供了一个相对广阔的“协四海、包诸侯”的活动空间。

◎ **周文王姬昌**

商朝西伯（西方诸侯之长）、周国君主，以吕尚（即姜子牙）为军师，对内推行文治，对外征伐亲商诸侯，为灭商做积极准备。相传他被商纣王囚于羑里时推演周易，画六十四卦。

《战国策·秦策一》和《战国策·赵策二》所记载的苏秦的情况，是“忤合”的典型例子。开始，苏秦游说秦惠王，劝秦国实行“连横”策略，被秦王拒绝，“说秦王书十上，而说不行”，只好非常狼狈地离开秦国。他回家之后，翻出书箱中的《太公阴符》之谋，通过一年的反复揣摩，提高了游说本领。于是，取道燕国而到达赵国，向赵王进献“合纵”的策略。他说：“要治理国家，必须使老百姓安定。安定老百姓的根本，在于选择正确的外交策略。赵国是东方六国中最强大的，主要敌人是秦国。如果赵国与其他五国联合起来，土地是秦国的五倍，士兵是秦国的十倍，就可以制服秦国。如果秦国攻击某国，其他五国就出兵攻击秦国。六国如果有谁背弃盟约，其他五国就共同攻击它。这就可以使赵国成就霸业了。”赵王听了，十分高兴地说：“您有意存天下、安诸侯，寡人敬以国从。”于是封苏秦为“武安君”，给他百辆华丽的车子，携带千镒黄金、百双白璧、千匹锦绣，游说其他诸侯。苏秦与秦王意见不合，就决定背离秦国，这就是因“忤”而“背反”；然后改变策略与游说对象，这就是“趋合”。后来人们把苏秦式的举动，叫做“朝秦暮楚”。“朝秦暮楚”，历来受到攻击，其实这种攻击是片面的。应该说，“朝秦暮楚”现象是当时政治形势的产物。当时整个中国已经出现大一统的趋势，谁能够听取正确的意见，实行正确的主张，谁就能统一天下，安定百姓。而且，统一的策略，也是可以变化的。所以，游说对象不一定局限于已经没有能力的西周王朝，也不一定局限于某个诸侯国，实行的策略，可以是“合纵”，也可以是“连横”。这就是篇中所说的：“乃可以进，乃可以退；乃可以纵，乃可以横。”即使是反对纵横学说的儒家大师孟子，他本人不是也游说魏国与齐国，希望它们实行王道以统一天下吗？这种现象，在秦始皇建立极端专制的全国统一的政权之后，就几乎绝迹了。所以，宋朝一般读书人不理解儒家“亚圣”孟子的举动，做诗讽刺说：“当时尚有周天子，何事纷纷说魏齐？”儒家的圣人尚且遭遇如此，何况早被误解的纵横家呢？“朝秦暮楚”现象，不仅与当时政治形势有关，还与游说之士崇尚名利富贵的人生观是一致的。

本篇说：圣人居天地之间，要“立身、御世、施教、扬声、明名”。“立身”，就是在社会上站住脚，具有地位；“御世”，就是能够掌握天下的大权；“施教”就是实施自己的抱负，教化群众；“扬声”，就是发扬声威；“明名”，就是成名，使天下人与后世人知道。为了实现个人的名利富贵，就必须选择“合于计谋”的君主，而且必然“计谋不两忠”。苏秦的遭遇同时典型地证明了这一点。他游说失败，父母、妻子都轻视他，冷淡他；而改变游说对象取得成功后，大家都来奉承他。所以，他感慨地说：“嗟乎！贫穷则父母不子，富贵则亲戚畏惧。人生世上，势位富厚，盖可以忽乎哉！”苏秦的遭遇和思想，在小农封建时代具有典型意义，为许多希望飞黄腾达的知识分子所歆羡，所以苏秦成了一个标杆式的人物。

触类旁通

◎ 通典

曹操巧取阳平关

诈退之法常被军事家广泛使用，曹操就曾用此计巧取阳平关。

公元 215 年春，曹操率兵攻伐汉中张鲁，自陈仓出发，一路过关斩将，进展极为顺利。阳平关地势险要，易守难攻，守将为张鲁之弟张卫与大将杨昂，他们在山顶筑长墙十余里，更增加了进攻的难度。几次攻击之后，曹操损兵折将，却没有踏上阳平关半步。这时，曹操眉头一皱，计上心来。他见阳平关着实难以攻破，便引军后退。敌人见曹操大军已退，守备也就松弛下来。不料曹操的退兵乃是诈退，正欲以此松懈敌人守备。见对方一松懈，他立即命令张郃、夏侯渊领兵乘夜偷袭，终获大胜，登上了阳平关。阳平关一破，汉中已无险阻，张鲁仓皇逃走，曹操遂占汉中。

◎ 评价

在军事上，诈降之术、诈败之法均为“忤合”之计，“忤合”中的“御身”也就相当于诈降中的委曲求全。留得青山在，不怕没柴烧，等待时机到来的时候即是反攻到来之时。

◎ 通典

火烧赤壁

公元208年，曹操挥师南下，准备统一全国。这一年8月，原来占据荆州的东汉皇族刘表病故，其子刘琮继位。

9月，刘琮不敌曹操，束手投降。原来投靠刘表的刘备，带领2万人退守夏口。曹操率军20万人，号称80万，直逼夏口。刘备自知单靠自身的力量抵挡不住曹军的进攻，在危急之中派遣诸葛亮前往江东，以便联合孙权共同抗曹。孙权深知，曹操的力量强大，如果荆州被曹军攻占，江东也难以保全，于是派周瑜、程普、鲁肃率3万军队前去同刘备共御曹操。曹操自恃实力雄厚，率水军自江陵顺长江而下。

曹操的大军在赤壁与孙刘联军相遇，初次交锋，曹军不利，于是退守江北，与孙刘联军隔江对峙。曹军战船虽多，但多数船只小，为了防止船只遇风不稳，便用铁索把战船连锁在一起。

正在加紧备战的孙刘联军见此情形，认为有机可乘，于是定下计策，派遣周瑜的部下黄盖带船过江，假装投降曹操。

周瑜鸣鼓升帐，令诸将各领3个月粮草，准备御敌。黄盖却进前说："别说3个月，就是20个月也不济事，应弃甲倒戈，面北而降！"周瑜勃然大怒："我奉主公之命，督军破曹，今两军相敌，你竟敢出此言，涣散军心，推出斩首！"黄盖也大怒骂道："我是三世老臣，随主公纵横疆场，哪有你来？"周瑜气得连连喊叫速斩！甘宁求情被乱棒打出，众官都跪下保黄盖。周瑜看在众官面上，免黄盖死罪，却将其拖翻在地，打了50脊杖，直打得皮开肉绽，鲜血迸流，昏厥多次，文武官员无不落泪。黄盖被扶入本寨躺在床上，各位将领纷纷来安慰他，他长吁短叹，流露出对周瑜恨怨不平的样子。但当参谋阚泽来时，黄盖斥退左右，悄悄地将自己与周瑜密谋苦肉计之事告诉阚泽，并希望阚泽到曹营中献诈降书。阚泽能言善辩，胆识过人，且与黄盖极好，见黄盖对东吴如此忠诚，甚是感动，欣然答应。

阚泽带着黄盖早已写好的诈降书，当夜扮作渔翁，驾着一叶小舟，乘着满天星斗，划向北岸曹军水寨，被曹兵拿住，去见曹操，曹操正端坐在中军大帐之中，灯火辉煌。众将分立两旁，阚泽从容地献上降书。曹操拆开一看，只见上面写着："……以江东六郡之卒抵挡曹丞相百万之师，犹如以卵击石！周瑜小儿自负其能，不自量力，又不听劝告，反而责打我三世老臣，我仇恨已极，想率领本部人马、粮草、车仗投降曹丞相，以报仇雪恨……"奸雄曹操将信反反复复看了十几遍，忽然拍案大怒："黄盖用苦肉计，让你下诈降书，好乘机取胜。你竟敢欺骗我？”叫左右将阚泽推出斩首。阚泽面不改色，仰天大笑说：“黄盖不认人哪！”曹操喝令推回来，责问阚泽：“既是真投降，为什么不约好时间？”阚泽故意耻笑曹操不懂兵书，乃无学之辈！竟不知“背主作窃，不可定期”的道理。曹操听了立即下拜，取酒款待阚泽。饮酒间，又接一密信，乃是被派往吴军中充当奸细的蔡中、蔡和报告黄盖与周瑜意见不合反遭毒打之事，曹操更加深信不疑。

东南风刮起来了，黄盖急忙率领20只战船，里面装满干柴、火药等易燃物，船头高挑着青龙牙旗，上写“先锋黄盖”四个大字。趁傍晚月光明亮之时，直向北营进发，船借风势，行走如飞。此时北营将士及曹操均站在船头上，高兴地等待黄盖来降，谁知距北营不到2里处，前船一齐发火，火趁风威，风助火势，20只火船如箭一般撞入曹兵水寨，曹寨中船只一齐着火，又被连环铁锁连在一起，无法分开，更无法逃避。正在危急之际，只听一声炮响，四下里火船齐到，江面之上，一片火光，席卷连营，烟焰满天。曹操被大将张辽救走，其余将士大部分葬身于火红的江面之中。可叹20万大军，几乎全军覆没。

◎ 评价

此例中周瑜使用的不仅仅是诈降计，更是苦肉计、飞箝计、连环计的并用。赤壁一战中黄盖的诈降可以说是周瑜火烧赤壁的关键一环，他们成功地利用了曹操的心理，把握住了战局。

◎ 通典

曹玮退西夏

北宋初年，渭州知州曹玮就曾以反合之计取胜敌人。

北宋初年西夏人经常侵犯边境，一次他们又来骚扰，曹玮领兵出战，打了胜仗。敌人丢下物资逃跑了，曹玮派人打探到他们已经走远了，命令士兵赶着敌人丢下的牛羊，抬着他们丢下的物资，慢慢地往回走。敌人逃了几十里后，听说曹玮贪图财物行动迟缓，队伍零散，就又返回想袭击他们。曹玮得到情报后，仍然不慌不忙地带着队伍慢慢走，部下很担心，对曹玮说：“把牛羊丢下吧，带着这些东西，跑也跑不动，打也打不了，敌人追上来怎么办？”曹玮对这些话全不理会，队伍继续往前走，又走了半天，到了一个比较有利于战斗的地形，曹玮才命令停下来等待敌人的到来。敌人快要逼近的时候，曹玮派人迎上去对他们的首领说：“你们从远道而来，一定很疲劳，我们不想趁你们疲劳的时候和你们作战，请你们的人马先休息一会，然后咱们再决战。”敌人正跑得筋疲力尽，听他如此说非常高兴，坐下来休息。过了好长时间，曹玮派人对敌人说：“休息好了，咱们可以交战了。”于是双方击鼓进军，曹玮的部队毫不费力就把敌人打得大败。

曹玮的部下对这一仗取胜如此容易都感到奇怪。曹玮说：“我知道敌人已经很疲乏，让大家赶着牛羊抬着财物，作出贪图财物的样子，是为了诱骗敌人，把他们引出来，等到他们走了很远之后再回过头来袭击我们。这时如果马上和他们交战，他们虽然疲劳，但是士气正旺，谁胜谁负很难定夺。我让他们先休息，是因为走远路的人，停下来休息一会儿，就会腿脚肿痛麻木，站立不稳，根本无法作战。我就是根据这一经验打败他们的。”

◎ 评价

在诱敌中要有超前意识，预料出事物变化的前景，以采取合宜的决策。曹玮能把普通的生活经验运用到实际作战中，使其发挥意想不到的效果，真是个聪明的将领。

◎ 通典

耶律休哥诈降

北宋初年，契丹大将耶律休哥，趁天寒地冻，把刘延让等人率领的10万人马打得大败。

耶律休哥得胜以后遂想乘胜进攻雄州，于是给雄州知州贺令图写了封信，信中言道：自己在国内待不下去，情愿归顺宋朝，请您帮助在大宋皇帝面前说情，使之收留自己，然后再约定归降日期。信写好以后他派人拿着贵重礼物和信一并送到雄州。贺令图是个轻薄无谋的人，看完信后毫不怀疑，收下礼物，派送信之卒回去上报耶律休哥，做好归降准备。

耶律休哥得到消息十分高兴，当即率部向雄州进发，行至君子馆与宋将刘延让部相遇。耶律休哥派人传信说：“要见雄州贺使君。”贺令图以为耶律休哥要商议归降的具体事宜，心想耶律休哥来降，自己定能因此领功受赏，当即带领部下十几个人骑马奔契丹大营而去。行至耶律休哥大帐外面，正要迈进营门，忽然一人厉声大骂：“你经营的好事，今是来送死的吧。”贺令图抬头一看不是别人，正是耶律休哥。知道已经上当，懊悔不迭，这时还想指挥随从与之对抗。这几个人到了契丹大营，如同羊入虎口一般，哪里还有活路。耶律休哥的人马一拥而上，顷刻之间十几个随从已被斩尽杀绝，贺令图被绑赴契丹，随后也被杀死。

耶律休哥乘胜南进，接连攻下深、邢、德三州，掠得人口、财物无数，然后回朝领功受赏去了。

◎ 评价

诈降是军事中常规战术。所以凡有降者务必审查，勿中敌之诡计。军史上这种战例举不胜举。凡是取胜者，均会忤合之术。大凡诈降计都是战败一方所施。耶律休哥以胜诈降获得成功，而贺令图上当受骗，恐怕是贪图功劳、利令智昏所致。

◎ 通典

五张羊皮

公元前655年，晋献公灭了虞国，俘虏了虞国国君和虞国大夫百里奚。

百里奚，在虞国是个讲忠义、有才干之臣。晋献公知其贤，便想任用他，派大臣去劝说，但百里奚拒绝投降。这时，正值秦穆公派使者到晋国，向晋献公的长女伯姬求婚。因为百里奚不愿归顺，献公决定把他作为陪嫁奴隶送到秦国。在去秦国的路上，百里奚利用一次看守不严的机会逃跑了。百里奚逃到楚国的领地宛城时，不慎被本地人当作做奸细抓起来。秦穆公在清点晋献公送来的礼单时，发现陪嫁奴隶中有百里奚的名字，却没有这个人，便追问原因。护送礼物的人员禀告秦穆公说："百里奚是虞国的臣子，在路上逃跑了。"穆公觉得很奇怪，便询问百里奚的情况，了解情况的人说："这个人很有学问，也很有能力，是个贤才，只可惜没有遇到好时机。"秦穆公求贤心切，立刻派人打听百里奚的下落，当得知百里奚在楚国为奴时，穆公欲以重金赎回。有个大臣对穆公说："楚国之所以把百里奚当奴隶看待，是因为不知百里奚之贤，如果以重金赎回，岂不是告诉楚国百里奚是个贤人吗？这样做百里奚是不能归秦的。"于是秦穆公改变了主意，派人到楚国，对楚王说："我有个陪嫁奴隶百里奚逃到你们这里来了，请让我用五张黑羊皮把他赎回。"楚王毫不迟疑地同意了。

百里奚到达秦境时，秦穆公派使者前往迎接，把他从囚车中释放出来，并视为上宾。秦穆公召见百里奚，请教治国方法。百里奚说："我是个亡国之臣，怎么有资格谈论治国之道呢？"穆公说："虞国国君没有重用你，没有听取你的意见，所以亡国了，那不是你的过错。"百里奚看到穆公态度诚恳，于是畅所欲言。两人谈了三天，谈得非常投机。穆公高兴之余，问起百里奚的年龄，百里奚说："七十出头了。"穆公说："可惜老了。"百里奚笑着说："你如果派我去追逐飞鸟，搏击猛兽我确实老了，但让我给你出谋划策，那我还年轻呢！当年吕尚八十岁遇文王，今天我遇你不是比吕尚还早十年吗？"穆公大喜，要授予百里奚处理国事大权，百里奚推辞说："我的才干远不及我的好友蹇叔。蹇叔之贤，世人并不知道。如果你想治理好国家，最好请他来辅佐。”穆公从未听说过此人，便问起蹇叔的情况。原来当初百里奚离开妻儿，远离故土，是寻找明君，做一番事业，百里奚游说到齐国，因没有人向齐襄公引荐，后来路费用光了，流落街头。白里奚乞食遇到蹇叔，蹇叔看出百里奚不是等闲之人，收留了他，并结为兄弟。蹇叔家境贫寒，百里奚便替人养牛糊口。

不久，齐国公子无知杀了襄公自立为国君，到处张榜招贤，百里奚想去应招，蹇叔认为无知杀君夺位，必然自取灭亡，劝止了百里奚。果然，过了一个多月，无知在一次出游时被杀。蹇叔的劝告，使百里奚幸免于难。后来，百里奚想做周王子家臣，蹇叔劝他不要干，后来避免了周室内乱发生的灾祸。

百里奚为辅佐虞国摆脱贫困，就没有再听蹇叔的劝告。百里奚两次听了蹇叔劝告，避免了两次危险；一次没听，差点丧了命。

穆公听了百里奚介绍蹇叔的情况，认为这是一个难得的人才，便派人以重礼迎接蹇叔出山，并任命百里奚和蹇叔为上大夫。

◎ 评价

鬼谷子先生的忤合之术是基于“反”“合”可以互相转化的原理。有些事情顺势去做可以成功，有些事情逆反去做也可以成功。

事物总是在变化中，正如本篇所说“世无常贵，事无常师，”所以“成于事合于计谋，与之为主”。任何事物都有正反逆顺的发展方向，施用“忤合”之术的前提是必须对具体事物多方面进行研究，从而采取具体的应变方法。

穆公赎回百里奚使用的手段即是如此，通过研究具体情况，决定在楚王面前故意使用价值低廉的东西来赎回百里奚，从而迷惑了楚君，逆反的出牌让穆公得到了百里奚、蹇叔的辅佐。

◎ 通典

借鸡下蛋

号称“美国现代奇迹”的苹果电脑公司曾经是一家小公司，这家由两个在校大学生在一个汽车库里办起的小公司，当时生存十分艰难。在美国，国际商业机器公司（IBM）几乎垄断了全美电脑，世界上 40% 的电脑由这家公司生产。面对如此强大的竞争对手，小小的苹果电脑公司要想发迹，显然是一件十分困难的事。但是，就在这个时候，美国一些风险投资商毅然把一大笔资金投到了这个名不见经传的小公司里。因为他们预见到，过不了几年，美国电脑业将发生一系列重大变革，即家庭、个人电脑的需求量会越来越大，苹果电脑公司的产品正符合这一发展趋势。他们认定这家公司现在虽然弱小，但前途辉煌，其股票肯定有厚利可图。

果然，在几年的光景中，当 IBM 公司还在津津乐道地大肆鼓吹自己的电脑技术时，一股个人电脑旋风把苹果电脑公司推向了个人电脑业的顶峰。随之而来的是这家小公司的股票价格猛涨，那些掌握苹果电脑公司大笔原始股票的风险投资家们因此财富滚滚涌来。

◎ 评价

在商业经营中，借鸡下蛋，负债经营，均为忤合之法。此外，炒股押宝也可以用忤合之术，一反常规地取胜。

要想在炒股时发财，就必须对形势作出准确的判断，即常说的“押宝要准”。一般常识认为，购买大公司的股票比较稳妥，而且收益较高，这种思维定势常使人购买股票时对小公司的股票不予重视，然而事实证明这往往是错误的。正如此例中押宝苹果公司的那些投资者们，在充分研究了个人电脑市场后，逆反出牌，获得了丰厚的利润。

◎ 通典

输本不输信的郑周永

韩国现代企业集团的总经理郑周永，是世界闻名的大财阀。然而朝鲜战争期间，正当他在韩国的建设行业中崭露头角，事业有了起色之时，意外的打击无情地降落到了他的头上。

那是 1953 年，郑周永的现代土建社承包了一座大桥的修建工程。由于战时物价上涨，开工不到两年，工程费总额竟比签约承包时高出了七倍。在这种严峻的时刻，有人好心地劝阻郑周永，赶快停止施工，以免遭受进一步的损失。但郑周永却另有一番想法：损失金钱事小，维护信誉事大。于是他鼓起勇气，毅然决定：为了保住现代土建社的信誉，宁可赔本甚至破产也要按时完成工程。结果现代土建社付出了巨大的代价，工程终于得以保质保量按时完工。

◎ 郑周永（1915—2001）
韩国现代集团创始人。1967 年创立现代汽车公司，并开创“现场主义”的经营理念。

郑周永虽然吃了大亏，以致濒临破产，但也因此树起了恪守信用的形象，赢得了人们的信任，生意一桩接一桩地找上门来。不久，他投标承包了当时韩国的四大建设项目：朝鲜上建、大业、兴和工作所和中央产业，承建了汉江大桥的第一期工程。接着，又继续承建了汉江大桥的第二期工程、第三期工程。光是汉江大桥这三项重大工程就前后建设了整整十年的时间，它不仅使郑周永的“现代土建社”赚得了丰厚的利润，而且压倒了同行对手，一跃成为韩国建筑行业的霸主。

◎ 评价

信誉是企业之本，真正的商人，宁可输老本也不输信誉，因此他的生意可能受挫一时，但长期来说一定会越来越兴旺。虽然“忤合”之术强调的是朝秦暮楚，但是在商业活动中一定要恰到好处地使用“忤合”之术，一定要在研究清楚形势之后才能使用。商人要想使自己的事业有大的发展，必须以德为本。

◎ 通典

“汉斯小铜牌”与“松下灯泡”

美国汉斯罐头食品公司，用发放纪念品的方式，赢得了大量顾客。

汉斯是美国一家食品罐头公司的经理。1957 年，美国芝加哥市举办了一个全国博览会，为了推销公司的产品，扩大知名度，汉斯也向展厅申请了一个位置。

由于参展的大多数商品名气太大，博览会的负责人把汉斯的展品安排在一个展厅中最偏僻的小阁楼里。

博览会开始以后，参观的人络绎不绝。然而，光顾汉斯台前的人却十分少。汉斯为此苦恼了一天，第二天他想出了一个主意。

在博览会开始的第三天，会场的地面上出现了许多小铜牌，小铜牌的背面上刻着一行字：“谁拾到这块小铜牌都可以去展厅的阁楼上汉斯食品公司陈列处换取一件纪念品。”这些小铜牌都是汉斯连夜定做并派人抛下的。不久，本来无人光顾的小阁楼便水泄不通了。市内到处都传诵着“汉斯小铜牌”的消息，记者也进行了跟踪报道。汉斯产品名声大振。到闭幕时，汉斯赚了 55 万美元。

而日本松下电器公司通过奉送一万个电灯泡，打开了灯泡销路。

公司董事长松下幸之助先生早年曾在大阪电灯公司工作。他对电灯泡极度着迷。为了实现其改进电灯灯头的构想，不惜倾资从事改良的工作，并组成了松下电器公司。不巧的是公司成立之初，恰遇经济危机，市场疲软，销售困难。怎样才能使公司摆脱困境，转危为安？松下幸之助权衡得失，决定一不做二不休，拿出了一万个电灯泡作为宣传之用，以打开灯泡的销路。

◎ **松下幸之助（1894—1989）**
日本著名跨国公司“松下电器”的创始人，首创“事业部”“终身雇佣制”“年功序列”等日本企业的管理制度，被人称为“经营之神”。

灯泡必须备有电源，方能起作用。为此，松下亲自前往拜谒冈田干电池公司的董事长，希望双方合作进行产品的宣传，并免费赠送一万个电灯泡。一向豪迈爽直的冈田听了此言，也不禁大吃一惊，因为这显然是一种很不合常理的冒险，但松下诚挚、果敢的态度实在感人，冈田终于答应了他的请求。

他将松下电灯泡配上了电池，发挥了最佳宣传作用，从此名声大振，事业兴旺。

◎ 评价

此例中的汉斯、松下幸之助使用的即是“忤合”之术，通过发放小铜牌做诱饵，诱导顾客们去参观自己的商店。因此，如上文所说，要想在商界中合理地利用好“忤合”之术必须要充分地研究好情况，在保证自己信誉度的同时，适当的促销手段是必需的。

◎ 通典

孝子贤孙伺候着

由北京电影学院青年电影制片厂和海南喜剧有限公司拍摄的《孝子贤孙伺候着》，是一部蕴含了“忤合”之术的闹剧、笑剧。

影片以当今农村中大办丧事、实行土葬、滥占耕地的落后意识为题材，围绕着民政助理老陈的老母死后是火化还是土葬展开了矛盾冲突。

老陈到处宣传火葬的好处，让人们珍惜每一寸土地，却砸了专吃红白喜事的老舅的饭碗。老舅到老姐姐（老陈的娘）那儿告状，老娘怕死后火葬，逼着儿子按手印立合同。为了考验儿子，老娘在老舅唆使下假死，演出了一场大办丧事、大出殡的闹剧。劳民伤财的事实教育了老娘，也使她认清了老舅一帮人借此骗钱的伎俩，认识了大办丧事与土葬的害处，思想转过了弯子。这部片子具有很好的社会效应。

◎ 评价

在现实生活中，人们在考虑问题时，也常在纵横进退之间变化，并非一成不变。

艺术创作中，讽刺剧也是如此。影片通过“丧事”变“闹剧”的故事，在笑闹声中鞭挞一些顽固的旧习俗，讽刺一些与现代社会格格不入的封建意识，让广大群众认识到这些旧习俗的坏处。讽刺艺术以“反”求“正”，其结果是十分明显的。因此，“忤合”之术中的“反”并不仅仅指假，更深一点的意思是指反向的思维，进退之变。

◎ 通典

与您共享

在当代的商战中，众人皆知广告的效用，然而广告的做法，却是有进退的变化的。

台湾一家经营眼镜的商店，在店里极其显眼的位置醒目地贴着一则店头告示：“凭着本店的实力和规模，本来可以每个月投入 300 万元的广告费，以扩大产品的影响。可是，为了顾客能买到价廉物美的眼镜，本店决定不在电视和电台做广告，而是将这笔广告费与顾客共享。”其意思是告诉人们，该店商品销价便宜。这一招果真厉害，顿时顾客如潮水般涌来。

美国底特律城郊，有一块某食品公司建造的推销面包的巨型牌子，当行人走近它时，不仅能听到面包的介绍和悠扬的轻音乐，还能闻到一阵阵诱人的面包味儿，使人食欲大振。这种绘声绘色的广告，使该公司的面包销售量大增。

瑞士有一种名贵的裘皮大衣，购者甚少。推销员想尽了各种办法，就是不见效果，后来，推销员贴出一则告示：“该大衣唯一的缺点是：将使你不得不忍痛扔掉以前购买的毛衣。”消费者看后纷纷购买，因为这种大衣保暖性强，买了它可以少穿毛衣。

第二次世界大战时，美国有家火柴厂利用人们仇视希特勒的心理，设计了一种“火柴希特勒”的火柴。该火柴盒上是一幅希特勒的画像，擦火柴的磷片涂于人像臂部，这样，每擦一根火柴都仿佛火烧希特勒一次，对于热爱和平的人来说，似乎解了一次恨。由于设计新颖，“火柴希特勒”火柴很快成为抢手货。

◎ 评价

“忤合”之术的精髓在于退进之术，以退为进，以进为退，无论是军事上的诈降，商业投资中的押宝，商战中的广告，任何事物都有正反逆顺的发展方向，施用“忤合”之术的前提是必须对具体事物多方研究，从而采取具体的应变方法。缺乏针对性的以反求合，不仅不能实现原先意图，而且可能适得其反。

揣篇第七

揣，即揣测，包括忖度人情、事理。本篇指出权衡天下的强弱就是要看地域、人口、财富、山川险易、人才多寡、人心向背等国情，而揣测诸侯的内情，则要把握住有利的时机，旁敲侧击，仔细揣摩对方的心思。通过量权和揣情，就能够掌握国君或者诸侯的内心，从而加以利用，成就自己的事业。

7.1

古之善用天下者，必量天下之权，而揣诸侯之情。量权[①]不审，不知强弱轻重之称[②]；揣情不审，不知隐匿变化之动静。何谓量权？曰：度于大小，谋于众寡；称货财有无之数，料人民多少、饶乏、有余不足几何；辨地形之险易，孰利孰害；谋虑，孰长孰短；揆君臣之亲疏，孰贤孰不肖；与宾客[③]之智慧，孰多孰少；观天时之祸福，孰吉孰凶；诸侯之交，孰用孰不用；百姓之心，孰安孰危，孰好孰憎，反侧孰辨。能知此者，是谓量权。

注释

① 量权：量是秤称重量，权是天下的权势。

② 称：衡量。

③ 宾客：古代称被礼遇为军师和策士等人。

译文

古时候，善于治理天下的人，必然会谨慎地把握国家的发展趋势，揣度各诸侯国的具体情形。如果不能周密切实地审时度势，权衡利害，就不会知道诸侯国的强弱情况。如果不能周密地揣度形势，便不知道个中隐蔽的情况的发展变化。什么叫权衡得失呢？就是能准确揣测（对方）大与小，明察多与少；衡量财货有与无，预测百姓众与寡，丰足与贫乏，不足与有余各有多少；（在战争中）分辨山川地貌的险要与平易，哪处于己有利，哪处于己有害；（研究计策时），哪个是长远之策，哪个是权宜之计；在君臣亲疏关系中，要知道哪些人贤德，哪些人不正派；在谋士与宾客中，哪个足智多谋，哪个是平庸之才；考察命运的福祸时，什么是吉利的，什么是凶险的；与诸侯交谊中，谁是可以效力的，谁是不能效力的；在判断老百姓的心理趋向时，哪种是平安的，哪种是具有危险的，什么是老百姓喜好的，什么是老百姓厌恶的，反复测量，怎样利用才是方便的，以此明察百姓心理变化的趋势。在准确地把握上述事态发展变化之后，才能称为审时度势，权衡利弊得失。

古注

陶弘景注："古之善用天下者，必量天下之权，而揣诸侯之情。量权不审，不知强弱轻重之称；揣情不审，不知隐匿变化之动静。何谓量权？曰：度于大小，谋于众寡，称货财之有无。天下之情，必见于权也。善修量权，其情可得而知之。知其情而用之者，何适而不可哉！

7.2

揣情者，必以其甚喜之时，往而极其欲也；其有欲也，不能隐其情。必以其甚惧之时，往而极其恶也；其有恶也，不能隐其情。情欲必出其变①。感动而不知其变者，乃且错其人勿与语，而更问所亲，知其所安②。夫情变于内者，形见于外。故常必以其见③者而知其隐者。此所谓测深揣情。

注释

① 变：指好恶喜惧发生变化。

② 所安：安身立命的根据。

③ 见：显现。

译文

揣摩人情，游说人主的谋士，应在对方最高兴的时候去游说，要使其愿望极度膨胀。只要对方有欲望，他就不愿隐瞒事物的真实情况。而在对方怀疑，戒惧时去游说他，则要使其对所厌恶的事情恨至极点。倘若对方有所厌恶的事，此时也不会隐瞒其真实情况。（因为）对方在有欲求的时候，常会反映在他们外在神态变化之中。如果对方有所感动，却不显露在外部神态中，可先不要着急，不要与他直面地讨论，可与他说一些另外他能熟悉的东西，说一些使他感到亲近的事情，就可以知道他安身立命不露神色的依据。一般地说来，心中的欲求，能形之于外部神态。因此，不时地察言观色，就能知道人的心灵深处的欲求。这就是所谓“测深揣情”。

古注

陶弘景注：“夫人之性，甚喜则所欲着，甚惧则所恶彰，故因其彰着，而往极之，恶欲既极，则其情不隐，是以情欲因喜惧之变而失也。虽因喜惧之时，以欲恶感动，尚不知其变。无此者，乃且置其人，无与之语，徐徐更问斯人之所亲，则其情欲所安可知也。夫情貌不差。内变者，必见外貌，故常以其外见而知其内隐。观色而知情者，必用此道，此所谓测深揣情也。”

7.3

故计国事者，则当审量权；说人主，则当审揣情。谋虑情欲，必出于此。乃可贵，乃可贱；乃可重，乃可轻；乃可利，乃可害；乃可成，乃可败。其数①一也。故虽有先王之道、圣智之谋，非揣情隐匿，无所索之。此谋之大本也，而说之法也。常有事于人，人莫能先，先事而生，此最难为。故曰：揣情最难守司，言必时其②谋虑。故观蜎飞蠕动③，无不有利害④，可以生事变。生事者，几之势⑤也。此揣情饰言，成文章而后论之也。

注释

①数：通"术"。

②时其：抓住时机。

③蜎飞蠕动：这里泛指小虫飞行、蠕动。蜎，一种小昆虫。

④无不有利害：世间没有不具备利害之心的东西。世上之事无不包含着利与害的因素。

⑤几之势：细微的态势。几，细微。

译文

因而，决策国家大事的人，必须会权衡得失利弊；同理，游说人主的谋士，也必须会揣摩人主的心理。策划、谋略、探察人的欲求，均同此理。揣情之术，可以使人富贵，也可以使人贫贱；可以使人有重权，也可以使人微不足道；可以使人受益，也可使人受害；可以使人成功，也可以使人失败；这些都是揣情之术产生的后果。所以，即使有贤明君王的大德，有上智之人的聪慧，若无忖度时势、探测人心理的揣情之术，面对着隐藏了真实情况的事实，也依然不能识破它。所以说，揣测实情最难把握，游说进言必须深谋远虑，即便是小虫飞行这样的细微之处，也藏有利害关

系。事物在变化之初，都只是呈现出细微的态势。由此可知，揣情之术是策划事物的基本条件、游说人的基本法则。

古注

陶弘景注："审权量，则国事可计；审揣情，则人主可说。至于谋虑情欲，皆揣而后行，故曰：谋虑情欲，必出于此也。言审于揣术，则贵贱成败，唯己所制，无非揣术所为，故曰：其数一也。先王之道、圣智之谋，虽弘旷玄妙，若不兼揣情之术，则彼之隐匿，从何而求之？然则揣情者，乃成谋之本，而说之法制也。挟揣情之术者，必包独见之明，故有事于人，人莫能先也。又能穷几尽变，故先事而至，自非体玄极妙，则莫能为此矣。故曰：此难为者也。人情，险于山川，难于知天。今欲揣度而守司之，不亦难乎！故曰：揣情最难守司，谋虑出于人情，必当知其时节，此其所以最难也。蜎飞蠕动，微虫耳，亦犹怀利害之心。故顺之则喜悦，逆之则勃怒，况于人乎！况于鬼神乎！是以利害者，理所不能无；顺逆者，事之所必行。然则顺之招利，逆之致害，理之常也。观此可以成生事之美。生事者，必审几微之势，故曰：生事者，几之势也。言既揣其情，然后修饰言语以遵之，故说辞必使成文章，而后可论也。"

阅典笔记

"揣"即揣情的意思，让人忖度人情、事理以便推测出事物发展的方向，权衡事物的得失、利弊。

要掌握天下大事，必须善于"量天下之权，而揣诸侯之情"。只有全面衡量一个国家的国情后，才能施大政于天下。本文提出所谓国情的范围是极大的，涉及国家君臣关系、百姓归向、官吏素质、天时祸福、地理险易，乃至于物产、资源。

政治家除了会“量权”之外，还必须善于“揣情”。游说决策人，即所谓“说人主”“则当审揣情”。“揣情”必须要事先准确地判断对方心理。因为人的思想感情总有表现，人们总能由表及里地发掘那些隐藏在人内心的东西。然而，“揣情”在理论上易讲，在实践中难行。所谓“常有事于人，人莫能先，先事而至，此最难为”。谋事在前，成事在后的道理众所周知，但要别出心裁地把握事物的内部规律，使事情能够先谋而后成是要经过一番艰苦奋斗的过程的。

“揣”即揣情的意思。《揣情》篇认为：即使有先王之道，有圣人之谋，没有揣情术也无法知道隐匿的东西。因此说揣情是谋略的根本，是游说的主要方法。能动用此术的人，便能从事情中认识人，同时在事情还没有发生以前，便事先知道事情的发生、发展和结果，但这也是最难的，所以说，揣情最困难的莫过于掌握住对方情感的变化。

本篇可分四段。首段并提“揣”的两项内容：“量权”与“揣情”。第二段论述“量权”。“量权”是针对天下国家而言的，即衡量天下国家的权势，包括疆域、人口、财富、天时、地形、人才、人心、外交、内政等多方面的情况。第三段论述“揣情”。“揣情”的对象是君主，即揣测君主内心的真实思想感情。揣情的方法包括：把握“揣情”的时机，君主大喜、大惧的时候是最好的时机；从侧面入手，找君主的亲信了解情况；察言观色，从对象的外在表现探测其内心深藏的思想感情。第四段总结全文，而重点阐述“揣情”的重要性与难度。因为“量权”是衡量有形可见的客观事物，而

“揣情”是揣测深藏在内心的无形的思想感情，故“最难守司”；同时，“揣情”是否准确，关系到游说的成败。本段最后还提出了以“揣情”为基础的“饰言”问题，即游说的语言必须富有文采。

游说之士在游说某个诸侯国之前，必须了解该国的情况与具体游说对象的真实思想，而最难了解的是后者。了解当权者的真实思想，游说就能成功；不了解当权者的真实思想，游说就会失败。打开《战国策》，这种例子俯拾皆是。《秦策一》记录苏秦以“连横”说秦，是失败的例子。苏秦对秦国的国情与国力是了解的：“大王之国，西有巴蜀、汉中之利，北有胡貉、代马之用，南有巫山、黔中之限，东有骰、函之固。田肥美，民殷富。战车万乘，奋击百万。沃野千里，蓄积饶多，地势形便。”但是，他不了解秦惠王的思想，冒失地劝他称帝，统一天下，结果遭到秦惠王的拒绝：“寡人闻之：毛羽不丰满者，不可以高飞；文章不成者，不可以诛罚；道德不厚者，不可以使民；政教不顺者，不可以烦大臣。今先生俨然不远千里而庭教之，愿以异日。”《燕策一》记录苏秦合纵说燕文侯，则是成功的例子。他了解燕国的国情：“地方二千余里，带甲数十万，车七百乘，骑六千匹，粟支十年。”他更了解燕文侯的真实思想：担心泰国、赵国进攻。于是说：“愿大王与赵从亲，天下为一，则国必无患矣。”燕王听了，马上表示：“寡人国小，西迫强秦，南近齐、赵。齐、赵，强国也。今君幸教合孰以安燕，敬以国从。”于是给苏秦大量的车马金帛，让他首先游说赵王。苏秦以“合纵”游说赵、魏、韩、齐、楚，都恰中其君主的下怀，所以取得了巨大的成功，佩带六国相印，建立了抗秦的同盟。

触类旁通

◎ 通典

虎门销烟

在近代历史上，湖广总督林则徐所以能完成虎门销烟的壮举，就是因为他谋事在先，“揣”尽洋人、官吏、百姓的心理而巧施妙法，调查实情并果敢行动，而令敌人胆战心惊，百姓拍手称快。

19世纪30年代末，西方资本主义国家丧心病狂地向中国输入鸦片，每年多达三万余箱，赚走中国大量白银。各阶层的人都有吸食鸦片成瘾者，坏了身体，

◎ **林则徐（1785—1850）**
字元抚，又字少穆、石麟，晚号俟村老人、俟村退叟、七十二峰退叟、瓶泉居士、栎社散人等，福建侯官（今福建省福州）人。清朝后期政治家、思想家、诗人，民族英雄，其主要功绩是虎门销烟。官至一品，两次受命为钦差大臣。

耗尽了资财，社会生产力遭到严重破坏。面对已危及到国家前途和命运这一严重的社会现实，爱国官员和爱国人士纷纷要求清政府禁烟。道光皇帝为维护其封建统治，任命湖广总督林则徐为钦差大臣，到广东查禁鸦片。当时广东是西方资本主义国家对我国走私鸦片的重要集散地。

1839年3月，林则徐到了广州。许多外国的鸦片贩子及中国走私贩卖鸦片的不法之徒，根本不把林则徐放在心上，认为此次禁烟，与以往没有什么根本的不同，仍是风声大，雨点小，走走过场罢了。

林则徐心中明白，外国的鸦片贩子同中国鸦片走私者，甚至一些被贿买的地方官、水师将台等，已形成一个严密的贩毒网，要攻破它，很不容易，必须想办法。于是林则徐把钦差大臣的行辕设在越华书院，然后以钦差大臣的名义召集广州越华、粤秀、羊城书院的肄业生数百人，声言要亲自出题考试，检查他们近来的学习成绩。实际上，林则徐在试卷内夹了条子，命所有参试的学生将个人所知道的有关鸦片的问题都写出来。这些问题包括：有哪些人在走私贩卖鸦片以及这些人所在的地点，他们贩毒的时间、途径、数量及手段等，哪些人有行贿、受贿的行为以及对这次禁烟有什么建设性的建议。这样既激发了学生的爱国热情，又使林则徐了解掌握了重要情况。

林则徐经调查了解掌握情况后，一面与两广总督邓廷桢、广东水师提督关天培等严拿贩卖、走私鸦片的人；一面组织力量，通令严密监视英、美等国的鸦片烟商，令其在三日内交出鸦片，并保证今后永不贩运鸦片。林则徐说："若鸦片一日未绝，本大臣一日不回，誓与此事相始终，断无中止之理。"许多外国鸦片烟商看到形势不妙，企图溜之大吉，结果被林则徐派出的清兵及当地百姓截住。英、美鸦片商一看动了真格的，只好交出鸦片烟二百三十七万多斤。林则徐又亲自指挥，于1839年6月3日在广州虎门海滩将收缴的鸦片烟全部烧毁。

◎ 评价

“先谋后事者昌，先事后谋者亡。”林则徐在禁烟之初料定外国鸦片烟贩子决不会轻易交了鸦片，放弃鸦片贸易的，因此，稍有不慎，就会打草惊蛇。于是，他干实事，“揣”实情，以迅雷不及掩耳之势突然行动，收缴了大量鸦片，从而使禁烟得以成功。

◎ 通典

李命救太守

“揣情”之术若运用得当，在政治风云中常能免遭杀身之祸。历史上不乏此类例子。

窦宪是东汉和帝时的一位权臣，仗着自己的妹妹是皇后，在朝中骄横跋扈，大大小小的官员没有不怕他的。

有一年，窦宪纳妾，各地官员争着送礼庆贺。汉中郡太守也准备了厚礼。太守手下有一个叫李命的官员，聪慧细心，办事稳妥。他认为窦宪专权，树敌过多，料日后必有杀身之祸，因此劝阻太守不要与窦宪来往。他说：“有史

◎ **汉穆宗孝和帝刘肇（79—105）** 东汉皇帝，88—105年在位。在位前期，外戚窦氏专权。14岁时依靠宦官铲除窦氏集团而亲政。在位期间，宽缓为政，爱民为本，注意道德风化，并彻底解决匈奴问题，使东汉国力逐渐恢复至西汉武帝鼎盛时期。但重用宦官，提携外戚梁氏，为东汉中后期政治动荡埋下伏笔。

以来，专横擅权的外戚，有几个能有好下场的？当今的窦宪以将军和皇亲国戚自居，为所欲为，倒霉的日子快到了，希望大人能一心一意敬奉皇上，不与窦将军来往，不送这份厚礼，免招灾祸。”太守听了感到很李命说得十分有道理，但是又害怕得罪窦宪，最后还是决定派人送礼。李命见阻止不了太守，就主动请求说：“大人执意要给窦将军送礼，我也没什么话说。只是请您把送礼的差事交给我来完成，我保证一定使大人满意。”太守同意了李命的请求。

李命携带礼品上路以后，立即让人打探京城里的情况。当时，朝廷中的外戚势力与宦官势力之间的矛盾十分深，到处流传着皇帝对外戚积怨很深的传言。根据所了解到的情况，李命估计在不久的时间里，朝中就会有变故，所以他命随从人员慢行，故意拖延时间，以观其变。不几日，当他们走到扶风的时候，从京城传来了窦宪自杀身亡的消息。原来汉和帝（当年14岁）得知外戚集团中有人要谋害自己，就支持中常侍宦官郑众，捕杀窦宪同党，于是窦宪自杀身亡。李命听说后，淡淡一笑，立即带领从人返回，向太守复命。

窦宪死后，他的亲信和与其有交往的人中，被疑者不少，被杀、关、管的当然也不少。而汉中太守却安然无恙。经过此事后，太守对李命十分佩服，对他倍加信任。

◎ 评价

此例中的李命正是在行将送礼的时候通过揣情获取了朝廷的信息，从而决定拖延时间，并最终为太守免去了杀身之祸。由此可见，在政治风云中，获取信息的多少决定了成败。

◎ 通典

忧乐之声

鲁国大夫郈成子出使晋国，路过卫国，卫国的右宰谷臣宴请了他。

右宰谷臣陈列乐器奏乐，乐曲却不欢乐；喝酒喝到畅快之际，又把璧玉送给了郈成子。

郈成子从晋国回来，又经过卫国，却不向右宰谷臣告别。他的车夫说："先前右宰谷臣宴请您，关系十分融洽，如今重新经过这里，您为什么不向他告别呢？"郈成子说："他留下我，并宴请我，是要跟我欢乐一番，可是陈列乐器奏乐，乐曲却不欢快，这是在向我表示他的忧愁啊！喝酒喝到畅快之际，他把璧玉送给了我，这是把璧玉托付给我，如果从这两点来看，卫国大概有祸乱吧！"

郈成子离开卫国30里后，卫国境内果然有人作乱杀死卫君，右宰谷臣为卫君殉难，郈成子回到鲁国后，派人去卫国把右宰谷臣的妻子和孩子接到鲁国，右宰谷臣的孩子长大后，郈成子把璧玉交给了他。

孔子听说这件事后说："论智慧可以通过隐微的方式跟他进行谋划，论仁慈可以托付给他财物的，大概就是郈成子吧！"

◎ 评价

本例中的郈成子通过乐器不欢快的旋律、托付璧玉的事情，看出了卫国必有祸事，这从一方面说明揣情的方法有二：一、君王大喜或大惧时是"揣情"最好的时机；二、懂得察言观色，从表相探测其内心的思想情感。

◎ 通典

苌弘察色

晋襄公派人去对周天子说："我国君主卧病不起，用府龟甲占卜，卜兆显示：'是三涂山山神降下大灾祸。'我国君主派我前来，希望能借条路去向三涂山山神求福。"周天子答应了他的请求。于是升朝，按照礼节接待完使者，宾客就上路了。

大夫苌弘对刘康公说："向三涂山山神求福，在天子这里受礼遇，这是温和美善的事情，可是宾客却表现出勇武之色，恐怕有别的事情，希望您多加防备。"刘康公就让战车兵士做好戒备。

结果，不出所料，晋国果然先做祭祀，然后趁机派杨子率领12万士兵跟随，渡过棘津，袭击了聊、阮、梁等蛮人居住的城邑，灭掉了这三国。

◎ 苌弘

又作苌宏，字叔，又称苌叔。刘文公所属大夫。刘氏与晋范氏世为婚姻，在晋卿内讧中，由于帮助了范氏，晋卿赵鞅为此声讨，苌弘被周人杀死。传说死后三年，其血化为碧玉，后亦用以借指屈死者的形象。事见《左传·哀公三年》。

◎ 评价

这个故事中苌弘对事情观察细致入微，头脑清醒并不是单凭别人的说话来判断事情。和上面郈成子的例子一样，这亦是通过察言观色发现了表象下的实情，在无法通过言语来揣测实情的时候，善于观察人的眼色、表情的变化在揣情的过程中尤其的重要。

◎ 通典

东郭牙揣情

齐桓公与管仲谋划攻打莒国，谋划的事尚未公布就被国人知道了，桓公感到很奇怪，问管仲这是怎么回事，管仲说："国内一定有聪明的人，那天说话时有一个服役的人向上张望，我料想大概就是这个人吧！"于是管仲命令那天服役的人再来服役，不得由别人替代。

过了一会儿，那天服役的名叫东郭牙的人来了。管仲说："这个人一定是那个把消息传出去的人了。"于是就派礼宾官员领他上来，管仲和他分宾主在台阶上站定。管仲说："传播攻打莒国消息的人是你吧？"东郭牙说："是的。"管仲说："我没有说过攻打莒国的话，你为什么要传播攻打莒国的消息呢？"

东郭牙回答说：“我听说君子善于谋划，小人善于揣测，我是私下里揣测出来的。”管仲说：“你根据什么揣测出来的？”东郭牙回答说：“我听说君子有三种神色：面露喜悦之色，这是欣赏钟鼓等乐器时的神色；面带清冷安静之色，这是居丧时的神色；怒气冲冲，手足挥动，这是用兵打仗时的神色。那天我望见您在台上怒气冲冲，手足挥动，这是用兵打仗的神色，您的嘴张开了，没有闭上，这表明您说的是‘莒’，您举起胳膊指点，被指的正是莒国。我私下揣测，诸侯当中不肯归顺齐国的，大概只有莒国吧，因此我就传播了攻打莒国的消息。”

◎ 评价

这个故事说明东郭牙不靠耳朵就能听到别人的话，能在无声之中就能了解事情。管仲的智谋在于能在无形之中有所察见。没有“揣情术”就无法知道隐匿的东西，所以说“揣情”是谋略的根本。

◎ 通典

劣画大展

美国曾有一位收藏家因举办劣画大展而获得成功。这位收藏家叫诺曼·沃特，他看到许多收藏家为收购名贵物品不惜千金，灵机一动：为什么不收藏一些劣画呢？他收购劣画有两个标准：一是名家的“失常之作”，二是价格低于 5 美元的无名人士的画。没有多久，他就收藏了 200 多幅劣画。

1974 年，他在报纸上登出广告，声称要举办首届劣画大展，目的是让青年人在比较中学会鉴别，从而发现好画与名画的真正价值。

沃特的广告广为流传，成为人们热议的话题。画展吸引了大量的人前来参观，其中不乏大量从外地专程赶来看画展的人。

◎ 评价

本例是由“揣情”而产生的奇特思想，使人获得成功的典型例子。沃特搞“劣画大展”之前就想到了人们存在“逆反心理”和对新事物好奇的心理，他正是抓住了人们的这一心理，使画展获得了成功。

◎ 通典

皮尔·卡丹的崛起

皮尔·卡丹，他最初只是一名缝纫店里的学徒，如今他已是享誉全世界的时装大师。

1950年，皮尔·卡丹开办了自己的商店。1953年，他对原来的服装经营方式进行了开拓性的改革，以便使时装在最广大的消费者中普及。他把量体裁衣、个别定做，改变成小批量生产成衣并不断更新款式，使全世界的俊俏女子都有机会穿上他设计的时装。然后，他又改变出色的服装师只制作女装的传统，研究缝制男装。他第一次组织了成衣展览。他直接从大学里聘请时装模特，以便更好地展示他设计的最新款式的各种服装，还把时装店里的大批成衣直接送到各大百货公司去经销。他不顾许多法国人的劝阻，执意到中国北京开办服装厂，用新款式新花色吸引了众多的中国消费者。他不仅在北京而且在中国各大城市都设点销售服装，他的服装受到了广大消费者的欢迎。同时他还根据人们的需要不断改进设计。

当人们询问他的成功秘诀时，他说："一定要创新。而创新要先有设想，后付诸实践，在实践过程中又要不断地自我怀疑。"

◎ 评价

商业活动风云变幻，"揣情"者应该超越人们当前的认识，迎合顾客心理，才能取得成功。创新就是用敏锐的眼光，把握住时代的脉搏，审时度势，不断地推陈出新，以适应人们愈来愈高的要求和需要。变则通，通则久。

◎ 通典

中西快餐大战

生活节奏的加快，促使了快餐业的兴起。众所周知，随着中国人生活节奏的加快，中国城市中正在形成一个迫切需要解决日常饮食问题的消费群体。美国鑫南公司董事长、亚洲食品公司总裁秦晚梅女士坦言：全世界都看到中国快餐这块"处女地"，这钱你不赚，自有人赚。聪明的外国老板看准了中国的快餐市场，近几年来“美尼姆斯”“邦尼炸鸡”“肯德基”“麦当劳”，还有“必胜客比萨饼”等纷纷进入中国落户，而且家家生意火爆，“肯德基”“麦当劳”的分店开了一家又一家。而面对洋快餐的攻势和启示，中国快餐业也迅速发展起来，至去年底，中国已有专业快餐公司三百多家，不同形式连锁经营的加盟企业超过八百多家。于是便有了“中西快餐大战”，有了引人注目的“肯德基”“荣华鸡”之间“斗鸡”的故事。

◎ **皮尔·卡丹（1922—　）**
世界著名服装设计师，出生于意大利威尼斯近郊，父母都是法国人。1950 年开始独立开设服装设计公司。1973 年，以自己的名字成立了法商皮尔·卡丹公司，此后公司事业日渐全球化，其男装、女装、服饰配件都是国际知名的品牌。

不久前，来自中国十几个省市及中央有关单位的数十位专家学者聚集在北京，专题讨论中国的快餐业发展问题。人们不能不承认，眼下中国快餐在竞争中确实难敌西洋快餐。原因何在呢？首先中国快餐规模太小，财力不济，当美国“麦当劳”快餐店在中国首都黄金地段王府井路口竖起那杆耀眼的大 M 时，看到它的中国人多会在心中叹服其匠心独运和巨大的魄力。但要做到这一点必须有雄厚的财力支持。上海的“荣华鸡”欲在北京王府井“麦当劳”邻近开一家分店，几经努力，终因租金过高而告吹。其次是服务技术的差异。所谓服务技术，是指服务业中的系统化管理技术。

服务技术包括两个方面：一是硬技术，是指先进的设备与工具，便如快餐店的快餐生产流水线。二是软技术，即经过精心设计的系统化服务操作程序，以此来替代因人而异的服务态度及参差不齐的服务技巧。“肯德基”“麦当劳”都在全球推行同质量的快餐服务，实现了产品和服务的标准化、系统化、通用化，在软技术中坚持严格而又全球统一的服务操作程序。中国的许多快餐店装修得不错，却拦不住服务员拎着满是汤汁的抹布往地上扫骨头，管理和服务仍停留在低水平上。另外还有体制问题，某著名中式快餐店的经营者连员工的工资都做不了主，其他就更不用说了。当然，西洋快餐的成功了带给中国人以启示，也激励着中国快餐业奋起。

在中国餐饮业中，也有一些企业走得比较快。譬如，北京老字号“全聚德”烤鸭店。1993年成立了中国全聚德集团后，又正式成立了北京全聚德烤鸭股份有限公司，筹资七千万元人民币，取得了六大公司的财力支持后，紧接着做了两件事情：一是举办首届“全聚德”杯烹饪服务技术大赛，把各地分散的一百多名厨师、服务人员、管理人员集中在一起，通过比赛统一规范，培训技术；二是派出多批人员分赴国外，在美国的洛杉矶、关岛，德国的不莱梅，荷兰的阿姆斯特丹以及新加坡等地筹建分店，以传统宴席、现代快餐、速食产品的立体经营方式将全聚德烤鸭推向世界。这是一个值得欣慰的苗头。中国是饮食大国，饮食文化源远流长，许多美食已名扬海外，只要承认差距，对症下药，聚集力量，训练队伍，扬长避短，积极开拓，发展自己民族的特色，利用现代化管理技术，那么中国快餐业的明天必定是辉煌的，定将无往而不胜。

◎ 评价

此例的中西快餐大战中，国外的快餐业的巨头们首先通过揣情发现中国具有广泛的快餐市场，进而大举进军中国市场；而在应对国外快餐公司的过程上，国内的一些快餐企业并没有仔细揣摩出自己和人家的具体差距，从而导致失败。而“全聚德”则在竞争中充分地做到了知己知彼，清楚地认识到了自己和别人的差距以及自身的优势，从而采取相应的措施，使事业蒸蒸日上，获得了成功。

摩篇 第八

摩是指反复观察对方。《摩篇》是《揣篇》的姊妹篇，讨论揣不出对方实情时，应进一步试探对方，通过对方的反应来了解实情，并列举了十种根据对方的性情进行试探观察的方法，指出这些方法的使用，需要把规律、技巧和时机紧密结合起来，灵活运用。

8.1

摩者，符也；内符①者，揣之主②也。用之有道，其道必隐③。微摩之以其所欲，测而探之，内符必应。其应也，必有为之④。故微而去之，是谓塞窖⑤、匿端⑥、隐貌、逃情，而人不知，故成其事而无患。摩之在此，符之⑦在彼。从而应之，事无不可。

注释

① 摩：揣摩的意思。

① 符：符验，指情感的外在表现。

② 揣之主：揣是用观察表现于外的符验来判断内心状况，而符验是揣的基础。

③ 隐：在隐秘中进行。

④ 有为之：自己所应采取的办法，有所作为。

⑤ 窖：地窖，引申为隐藏。

⑥ 端：端绪、开始、前兆。

⑦ 符之：与此呼应。

译文

所谓“摩”是一种通过外在表现“揣情”的方法。内心活动是“揣”的对象。进行“揣情”时，有“揣”的规律可依，而这些规律却是隐而不现的。适当地去“摩”时，要根据对方的欲望投其所好进行测探，其内情就会通过外部表现反映出来。内在的感情要表现出来，必然要有所作为，这就是“摩”的作用。

在“揣摩”之后，要适当地离开对方，隐藏起来，消除痕迹，伪装外表，回避实情，使人无法知道是谁办成的这件事。这样，办成了事，却不会留祸患。在此处“揣摩”对方，而要在另一处观察对方的表现，顺应事物的规律，使我方“揣摩”能在对方应验，则办事无所不成。

古注

陶弘景注：“谓揣知其情，然后以其所欲摩之，故摩为揣之术。内符者，谓情欲动于内，而符验见于外。揣者，见外符，用知内情，故曰：符为揣之主也。揣者所以度其情慕，摩者所以动而内符。用揣摩者，必先定其理，故曰：用之有道。然则以情度情，情本潜密，故曰：其道必隐也。言既揣知其情所趋向，然后以其所欲，微而摩之，得所欲而情必动，又测而探之。如此则内符必应。内符既应，必欲为其所为也。君既所为，事必可成，然后从之。臣事贵于无成有终，故微而去之尔。若己不同此计，令功归于君，如此可谓塞窖匿端，隐貌逃情，情逃而窖塞，则人何从而知之？人既不知所以息其所僭妒，故能成事而无患也。此摩甚微，彼应自着。观者但睹其着，而不见其微。如此用之，功专在彼，故事无不可也。”

8.2

古之善摩者，如操钓而临深渊，饵而投之，必得鱼焉。故曰："主事[①]日成而人不知，主兵[②]日胜而人不畏也。"圣人谋之于阴[③]，故曰"神"；成之于阳[④]，故曰"明"。所谓"主事日成"者，积德也，而民安之，不知其所以利[⑤]；积善也，而民道[⑥]之，不知其所以然；而天下比之神明也。"主兵日胜"者，常战于不争不费[⑦]，而民不知所以服，不知所以畏，而天下比之神明[⑧]。

注释

① 主事：所做的事情。

② 主兵：所指挥的军队。

③ 谋之于阴：策划不让人知道。

④ 成之于阳：使人公开了解其成绩。

⑤ 其所以利：那样有利的原因。

⑥ 道：遵循。

⑦ 不争不费：不使用武力，不消耗钱财。

⑧ 比之神明：称之为神明。

译文

古代善于运用"揣摩之术"的人，就像拿着钓钩到水潭边上去钓鱼一样。只要把带着饵食的钩投入水中，就一定可以钓到鱼。所以说，主办的事情一天天成功，却没有人察觉；主持的军队日益压倒敌军，却没人感到恐惧，这才是高明的。圣人谋划什么行动总是在暗中进行的，所以被称为"神"；而办事成功都显现在光天化日之下，则被称为"明"。所谓"主事日成"的人是暗中积累德行，老百姓安居乐业，却不知道为什么会享受到这些好处；他们还在暗中积累善行，老百姓生活在善政中却不知道为什么会有这样的局面。人们把“谋之于阴，成之于阳”的政治策略称为“神明”。那些带领军队而压倒敌人的统帅，坚持不懈地与敌军对抗，却不去争城夺地，消耗人力物力，因此，老百姓不知道敌国为何拜服，也不知道什么是恐惧。为此，普天下都称“谋之于阴，成之于阳”的军事策略为“神明”。

古注

陶弘景注：“钓者露饵而藏钩，故鱼不见钩而可得；贤者观功而隐摩，故人不知摩而自服。故曰：主事日成，而人不知也。兵胜由于善摩，摩隐则无从而畏，故曰：主兵日胜，而人不畏也。潜谋阴密，日用不知，若神道之不测，故曰：神也。功成事遂，焕然彰着，故曰：明也。圣人者，体道而设教，参天地而施化，韬光晦迹，藏用显仁，故人安得而不知其所利，从道而不知其所以然，故比之神明。善战者，绝祸于心胸，禁邪于未萌，故以不争为战。师旅不起，故国用不费。至德潜畅，玄风遐扇，功成事就，百姓皆得自然，故不知所以服，不知所以畏，比之于神明。”

8.3

其摩者：有以平，有以正，有以喜，有以怒，有以名，有以行，有以廉，有以信，有以利，有以卑。平者，静也；正者，直也；喜者，悦也；怒者，动也；名者，发①也；行者，成②也；廉者，洁也；信者，明也；利者，求也；卑者谄也③。故圣人所独用者，众人皆有之，然无成功者，其用之非也。

注释

① 发：扩大名声。

② 成：使其成功，来观察对方。

③ 卑者谄也：谦卑就是谄媚讨好对方。

译文

在实施“摩”时，有和平交流的，有正言相告的，有用娱乐麻痹的，有用愤怒激将的，有用名利引诱的，有用行为逼迫的，有用廉洁感化的，有用信誉说服的，有用利益诱惑的，有用谦卑争取的。和平就是让对方宁静，正言就是以直言相斥，娱乐就是让对方喜悦，愤怒就是激怒对方，名望就是提高对方的声誉，行为就是逼迫对方执行，廉洁就是用清廉感化对方，信誉就是用诚信说服对方，利益就是让对方有所求，谦卑就是用谄媚讨好对方。所以，圣人所施用的“摩”之术，平常人也都可以具有，但之所以没有能运用成功的，那是因为他们运用不当。

古注

陶弘景注：“凡此十者，皆摩之所由而发。言人之材性参差，事务变化，故摩者亦消息盈虚，因几而动之。名贵发扬，故曰：发也。行贵成功，故曰：成也。言上十事，圣人独用以为摩，而能成功立事，然众人莫不有，所以用之，非道不能成。谋不周密，则失几而害成；说不悉听，则违顺而生疑；事不必成，则止篑而有废。皆有所难能任之，而无难者，其唯圣人乎！”

8.4

故谋莫难于周密，说莫难于悉听，事莫难于必成。此三者，唯圣人然后能任。故谋必欲周密，必择其所与通者说也。故曰或结而无隙[1]也。夫事成必合于数，故曰道数[2]与时相偶[3]者也。说者听必合于情，故曰情合者听。故物归类：抱薪趋火，燥者先燃；平地注水，湿者先濡。此物类相应，于势譬犹是也，此言内符之应外摩也如是。故曰摩之以其类，焉有不相应者？乃摩之以其欲，焉有不听者，故曰独行之道[4]。夫几者[5]不晚[6]，成而不抱[7]，久而化成[8]。

注释

①无隙：紧密的意思。

②道数：规律和方法。

③偶：合。

④独行之道：只有圣人能体会的规律。

⑤几者：通晓机微的人。

⑥不晚：勿失良机。

⑦成而不抱：把事作成，也不居功。

⑧久而化成：久而久之，一定能成功。

译文

谋划策略，最难的是周到缜密；进行游说，最难的是让对方言听计从；办事情，最难的是必须成功。这三个方面，只有圣人才能做到。所以谋划必须周到缜密，游说要选择与自己观点相通的对象，办事情要无懈可击。要想使所主持之事取得成功，必须有适当的方法。所以说：客观规律是与天时互相依存的。进行游说的人必须使自己的说辞合于情理，合情合理才有人听。世界上万事万物都有各自的规律。好比抱着柴草向烈火走去，干燥的柴草就会首先着火燃烧；往平地倒水，湿的地方就会先湿透。这些都是与事物的性质相应的。以此类推，其他事物也是这样。这就是"内符"与"外摩"相适应的道理。所以说按着事物的不同特性来实施"摩"之术，哪有不发生反应的呢？根据被游说者的欲望而施行"摩"之术，哪有被游说者不听从游说的呢？所以说只有圣人最能实行揣摩之术。大凡通晓机微的人都会把握好时机，有成绩也不居功，天长日久就一定取得成功。

古注

陶弘景注："为通者说谋必虚受，如受石投水，开流而纳泉，如此则何隙而可得，故曰：结而无隙也。夫谋成必先考合于术数，故道、术、时三者相偶合，然后事可成而功业可立也。进说而能令听者，其唯情合者乎？言内符之应，外摩得类则应，譬犹水流就湿，火行就燥也。善于摩者，其唯圣人乎！故曰独行之道者也。见几而作，何晚之有；功成不拘，何抱之久。行此二者，可以化天下。"

阅典笔记

“摩”意为研究、揣摩、推测事情。所以“摩”意就是“揣”情之术。“揣情”和“摩意”的规律，则是秘中成事。所谓“用之有道，其道必隐”，而隐微之道的关键是：“隐貌，逃情，而人不知，故成其事而无患。”秘中成事是成就各种事业的规律，在政治、经济、军事等活动中概莫能外。

神奇的善摩者们，走向神明境界的关键即在此。鬼谷子曰：“圣人谋之于阴，故曰神，成之于阳，故曰明。”神明是智者崇尚的理念，从韬略的角度来说，神明是与阴谋为一体的。无精彩之阴谋不达神明之境界。古人看“阴谋”并非今日的贬义，而是在神秘中使功成事遂的高招。比如管仲在他的著作《管子》中论商汤是以阴谋而得天下，而成为一代明君。（管子云：“女华者，祭之所爱也，汤事之以千金。曲逆者，祭之所善也，汤事之以千金。内则有女华之阴，外则有曲逆之阳。阴阳之议合而成其为天子，此汤之阴谋也。”）由此可知，古人并非鬼谷子一人评论过“阴谋”。不少人都曾高度地评价过“阴谋”在成就大事的过程中犹如神明一般，其价值妙不可言。“阴谋”是神秘的，然而它所成就的大事却焕然而卓越，光明而正大，有如日月之高悬，有目共仰。既然神明的决策常常源于“阴谋”。那么“阴谋”的实践又当如何？鬼谷子认为，要“揣情”、“摩意”。

“揣情”、“摩意”，常常因机而发，顺情而得。本篇提出十种“摩”的基本方法，即平、正、喜、怒、名、行、廉、信、利、卑十法。而这十法却因人性参差，万物纷纭而因机而行。所谓“十法”就是“摩”的十种研究事物的方法。在人们明确了行为目的后，即可择法而行之。

◎ **商高祖乙太武王汤**

子姓，名履，商朝建立者，又称武汤、天乙、成汤、成唐，甲骨文称唐、大乙。本为夏朝诸侯国商国国王，起用伊尹和仲虺为相，攻灭夏朝，建立商朝。与夏禹、周武王并称“三王”。

“摩”的行为方式也是有规律的。高明的“摩”者，善于独立思考，能辨察对方的内心欲求，他们如同湖边垂钓的渔翁一样，投饵藏钩、稳健自得，鱼儿也就自然上钩了。把握对方的内心，从而游说他，设谋使之对我方言听计从，是件难事。然而物以类聚，人以群分，按照一定的规律，从同气相求的角度认识它，将心比心，将事比事，往往能够驾驭他人，驾驭天下。

“揣摩术”就是通过别人表现出来的现象去了解他们掩饰的内心。摩是揣的一种方法。揣摩之后内部就有反应，这叫内符。揣摩最难，必须选择适当的时机，揣摩要趁对方特别高兴的时候，去使他狂热，于是无法掩饰内心的想法，从而揣出他的真情；或者趁对方特别恐惧的时候，去加重他们的恐惧，使其不能自持，于是露出实意。情绪在心里变动，必然要表现在外在，所以可以通过人的外在表现来判断他们内心的活动。揣摩的方法很多，可以用和平进攻，可以用正义责难，可以用奉承讨好，可以用愤怒刺激，可以用名望威吓，可以用行动逼迫，可以用廉洁感化，可以用信义说服，可以用利益诱惑，可以用谦卑欺骗。

本篇分四段：第一段讲摩的重要性，强调只有通过摩试探，才能了解君主的真实思想，取得信任，避免灾祸，“成其事而无患”。第二段讲善于摩者，必须“谋之于阴”与“成之于阳”，要隐秘而有耐心。第三段讲摩的各种方法。强调要善于变化，因人而异。第四段讲摩成功的关键是“摩之以其类”，并要把握“时”（时机）。

“摩者，符也。”摩是揣的手段之一，也是揣的深入。日本人中井积德说：“摩

在揣度之后，如以手摩弄之也。既能通晓彼人之情怀，而以我之言动摇上下之，以导入于吾橐中也。或扬之，或抑之，皆有激发，即所谓摩也。”所谓“摩”，就是通过反复接触试探，深入了解对方。《战国策·韩策一》记载苏秦说服韩王，先是系统分析韩国的有利形势，赞扬韩王的贤能，然后分析屈服于秦国的危害，最后说：“臣闻鄙语曰：宁为鸡口，无为牛后。今大王西面交臂而事秦，何以异于牛后乎？夫以大王之贤，挟强韩之兵，而有牛后之名，臣窃为大王羞之。”韩王听后，勃然大怒，卷起袖子，举起宝剑说：“寡人虽死，必不能事秦！敬奉社稷以从。”苏秦先鼓励韩王，就是本篇所说的“有以名”。后来激怒韩王，就是本篇所说的“有以怒”。《齐策四》所说的冯谖客孟尝君的故事，也可以作为“摩”的例证。冯谖进入孟尝君府充当门客，他首先完全不显露自己，说自己“无好”“无能”，接着三次倚柱弹剑而歌：“长铗归来乎，食无鱼！”“长铗归来乎，出无车！”“长铗归来乎，无以为家！”其他门客都以为冯谖贪心十足，孟尝君却满足了冯谖的要求。冯谖通过这三次试探（“摩”），了解到孟尝君轻财重士，于是，他才毅然为孟尝君到薛地收债，进而焚券市义。这焚券市义的举动，是以前面的试探为基础，又是对孟尝君更深入的试探。当试探成功之后，他就正面向孟尝君提出了营造“狡兔三窟”的计谋。

本篇还讲了游说智谋之士全身远祸的问题，即所谓：“故微而去之，是谓塞窖匿端、隐貌逃情，而人不知，故能成其事而无患。”这是摸透了君主的专断猜忌心理而提出的应对策略。君主决容不下比自己显得高明的臣下，他们患难时可以求贤若渴，一旦天下稳定就会刻薄寡恩，甚至大杀功臣，这叫做可以共患难而不可共富贵。范蠡（民间传说他也是鬼谷子的高足）与文种侍奉越王勾践的历史故事就是典型的例证。他们忠诚地辅佐勾践报仇复国，成功之后，范蠡“微而去之”，泛舟五湖，后来又经商致富，做到了“成其事而无患”；文种留在朝廷，终于被迫自杀。这说明，范蠡通过“摩”深入把握了越王勾践的“可共患难不可共富贵”的性格特征，而文种却没有掌握游说智谋之士全身远祸的秘诀。

触类旁通

◎ 通典

洪秀全“摩”尽天下人内心

洪秀全，广东花县人，自幼苦读四书五经等，但几次投考秀才皆名落孙山。后来，洪秀全在西方基督教宣传品《劝世良言》的影响下，创立了拜上帝会，先后编写了《原道救世歌》等，宣传说中国人原来信奉的一切佛道神仙等皆是妖魔邪神，只有上帝才是唯一的真神。

为了鼓舞广大人民跟随他进行推翻清王朝的斗争，洪秀全精心编造了一个神话。用神话宣传说，洪秀全在考试失败后得到的《劝世良言》，是上帝赐给他的“天书”。回到家后曾大病四十余天。在此期间，忽有天使下凡接他到天上去，天母在圣河为他洗去了污秽，圣贤之士为他剖开胸腹，换上新的五脏六腑，从此脱胎换骨。洪秀全见到了一位金色胡须拖地、相貌魁梧、身形高大、高踞宝座之上的老人。这位老人就是超越时空、无所不能的真神上帝。上帝见到洪秀全后十

◎ **洪秀全（1814—1864）**
原名洪仁坤，广东花县人。太平天国运动领袖。创立拜上帝会，领导金田起义，1851 年创建太平天国，自称天王。1853 年攻克南京，至 1856 年势力达到全盛。随即因为政治日益腐败、诸王内斗以及迷信等原因，导致太平天国败亡。

分高兴，说洪秀全是他的次子，带领他从天上俯瞰全世界，只见人世间妖雾弥漫，鬼怪横行，迷害人民，众生凄惨。然后，上帝特赐给他一口宝剑和一颗印玺。上帝的长子，也就是其兄救世主耶稣教他如何用宝剑斩妖魔，印玺则是镇服邪神的宝物。最后，上帝命洪秀全下凡做太平天王，救世诛妖。

太平天国起义前夕，洪秀全等又利用当地所谓鬼神附体的迷信方式，宣传有一个拜上帝会会员临死时，鼓乐之声由天而降，被天使迎入天堂。不久，这一拜上帝会会员的神灵附于一名幼童身上，这个幼童忽然神情昏迷，口中念念有词："三八二一，禾乃玉食，人坐一土，作尔民极。""三八二一"隐"洪"字，"禾乃玉食"隐"秀"字，"人坐一土"隐"全"字，四句联起来的意思就是："洪秀全当做你们的君王。"

◎ 评价

历史上许多农民起义都借天意来征服天下人心。先秦陈胜、吴广如此，刘邦如此，黄巾军如此。洪秀全也以此"摩"尽天下人内心，而自编神话谋得起义。

洪秀全编造的这一承上帝之命，下凡诛妖的故事，虽是荒诞不经的神话，但当时广大群众热切地希望改变受苦受难的生活，因此，幻想能有一个真命天子出世，铲除人间不平。洪秀全利用人们的这一心理，掀起了太平天国起义。

◎ 通典

历史研究中的揣摩

汉末，曹操在赤壁之战中为什么兵败？一千多年来对其败因的评说，以"火烧论"为多见。近几年来有学者对"火烧论"提出质疑，认为曹操败北的主要原因是疾病。"疾病论"不是没有道理的，史料中这方面的记载不少。

西晋陈寿所著的《三国志》中有这样的记述："十三年……秋七月，公南征刘表……至赤壁，与备战，不利。于是大疫，吏士多死者乃引军还。"（《三国志·魏书·武帝传》）"先主遣诸葛亮自结于孙权，权遣周瑜、程普等水军数万，与先主并力，与曹公战于赤壁，大破之，焚其舟船。先主与吴军水陆并进，追至南郡，时又疾疫，北军多死，曹军引归。"（《三国志·蜀书·先主传》）

曹操（155—220）
字孟德，一名吉利，小字阿瞒，沛国谯（今安徽省亳州市）人。东汉末年著名的军事家、政治家和诗人。统一中国北方，是三国时代魏国的奠基人，其子曹丕称帝后，追尊他为魏太祖武帝。倡导“建安文学”，与其子曹丕、曹植并称“三曹”。

“瑜、普为左右督，各领数万人，与权俱进，遇于赤壁，大破曹公军。公烧其余船引退，士卒饥疫，死者大半。”（《三国志·吴书·吴主传》）

关于曹军疫病流行的时间，《三国志》似乎未交代清楚。《资治通鉴》上说得十分明白：“……进，与曹操遇于赤壁，时曹军众已有疾疫。初一交战，操军不利，引次江北。”（《资治通鉴·汉献帝建安十三年》卷六十五）。可见曹军患病是在赤壁之战之前。

赤壁之战后，曹操给孙权写信，对这次战败颇不服气。信中说：“赤壁之役，值有疾病，孤烧船自退，俾周瑜虚获此名。”（《曹操与孙权书》）当代历史学家翦伯赞也认为，曹操败北的原因是“曹操远道疲惫，军中又流行时疫，战斗力不强”。可以认为曹操若不是遇到大障碍，是决不会轻易“自退”的，也绝不可能随便“引军还”的。曹操兵败赤壁，除了军事方面的原因，疾病流行可以说是一个重要的原因。

周瑜（175—210）
字公瑾，庐江舒县（今安徽省庐江县西南）人。东汉末年东吴名将，因其相貌英俊而有“周郎”之称。精通军事，精于音律，江东向来有“曲有误，周郎顾”之语。208年，指挥孙、刘联军在赤壁大破曹操，奠定三分天下的基础。曾向孙权提出“二分天下”之策。

评价

历史研究也多在揣摩研究中，从事物的两种定性结果里考证事物的真相所在。由此例可知，许多科学研究、历史考证的结论也是在对立事态的揣摩中得出结论的。

◎ 通典

班超诈服鄯善王

东汉初年，汉明帝派大将军窦固率领大军西进攻打匈奴，班超也随军效力，为联络西域诸国共同对付匈奴，窦固派班超为使者前往西域。

班超一行三十六人，历尽千辛万苦，首先来到鄯善。开始几天，鄯善王对他们态度很友好，不几天就变得冷淡了。班超猜想，一定是匈奴的使者前来施加压力，迫使鄯善王不敢接近汉朝的使者。恰巧鄯善王的侍者来访，班超故作知情地问："匈奴的使者来几天了？住在什么地方？"这件事本该是瞒着班超等人的，经班超这么一问，竟把鄯善王的侍者给唬住了，他只好说了实话："他们已经到了三天，驻地离这里有三十里。"

班超立即把这个侍者扣留起来，召集三十六个随从人员商议对策，对他们说："我们来到西域，无非是想立功报国。现在匈奴使者才到几天，鄯善王的态度就变了。如果他把我们抓起来，送给匈奴人，我们的尸骨也不能回乡了。你们看怎么办？"

◎ 班超（32—102）
字仲升，东汉著名的军事家和外交家。先随窦固征匈奴，随即出使并平定西域，使西域诸国重新归附汉朝。为促进民族融合做出了巨大贡献。

大家都说："如今到了紧要关头，我们听您的。"班超说："不入虎穴焉得虎子。现在只有一个办法，趁着黑夜对匈奴人发动火攻，使他们摸不清咱们有多少人。他们一乱，咱们就能把他们全部收拾掉，消灭匈奴的使者，鄯善王才会对汉朝友好。"大家异口同声表示赞同。

到了黑夜，班超率领着三十六个壮士偷袭匈奴使者的营地，他让十个人擂鼓呐喊，制造声势，其余的人放火烧帐，冲杀进去。一时间，匈奴营帐大火熊熊，鼓声、喊杀声响成一片。匈奴人从梦中惊醒，到处逃窜，大都做了班超等人的刀下之鬼。

战斗结束后，班超派人把鄯善王请来，叫他看匈奴使者的首级，鄯善王被吓得面如土色。班超乘机劝他与汉朝建立友善关系，鄯善王连连点头称是。为了表示诚意，鄯善王还把自己的儿子送到洛阳去做人质。

班超把这一事件的经过报告给窦固，窦固很高兴，并替班超向朝廷请功。于是班超被升为军司马，继续承担联络西域诸国的重任。

◎ 评价

班超智勇双全，随机应变，通过鄯善王态度的变化，来判断其内心活动，用火攻的办法消灭匈奴使者，促使鄯善国与汉朝友好。

◎ 通典

康熙禁烟

清朝康熙年间曾经下令禁止吸烟。烟不是指鸦片，而是指烟草。

烟草，于17世纪中叶开始从吕宋（今菲律宾）传入中国，便引起有识之士的忧虑。当时的名医张介宾曾在《景岳全书》中慨叹说："（烟草）自古未闻也，近自我万历时始出于闽广之间，自后吴楚间皆有种植烟草矣！"从此，它就像恶雾毒瘴，蔓延四方，危害着千百万中国人的身心健康。到崇祯末年，竟至"三尺童子，莫不食烟"，更有甚者，"虽青闺稚女，金管锦囊（烟管烟袋）与镜奁牙尺并陈矣"。一时间，男女老幼，皆当"瘾君子"，情况令人触目惊心。

◎ 清康熙皇帝玄烨（1654—1722）
即清圣祖仁帝爱新觉罗·玄烨，满族，清朝入关后第二位皇帝，1661—1722年在位，年号康熙。在位期间，对内停止圈地，奖励垦荒，平定三藩、台湾、准噶尔，对外击溃沙俄侵略，对西方自然科学多有涉猎。

到了康熙年间，吸烟现象更是"蔚然成风"，朝野之中，不论臣民，不分妇孺，许多人常是烟筒不离身，尽情地吞云吐雾，并以能有一杆称心如意的烟筒为雅。故时人流传着这样的话："烟筒杆，木不如竹，玉象嘴，金不如铜。"对此，康熙皇帝深为忧虑，他认为："最可恶的是吃烟，烟这个东西最能耗人精气，不光我不吃，就是前朝的老皇帝也是不吃的。"因此他决定，采取果断措施，先从朝中大臣开始，继而在全国范围内，开展戒烟、禁烟活动。

在一次早朝之时，康熙选定素有“烟袋大臣”之称的史贻直和陈元海二人作戒烟试验。康熙当众给他俩每人赏赐水晶烟管一支，并命其公开作抽烟表演。二人受宠若惊，当即兴致勃勃，遵旨装烟点火。谁知，他们才吸一口，便见烟火沿着透明的水晶烟管直往上冒，还发着“噼噼啪啪”的响声，直至唇边声仍不断。在场臣子，无不惊呆，顿悟康熙用意；史、陈二人，更是深知皇上的苦心了，自此一改陋习，戒掉了烟癖。此举成功，康熙便下御旨，传谕全国官吏军民，禁止种烟吸烟，结果吸烟之风大敛。

◎ 评价

统治者要发布政策应赢得百姓之心，即审时度势，顺应大众。康熙禁烟之法，正是最高统治者掌握了天下民心趋向，揣摩国情，出奇制胜，妙法惊人，因而获得了成功。

◎ 通典

航空港协会的“摩”术

到德国去的中国人，大都在法兰克福机场下飞机，然后乘汽车或火车前往目的地。火车站就在机场下面，有电梯相通，给由飞机换乘火车的旅客带来了极大的方便。

在西欧国家，许多飞机场都是与火车站连接在一起的，于是人们又创造了一个新名词“机场火车站”。例如在法国，旅客不知道自己究竟是在飞机场还是在火车站，两种不同交通系统已完全融为一体。

同其他欧洲国家相比，德国机场与火车站融合的建设方面还处于落后状态。因此，德国航空港协会要求迅速补上这重要的一课。在法兰克福机场火车站，乘火车去赶飞机的旅客人数比例还不算高。1993年的3200万飞机乘客中，只有29%在此转乘火车，而乘自家小汽车的多达53.4%，使用出租小汽车的占11.6%，租车的约占2.7%，使用公共汽车的占3.2%；但在慕尼黑新机场，42%的赶飞机的乘客乘火车去机场，乘小汽车的只占40%。

德国航空港协会干事长尼罗比施强调："飞机场的目标必须是，让旅客继续向公共交通分流，而在所有机场建设富有吸引力的公共交通系统，将使拥挤不堪的公路交通转向铁路，并大大减轻汽车带来的环境污染。"为此，德国交通部门计划在科隆－波恩机场建立火车站，使该机场同高速铁路线相连。航空协会预计，这一计划有可能在2000年实现。

建设机场火车站也是空中交通量不断增加的需要。据航空港协会统计，当年第一季度德国各国际机场运送的旅客超过2000万人次，比去年同期增长5.3%，飞机起降次数增加3.1%。

在欧洲，瑞士在机场火车站交通基础设施方面处于领先地位。瑞士的机场火车站还为进出境旅客备有旅馆，行李托运也是飞机铁路联运，不用旅客操心。

◎ 评价

在企业经营活动中，"摩"术更是必要，只有摸清市场，摸清顾客的真实需求，尤其是顾客的迫切需要，才能做出正确的决策。如此例中飞机和火车的零换乘，飞机和铁路联运，托运行李，设置旅馆，都大大方便了旅客的出行。

◎ 通典

没有人有本领把南益的人挖走

新加坡南益集团的创始人李光前对于聘用新员工极为重视。南益招聘新员工要经过两道流程：一是经人介绍，二是严格考试。最后只录取前十名，且两年期满后才正式录用，一经被录用，很少有员工半途而废，其关键是李光前采用的"摩人"之术。

李光前一开始就采取终身雇佣制，公司尽力照顾员工的医药教育等福利，并有优厚的年终分红，退休后每月又有相当于半个月工资的退休金。公司每年抽出20%的盈利作为该公司职员的年终分红。1950年南益集团获利逾5000万元，因而年终分红就达100多万元，有的分公司职员领到等于他们3—5年月薪总量的年终分红，少则也有数月月薪的分红。但当该单位转盈为亏时，须从该年度应分发给职员的花红额中扣除以前预先分发的花红数，剩余的是该年可以分发的实际金额。由于集团的利益和职员的切身利益直接挂钩，职员对集团都有一种归属感，工作干劲十足，即使节假日加班加点也毫无怨言。

南益集团从 1951 年开始就实行“保养金”制度。规定员工每月均从薪金中扣除 5%，而集团付出该员工月薪的 10%，存入银行的特别户，后转入各员工的名下，使员工在退休后的生活有保障。

南益集团还制定了“居者有其屋”的计划，使每一位职员都拥有自己的房屋。集团以无息贷款的方式，把约 3 年的薪金总额借给职员购买房屋，房契的业主是集团。而在每年的年终花红中，将该职员花红的一半用来偿还买房贷款，直到还清，然后就把房屋过户至员工的名下。

由于南益集团实行上述的制度，职员都十分卖力地为集团工作。所以在新加坡流传着一句话：“没有人有本领把南益的人挖走。”

◎ 评价

在影响企业经营的一切因素中，人是最宝贵的。企业经营的好坏与前途如何，是与全体职工的责任感和积极性分不开的。南益集团用终身雇佣制、优厚的待遇，解决了职员的后顾之忧，让员工全身心地投入到工作中，使集团得以发展。这是最好的“摩人”之法。

◎ 通典

揣摩与让利

在企业经营中，人的因素是最重要的。日本的“拉链大王”吉田忠雄，依据日本民族的特点设计出“善的循环”的经营策略，获得了成功。

吉田忠雄是日本吉田工业公司的总裁，他所经营的这家公司是日本最大的拉链制造公司。

吉田忠雄有自己一套独特的经营方略，简言之，就是“善的循环”。他说：“仁慈会循环，仁慈在我们和别人之间不停地循环运转。”他认为，企业赚钱多多益善，但是利润不可独吞。为此，吉田公司将利润分成三部分，推行“利润三分法”，即以质量较好的产品及低廉的价格，让利三分之一给消费者，让利三分之一给销售公司产品的经销商及代理商，让利三分之一给自己企业的职工和股东。

根据这个经营原则，吉田要求公司员工在本公司的储蓄账户上存款，公司则每月按高于日本银行的定期存款利率，支付给存款职工利息，这对职工产生了很大的吸引力。在公司每年支付的红利中，吉田本人占16%，其家族占24%，其余均由本公司职工分享。不仅如此，公司还鼓励雇员购买本公司股票，规定凡在本公司工作满5年的职工，都可购买本公司的股票，并获取每年18%的股息，鼓励职员投资。在办公制度上，吉田实行面对面的指挥、协调和监督，实行集中办公，在客观上大大强化了管理效率。

◎ **吉田忠雄（1908—1993）**
日本企业家。曾创办第一家专营拉链生产的三S公司，后更名为吉田工业株式会社，简称YKK。

◎ 评价

此例中的吉田正是揣摩到要想企业更好的发展，员工的工作态度和工作热情尤其关键。于是他采用让利给员工的方法，让员工认识到企业盈利，员工自己也可以拿到一部分红利，这就让员工觉得这是自己的企业，工作效率就大大地提高了。

◎ 通典

本田的“摩意”

近年来，本田汽车公司生产的轿车在美国及世界各地市场极为抢手。1986年，本田汽车公司在美国销售了69万辆轿车，1989年达75万辆，而1993年它在全世界的销售量达200多万辆。

本田认为在当今强手如林的国际汽车业中，光靠模仿是成不了第一流企业的，只有重视想象和独创才能打进国际市场。因此，它坚持独创开发的方针，从而赢得市场。

20世纪60年代中期以后，轿车已成为日本的大众化交通工具。由于当时汽车引擎的生产技术上存在一些问题，使用时噪音过大，成为一大公害。本田抓住这个问题，从生产开始，就以开发低公害汽车为主攻方向。1972年，本田终于研制出低公害汽车引擎，首次符合美国马斯金反公害法案的要求。翌年，这种引擎用于轿车生产取得成功，使产品畅销。不久世界著名的汽车厂家如丰田、福特、克莱斯勒等，向本田求助转让低公害引擎的技术，本田获取了可观的利润。

◎ 评价

在企业经营中，日本的本田汽车在面向社会需求方面，“摩意”是十分成功的。它从降低噪声公害入手，而顺利走向国际市场。

◎ 通典

“摩意”在于出奇制胜

有个美国商人制作录有流水之音的录音带，而赚了大钱。

费涅克是美国商人，在一次休假旅游时，小瀑布的水声激发了他的灵感。于是他带上立体声录音机，专门到一些人烟稀少的地方游逛，录下了许多小溪、小瀑布、小河的流水声和自然界小鸟的鸣叫声等，然后，复合制成录音带，以高价出售。购买流水声的“水声”录音带的人特别多，“水声”带十分畅销。许多城市居民饱受各种城市噪音干扰之苦，却又无法摆脱，希望关闭门窗听到大自然的声音。因此，这种录音带就成为了奇妙的商品，它把人们带入大自然的美妙之中，使人们向往大自然的心理得到了满足。更奇妙的是，有些失眠者听了“水声”录音带，竟能在不知不觉中睡着，使失眠者进入了梦乡。

◎ 评价

“摩意”在于出奇制胜。费涅克准确地揣摩出目前市场上没有卖水声的录音带，而且大众迫切地需要这样一个亲近大自然的手段，看准目标增加投入，出奇取胜，赚了大钱。

◎ **通典**

虚无缥缈的买卖

加利福尼亚有一家公司，开展了一项新的业务。凡交纳 25 美元的人就可以把银河中未命名的星星用他的名字命名。公司为这些人出具证明，还可以向公司买一张该星星在银河系中的太空位置图。而这些图并不是真实银河星际的照片，而是根据臆想绘制的画。人们都想让自己的名字与星星共存，争先恐后地购买，该公司发了财。人们也清楚地知道这仅仅是一张画而已。这简直是一桩虚无缥缈的买卖。

◎ **评价**

这一成功事例，体现了公司经营者“摩意”的成功。他们“摩意”世人都想让自己永恒的心理，从而利用虚无缥缈的“买卖”发了财。

权篇第九

权，天秤用的砝码，可衡量物量的变化，在此意为权衡。本篇讲述如何审时度势，进行游说，阐述了游说的原则和方法。第一，要意识到游说的目的是对付对方，要善于依据对方的意图，有选择地使用佞言、谀言、平言、戚言、静言展开游说。第二，要充分发挥口、耳、目三者的作用，适时游说，仔细观察，谨慎小心。第三，要注意扬长避短。第四，言辞要避免病、怨、忧、怒、喜五种毛病，根据游说对象不同，灵活运用。

9.1

说者，说之也[1]；说之者，资[2]之也。饰言[3]者，假[4]之也；假之者，益损[5]也。应对[6]者，利辞[7]也；利辞者，轻论[8]也。成义者，明之[9]也；明之者，符验也。难言[10]者，却论[11]也；却论者，钓几[12]也。佞言者，谄而于忠；谀言[13]者，博而于智；平言[14]者，决而于勇；戚言[15]者，权而于信；静言[16]者，反而于胜。先意承欲者，谄也；繁种文辞者，博也；策选进谋者，权也。纵舍[17]不疑者，决也；先分不足[18]而窒非[19]者，反也。

注释

① 说者，说之也：所谓游说就是说服他人。

② 资：资助的意思，也就是给人利益或贡献。

③ 饰言：修饰性的语言，也就是很好听的话。

④ 假：假借。

⑤ 益损：增减的意思。

⑥ 应对：巧妙处理。

⑦ 利辞：权宜之计或暂时敷衍的言论，巧辩的言辞。

⑧ 轻论：轻浅而浮泛的言论。

⑨ 成义者，明之：具有义理的语言，要阐明其真伪。

⑩ 难言：指责对方的话。

⑪ 却论：反对、排斥对方的论点。

⑫ 钓几：诱出对方心中所隐藏的机微之事。几，通“机”。

⑬ 谀言：谄媚的言词。

⑭ 平言：平实可靠的言论。

⑮ 戚言：面带忧色的言论。戚是忧的意思。

⑯ 静言：心平气和时所说的话。

⑰ 纵舍：进退的意思，也就是摈弃。

⑱ 先分不足：自己有所不足之处。

⑲ 窒非：责备他人的过错。

译文

所谓“游说”就是对人进行劝说。对人进行游说的目的，就是说服人，并凭借对方的力量做事。游说者要会粉言饰词，用花言巧语来说服他人。借用花言巧语说服别人，要会随机应变，有所斟酌。回答他人的问话，要会用外交辞令。所谓机变的外交辞令是一种轻俏的言辞。具有正义与真理价值的言论，必须要阐明真伪，而阐明真伪，就是要通过事实来验证是否正确。责难对方的言辞，就是要反对对方的论调，反对对方的论调，是要诱出对方心中的机密。说着一些奸佞之话的人，会因谄媚而显得忠诚。说着奉承话的人，会因广博而显得有智慧。说着一些平实之话的人，由于果决而显得勇敢。说忧愁话的人，是用权变而显得有信用。而说稳重话的人，是用反诘来求取胜利。先揣摩对方的想法，然后顺从他的意志，就是谄媚。反复引用华美的辞藻，就是广博。用夸大与吹嘘来进献谋略，博取上司欢心的人，就是揽权者。前后进退而不犹疑者，就是果决的人。自己不对而又指责他人过错的就是反抗者。

古注

陶弘景注："说者，说之于彼人也。说之者，有资于彼人也。资，取也。说者，所以文饰言语，但假借以求人于彼，非事要也。亦既假之，须有损益，故曰：假之者，损益之谓也。谓彼有所问，卒应而对之者，但便利辞也。辞务便利故所。核实事务，以成义理者，欲明其真伪也。真伪既明，则符验自符验也。言或反覆，欲相却也。言或不合，反覆相难，所以却论前事也。却论者，必理精而事明，几微可得而尽矣。故曰：却论者，钓几也。求其深微曰钓也。谄者，先意承欲，以求忠名，故曰：谄而于忠。博者，繁称文辞，以求智名，故曰：博而于智。决者，纵舍不疑，以求勇名，故曰：决而于勇。戚者，忧也。谓象忧戚而陈言也。权者，策选进谋，以求信名，故曰：权而于信。静言者，谓象清净而陈言，反者先分不足以窒非，以求胜名，故曰：反而于胜。已实不足，不自知而内讼，而反攻人之过，窒他谓非，如此者反也。"

9.2

故口者，机关也①，所以关闭情意也。耳目者，心之佐助也②，所以窥眮奸邪③。故曰：参④调而应，利道⑤而动。故繁言而不乱，翱翔⑥而不迷，变易而不危者，观要得理。故无目者，不可示以五色；无耳者，

不可告以五音。故不可以往者，无所开之也；不可以来者，无所受之也。物有不通者，故不事也。古人有言曰：“口可以食，不可以言。”言有讳忌也。众口烁金⑦，言有曲故也。

注释

① 故口者，机关也：嘴是表达或隐瞒意思的器官。

② 耳目者，心之佐助也：耳目帮助心搜集情报。

③ 奸邪：奸是恶，邪是不正。

④ 参：指心、眼、耳三器官。参同三。

⑤ 利道：向着有利的方向。

⑥ 翱翔：翱是鸟在空中飞舞的姿势，翔是鸟在空中展翅划圆飞舞的姿态。

⑦ 众口烁金：如果有很多人都这样说，无论如何坚定的心都会动摇。比喻为人应考虑流言飞语。

译文

所以，“口”就是人的“政府机关”，可以用它来封锁、传递信息。耳目，就是心的辅助器官，可以用它来侦察奸邪。所以说，只要（口、耳、目）三者相互呼应，事情就会走向成功。一般说来，虽有繁琐的语言并不能使人纷乱，纵横自如的言辞不能使人迷惑，变化无穷的言辞也不能使人陷入危险，关键在于观察时掌握要害。由此可知，没有眼睛的人，没有必要拿五色给他们看；同理，没有耳朵的人，没必要让他们听五音；所以无法开导的人，不必说服，浅薄不能沟通的人，也没有必要征召他们。有些行不通的事，就不要办。古人有言，说：“嘴可以吃饭，不可以说话。”说的是讲话是有忌讳的。警惕人言可畏，那是可以把事实歪曲的。

古注

陶弘景注:"口者,所以发言语,故曰:口者,机关也。情意宜否,在于机关,故曰:所以关闭情意也。耳目者,所以助心通理,故曰:心之佐助也。心得耳目,即能窥见间隙,见彼奸邪,故曰:窥间见奸邪。耳心目三者,调和而相应感,则动必成功,吉无不利,其所无则以顺道而动,故曰:参调而应,利道而动者也。苟能睹要得理,便可曲成不失。故虽系言纷葩不乱,翱翔越越不迷,变易改常而不危者也。五色为有目者施,无目不可得而示其五色。五音为有耳者作,故无耳不可得而告其五音。此二者为下文分也。此不可以往说于彼者,为彼暗滞无所可开也。彼所不来说于此者,为此浅局无所可受也。夫浅局之与暗滞,常闭塞而不通,故圣人不事也。口食可以肥百体,故可食也;口言或可以招百殃,故不可以言也。言者触忌讳,故曰:有忌讳也。金为坚物,众口能烁之,则以众口有私曲故也。故曰:言有曲故也。"

9.3

人之情,出言则欲听,举事则欲成。是故智者不用其所短,而用愚人之所长;不用其所拙,而用愚人之所工,故不困也。言其有利者,从其所长也;言其有害者,避其所短也。故介虫[①]之捍也,必以坚厚;螫虫[②]之动也,必以毒螫。故禽兽知用其所长,而谈者知用其所用也。

注释

① 介虫:介就是甲或盔甲,介虫是带有甲壳的昆虫。

② 螫虫:指能用毒针来刺人的虫子。

译文

人之常情,只要自己说话,就希望有人听,只要办事情就希望能成功。所以一个聪明人不用自己的短处而用愚者的长处,不用自己的笨处而用愚人擅长的,这样就使自己永远不会陷于窘迫。说到有利的一面,就要发挥其长处,说到有害的一面,就要避其短处。因而,甲虫防卫,是用其坚硬的甲壳;而毒虫行动，一定用那有毒的螫子。连禽兽都知道用自己的长处，何况进谏的人，更应该会用游说术了。

古注

陶弘景注："可听在于合彼，可成在于顺理，此为下起端也。智者之短，不胜愚人之长，故用愚人之长也。智者之拙，不胜愚人之工，故用愚人之工也。常能弃拙短而用工长，故不困也。人能从利之所长，避害之所短，故出言必见听，举事必有成功也。言介虫之坚厚以自藏，螫虫之动也，行毒螫以自卫，此用其所长也。故能自免于害，至于他鸟兽，莫不知用其长，以自保全，谈者感此，亦知其所用而用也。"

9.4

故曰：辞言五，曰病、曰怨、曰忧、曰怒、曰喜。故曰：病者，感衰气而不神也；怨者，肠绝而无主也；忧者，闭塞而不泄也；怒者，妄动而不治也；喜者，宣散而无要也。此五者，精则用之，利则行之。故与智者言，依于博①；与拙者②言，依于辩；与辩③者言，依于要④；与贵者言，依于势；与富者言，依于高⑤；与贫者言，依于利；与贱者言，依于谦；与勇者言，依于敢⑥；与过者言，依于锐。此其术也，而人常反之。是故与智者言，将此以明之；与不智者言，将此以教之，而甚难为也。故言多类，事多变。故终日言，不失其类，故事不乱。终日变，而不失其主，故智贵不妄。听贵聪，智贵明，辞贵奇⑦。

注释

① 博：博学多闻的意思。

② 拙者：不高明的人，才干低下的人。

③ 辩：言论，雄辩。

④ 要：简要。

⑤ 高：高雅。

⑥ 敢：果敢进取的气质。

⑦ 听贵聪……辞贵奇：如听力好就不会真伪混乱，如智慧高就能辨别可否，如言辩巧妙就能明辨是非。

译文

所以说，要懂得外交辞令中的五种辞令：一是病态之言，二是幽怨之言，三是忧郁之言，四是愤怒之言，五是喜悦之言。一般地说来，病态之言是中气衰弱，说话没精神。幽怨之言表明伤心痛苦，没有主见。忧郁之言是心情郁结，不能畅言。愤怒之言是轻举妄动，不能控制自己的话。所谓喜悦之言是说话自由散漫，没有重点。以上这五种言辞，精通了才可以使用，有利时才可以付之实行。所以与智者谈话，就要以渊博为原则；与拙者说话，要以强辩为原则；与善辩的人谈话，要以简要为原则；与高贵的人谈话，要以鼓吹气势为原则；与富人谈话，要以高雅潇洒为原则；与穷人谈话，要以利害为原则；与卑贱者谈话，要以谦恭为原则；与勇敢的人谈话，要以果敢为原则；与过激者谈话，要以敏锐为原则。这些都是与人谈话的原则。然而不少人却常常背道而驰。所以，与聪明人谈话时，就要让他明了这些方法，与笨人谈话时，就要用这些方法引导他。然而事实上很难做到。所以说谈话有各种方法，所论事情会不断变化。掌握这些方法，终日谈论，也不会把事情搞乱。事情不断变化，也不会失其原则。故就智者而言重要的是要有条不紊，听话善辨真伪，聪颖善断是非，出言变化莫测。

古注

陶弘景注："五者有一，必失中和而不平畅。病者恍惚，故气衰而不神也。怨者内动，故肠绝而言无主也。忧者快悒，故闭塞而言不泄也。怒者郁勃，故妄动而言不治也。喜者摇荡，故宣散而言无要。此五者既失于平常，故用之在精，而行之在利。其不精利，则废而止之也。此量宜发言之术也。不达者反之，则逆理而不免成于害也。与智者语，将以其明斯术；与不智者语，以此术教之。然人迷日因久，教之不易，故难为也。言者条流舛难，故多类也。事则随时而化，故多变也。若言不失类，事亦不乱。不乱故不变，故其主有常，能令有常而不变者，智之用也。故其智可贵而不妄。听聪则真伪不乱，知明则可否自分，辞奇则是非有证。三者能行，则功成事立，故须贵之。"

阅典笔记

本篇主旨是论游说的原则、方法。鬼谷子认为："故口者，机关也，所以关闭情意也。耳目者，心之佐助也，所以窥眮奸邪。"由此可知语言表达的重要，耳目倾听观察的重要。语言是游说的手段，事实则是游说机辩的基础，而言之成理才能成功。选择对象乃是游说之本。因为通过对象的言辞可以推出他的内心世界、品性、愿望。而我方也要凭借自己的长处，控制对方。

鬼谷子认为，无论何人都有自己的弱点，只有攻破对方的弱点，才能实施我方的计划。比如，"位高者轻权，财大者轻利"是正常的事情。不论人之愚、智，皆有自我优劣，所谓"智者千虑必有一失，而愚者千虑必有一得"。人的得失皆在辩证之中。

纵横家以口才闯天下。一些古人认为他们巧舌如簧，是虚伪的诈骗者。于是寡言的讷讷者，倒成了人之楷模。殊不知，巧言与谎言完全不同，历史自有公论。作为领袖或事件的决策者，不仅要有精明的头脑，渊博的学识，审时度势的能力，而且要有善辩的语言应变力和口若悬河的表达力，即雄辩家的才华。如无此才，难以成功。古今中外皆然。

论辩必须耳聪、目明、辞巧，以此征服对方。

游说是纵横家的主要活动，而游说的基本媒介是言辞。《鬼谷子》说，游说就是说服人，说服人就是给人以帮助；凡是带修饰的语言，都是不真实的，然而不真实的语言，有坏处也有好处。应对之辞都是伶俐的外交辞令，外交辞令都是不实在的言辞，能成为信义的言辞都是坦白的，坦白的言辞都是可以验证的；凡是难以启齿的话，多是应对之辞；应对之辞都讲究诱导对方说出机密。说话的技巧可以掩饰说话的内容。在古代，说奸佞话的人，由于会谄媚就会被认为是忠；说奉承话的人，由于会吹嘘就会被认为是智；说平庸话的，由于能果决就可以变成勇；说忧虑话的人，由于善权衡就可以变成守信；说冷静话的人，由于善逆就可以变成胜者。

《鬼谷子》还告诉人们，跟智慧的人说话，要靠渊博；跟笨拙的人说话，要靠详辩；跟善辩的人说话要靠扼要；跟高贵的人说话要靠气质；跟富有的人说话，要靠高雅；跟贫贱的人说话，要靠谦敬；跟勇敢的人说话，要靠勇敢；跟过激的人说话，要靠敏锐。这些都是谈话的主要方法。人们都希望自己的话有人听，要想有人听，就要讲究说话的方法。

本篇的主旨是要反复分析游说对象的情况而决定游说的方法。全篇分六层：第一层讲要实现游说的目的，就必须善于修饰言辞。应对之辞，要流利灵活，理由充足而有条理，明白清楚而符合事实。诘难驳斥之辞，要能够诱导对方说出内心的隐秘。第二层讲要善于辨别各种虚假的言辞。这些言辞，包括奸巧之言、谄媚之言、貌似果敢之言、故作忧愁之言、假装镇静之言。第三层讲游说进言要特别谨慎。说话要选择对象，不要触犯忌讳。第四层讲游说之士要善于扬长避短，善于借用别人的长处，避免自己的短处。第五层讲五种非常态的言辞，使用这类非常态言辞的原则是“精则用之，利则行之”。第六层讲要根据不同的游说对象而选择不同的态度与方法。

◎ **孟子（约前 372—前 289）**
名轲，字子舆。战国时期鲁国人，庆父后裔。中国古代著名思想家、教育家，战国时期儒家代表人物，著有《孟子》一书。孟子继承并发扬了孔子的思想，成为仅次于孔子的一代儒家宗师，有“亚圣”之称，与孔子合称为“孔孟”。

《鬼谷子》是中国先秦时代最有系统性的修辞理论著作。本篇比较透彻地从游说角度讨论了修辞问题。本篇所说的“饰言”，就是人们通常所说的“修辞”。本篇讲饰言的目的是为了借助语言的力量以说服对方，讲饰言的内容就是增减调整语言。本篇所论述的许多饰言经验都值得今天借鉴。如：本篇第六层对于游说对象的分析，就相当精辟。它分析了九种不同的对象，论述了因人而异的九种方法。文章说：“故与智者言，依于博；与拙者言，依于辩；与辩者言，依于要；与贵者言，依于势；与富者言，依于高；与贫者言，依于利；与贱者言，依于谦；与勇者言，依于敢；与过者言，依于锐。”本篇所说的“与贵者言，依于势”，跟《孟子》的“养浩然之气”“说大人则藐之”，可谓异曲同工。但是，《孟子》仅讲了游说“大人”（即贵者），而没有讲游说其他对象的问题。《鬼谷子》本篇却全面分析了九种游说对象，这正是纵横家们认真研究游说之术的理论结晶。

触类旁通

◎ 通典

鲁仲连义不帝秦

《战国策·赵策三》的“鲁仲连义不帝秦”的故事，是游说之士针对不同对象展开游说的例证之一。当时，秦国围攻赵国的首都邯郸，赵国在“长平之战”被秦国坑杀了40万精锐士兵，无力抵抗，只好向魏国求救；魏国却害怕秦国，不仅不发救兵，而且派客将军辛垣衍到邯郸，劝赵国屈服，尊奉秦国为帝。赵国当政大臣平原君一筹莫展，形势十分危急。齐国的高士鲁仲连恰好在邯郸。他于是挺身而出，首先游说平原君，问平原君怎么办，平原君说自己没有任何应付的办法。鲁仲连就说：“我原来认为您是天下的贤能公子，现在才知道您不是天下的贤能公子。辛垣衍在哪里，我请求为您数落他，打发他离开。”他见了辛垣衍之后，首先一言不发，辛垣衍只好先开口说：“先生并不有求于平原君，为什么住在这座危险的城里而不离开呢？”鲁仲连这才开口说话：“秦国是一个抛弃礼义而崇尚在战争中杀人的国家。它若是称了帝统治天下，我宁愿跳进东海自杀，也不会当秦国的奴隶一样的百姓。我之所以留在这里，是为了帮助赵国。”辛垣衍说：“您如何帮助赵国呢？”鲁仲连说：“齐国、楚国本来就会帮助赵国，我还要使魏国、燕国也帮助赵国。”辛垣衍说：“燕国且不说，我就是魏国人，先生怎么能够使

◎ 鲁仲连（约前305—前245）战国末期齐国名士，又称鲁仲连子、鲁连子和鲁连。善于出谋划策，常周游各国，为其排难解纷。曾以利害说赵、魏两国联合抗秦，解邯郸之围；又以书信逼燕将自刎，使齐军轻取聊城。后退而隐居。有《鲁仲连子》14篇，今佚。

魏国帮助赵国呢？”鲁仲连说：“魏国不懂得秦国称帝的危害，所以才按兵不动，只要懂了就一定会帮助赵国抵抗秦国。秦国称了帝，就会向魏国不断索取，颐指气使。”辛垣衍说：“您看到过十个仆人侍奉一个主人的情况吗？并不是仆人们的力量赶不上主人，而是害怕主人的缘故。”鲁仲连马上说：“看来，魏国是把自己当做秦国的仆人了。那么，我将让秦王把魏王烹煮掉或者剁成肉酱。”辛垣衍不高兴地说：“先生说话太过分了！”鲁仲连说：“鬼侯、鄂侯、周文王担任纣王的三公。鬼侯把女儿献给纣王，纣王认为她不美，就把鬼侯剁成肉酱；鄂侯极力劝阻，也被做成干肉；文王为此叹气，就被囚禁起来。魏国与秦国都是有万辆兵车的大国，为什么看到秦国打了一次胜仗，就屈服而称臣呢？魏国一旦称臣，秦国就会加强控制，派亲信担任魏国的大臣，派女子进入魏国的王宫。魏王还能够安全吗？将军您还能保持目前的地位吗？”辛垣衍终于表示佩服，离开了邯郸。秦军听到消息，马上后撤了 50 里。接着，魏国信陵君带兵救赵，解了邯郸之围。平原君摆宴庆贺，他要封给鲁仲连爵位，被拒绝；赠送千金，又被拒绝。鲁仲连说：“为人排除患难而不求什么私利，这才是士的可贵之处。不然，就成了唯利是图的商人。”

◎ 评价

鲁仲连游说平原君的过程，体现了“与贵者言，依于势；与富者言，依于高”的原则；而他游说辛垣衍，则语言尖锐，步步进逼，表现出“与过者言，依于锐”的特点。

◎ 通典

孟尝君游说救魏

战国之时，诸侯争战，谋臣们各显神通，均能以游说之道挽救国之危亡。

孟尝君明辨国与国之间利弊和得失，以利益相关之理说服了赵王和燕王，搬来了赵、燕援兵 18 万人，战车 500 辆，使魏国免遭秦的灭亡。

孟尝君出使赵国为魏请求援兵，赵王回绝他。于是，他对赵王说：“我是忠于您才来向您求救兵的。”赵王感到莫名其妙。孟尝君接着说：“赵魏两国兵力差不多，魏国是赵国的屏障，赵国现在不出兵救魏，魏国一旦被秦国所灭，赵国也就会像现在的魏国一样，土地被侵占，人民受迫害。”赵王听后很害怕，认为很有道理，就同意出兵。接着孟尝君又来到了燕国求救兵。燕王推说国内灾荒，不派兵救魏。孟尝君就假装要走，但又说："我担心天下要变了。"燕王一听话中有话，就问原因为何。于是，孟尝君对燕王说："您如果不出兵救魏，魏很可能被秦打败，魏只好投降于秦。反过来魏就会痛恨燕王您不出兵救他。因此，就伙同秦、赵、韩三国共同进攻燕国，到那时燕国可就要化为灰烬了！"燕王一听不寒而栗，当即答应出兵援救魏国。

结果孟尝君请来了18万军队和500辆战车，救兵队伍浩浩荡荡来到魏国，秦王十分害怕，连忙向魏国请求讲和。

◎ 评价

此例中的孟尝君使用的游说方法体现了"与贵者言，依于势；与富者言，依于高"。

◎ 通典

郭隗凭口兴杰

燕昭王想出兵讨伐齐国，但燕国地处偏僻，国内缺少人才，外面的人才进不来，本国的人才却外流，燕昭王求贤之心急如火，于是大臣郭隗给燕王献策。

郭隗说："从前有个国王，想用1000两黄金买一匹千里马，但始终没有买到。他手下有一个人向国王要500两黄金，说可以买到。国王听后就给了他500两黄金。结果那个人用这些钱买了一堆死马骨头回来，说是千里马的骨头。国王一看十分生气。那个人解释说，我国能用500两黄金买死千里马骨头，天下人一定认为您能用大价钱买活千里马。这样，千里马不久就会有人送上门来。果然不出所料，不久就有不少人把千里马送上门来，这个国王得到了三匹千里马。"郭隗又说："如果燕王您真想招揽天下贤士，就从我郭隗开始吧。我虽平庸，没什么大才干，就像千里马的骨头吧。如果您对

◎ **燕昭王姬职（前335—前279）** 战国时期燕国君主，前308—前279年在位。在位时实行改革，国力崛起，并派乐毅伐齐国，连克七十余城，几乎灭齐。

我重用尊敬，那么天下比我有才能的人就会接踵而来投奔您，为您所用。”燕昭王真的照郭隗的话办了，封官、奖赏、尊敬郭隗，处处以贤士待郭隗。果然，不到三年工夫，天下贤才就从四面八方投奔到燕王这里来了。他们得到重用和优厚的待遇，发挥才干，实行改革，做了不少实事，时间不长燕国就变得兵强马壮，国家繁荣昌盛。

◎ 评价

此例中的郭隗以500两黄金买死马骨头的故事，去游说燕昭王招揽天下贤士，从而使国家昌盛。他使用的游说方法亦体现了“与贵者言，依于势；与富者言，依于高”。

◎ 通典

唐雎不辱使命

小国安陵国（今河南省鄢陵县西北）的使者唐雎出使大国秦国，竟能不辱使命，使安陵国平安。

秦王派人对安陵君说，要用500里的地方换取安陵，安陵君不同意，秦王非常不高兴，于是安陵君派唐雎出使秦国。

秦王见到唐雎，就对唐雎说：“我想用500里的地方换取安陵，安陵君不听我的，这是为什么？秦国打败韩国，灭掉魏国，而安陵君能以50里的地方生存下来，不是我害怕他的力量有多大，而是觉得他讲义气罢了。现在我用10倍的土地来交换小小的安陵，他竟敢不把我放在眼里，居然不接受。”

唐雎回答说：“不是这样，您误会了。安陵君是从祖先那里继承了安陵，所以谨慎地守卫着它，即使用千里的土地和他交换也不敢换，何况是500里呢？”秦王听到唐雎的话后，勃然大怒，对唐雎说：“你听说天子发怒吗？”唐雎冷静地说：“下臣没听说过。”秦王说：“天子一旦发怒，就会伏尸百万，血流成河。”唐雎反问说：“大王听说过布衣百姓发怒吗？”秦王傲慢地说：“布衣发怒，只不过是光着两只脚，把帽子扔在地上，用头碰碰地罢了。”唐雎说：“您听说的只不过是愚人发怒，不是真正的布衣之士发怒。专诸刺王僚，吓得彗星袭月；聂政刺韩傀，惊得白虹贯月；要离刺王子庆忌，慌得苍鹰碰在大殿上。这三个人的发怒，都是布衣之士的发怒。我心中的怒还没有发，加上我就是四个人了。我如果发怒，就会伏尸二人，血流五步，天下人为我披麻戴孝，就是这一天了。”唐雎说着就拔剑而起，怒视秦王。秦王吓得面无血色，道歉说："先生请坐，何必如此，寡人现在明白了。赵国和魏国都被秦消灭了，而安陵能以50里地存在，都是因为用了像先生这样智勇双全的人啊！”

秦王从此后，再不敢提与安陵君换地之事了。

◎ 评价

小国与大国对抗时，在外交活动中也不以奴颜婢膝苟存。唐雎审时度势，用布衣之怒便会刺杀君王，加上当时的情况，秦王为求安全便作出了妥协。

◎ 通典

蒯彻化险为夷

蒯彻又名通，是西汉初期的一位政客，很有谋略和辩才，他曾经当过韩信的谋士，劝韩信背叛刘邦，自立为王。

当初，刘邦拜韩信为大将，率兵东进，攻打项羽。韩信一路势如破竹，破三秦，灭魏、赵，又打败齐军。这时，蒯彻劝告韩信不要过于相信刘邦，先与他们三分天下，以后看准机会，再图大业。韩信听后，没有接受他的意见。

◎ **汉太祖高帝刘邦（前256—前195）**

又称汉高祖，汉朝开国皇帝，字季（一说原名季），前202—前195年在位，沛（今江苏丰县）人。前206年推翻秦王朝。前202年击败项羽，建立汉朝。

刘邦称帝后，怕韩信谋反，剥夺了他的兵权，把他软禁在长安。后来由于陈豨谋反的事件牵扯到韩信，吕后和萧何设计诱捕了韩信，将韩信杀死，韩信后悔没有听蒯彻的计谋。后刘邦派人抓捕蒯彻，并亲自审问他。

蒯彻是当时很有名的辩士，刘邦问他是否鼓动韩信叛汉自立。蒯彻痛快地说："对，我的确这样做过。可惜他当时不听我的计策，最后落得个身首异处的下场。如果他要用了我的计策，皇上哪能杀掉他呢？”刘邦听后，气得发抖，下令把蒯彻烹死。蒯彻连喊“冤枉”。刘邦说：“你教唆韩信谋反，有什么‘冤枉’？”蒯彻回答说：“当初，秦朝实行暴政，天下的英雄都起来反对。这就好像一只鹿，天下英雄都抢着捕捉，谁跑得比它快，本事大，谁就能逮住它。那时候，天下的人并不知道陛下能当皇帝，都是各为其主。我也是一样，只知道韩信，不知道陛下，这能责怪我吗？况且，天下想当皇帝的人很多，只是力量不足罢了。难道陛下能把他们都烹死吗？如果只是因为我过去忠于自己的主人，就被杀死，天下的人会怎样看待陛下呢？”刘邦听了以后，仔细一想，倒也有道理，于是就赦免了蒯彻的死罪。

◎ 评价

在外交活动中，语言的机变，可以使人化险为夷。在政治的搏斗中，机变也是可以保住性命的。蒯彻巧妙地利用君王喜好忠心的大臣，以过于忠心来解释自己当时唆使韩信谋反的事情，为自己的行为作出了巧妙的辩解，从而保住了性命。

◎ 通典

韩亿随机应变

宋仁宗时，朝廷派尚书左丞相韩亿出使契丹。当时担任副使的，是章献太后的外戚。这位副使总想找机会为章献太后歌功颂德，以便从中捞取好处。于是他利用出使契丹的机会假传懿旨，说太后告谕契丹，南北两朝应子子孙孙永远和好等等。

第二天辽圣京询问韩亿说：“皇太后既然有旨，大使为什么不告诉我们呢？”韩亿本来不知道这件事，听辽圣京如此说，就想：这一定是副使假传懿旨，用以表现自己。此事关系到两国之间的关系，得找个适当的理由掩盖过去。想到这里就对辽圣京说：“本朝每次派遣使者外出，皇太后都要用这样的话告诫我们，并不一定要我们转达到北朝。”辽圣京听韩亿这样回答非常高兴，说：“太后如此圣明，这真是南北两朝百姓的福气啊！”那位副使竟没有想到自己的一句话惹出了麻烦，本来正为自己的失言而担忧，生怕因此而闯祸急出了一身大汗，这时听他们二人如此说，心里才一块石头落了地，暗暗佩服韩亿的应变才能。

◎ 评价

韩亿采用了模糊语言的应变法。因为皇太后根本没有懿旨，作为使者不能随便乱说。而回答没有这回事，就会引出麻烦，只有模糊回答，既宣扬了章献太后的仁德，又化解了可能引起的事端。

◎ 通典

苏秦说十城

苏秦是鬼谷子门徒，善于游说。他曾以一席话换来十座城，由此可知纵横术的价值。

秦惠王将女儿嫁给燕国太子。这一年恰巧燕文侯去世，太子继位，是为燕易王。齐宣王就趁燕国国丧出兵攻燕，占领了十燕国座城。

燕王对苏秦说："当初你来到燕国，我父亲帮你，使你见到赵王，才完成六国合纵的大业。如今齐国却先攻打赵国，然后又攻打燕国。你主持六国合纵的大业，天下都在笑你。你能为燕国要回被齐国侵占的土地吗？"

苏秦很惭愧地说："请让我为大王效劳。"

苏秦去见齐王。一拜再拜，先低头庆贺，然后仰头哀悼。齐王说："怎么一下子庆贺，一下子又哀悼呢？"

苏秦说："我听说饥饿的人之所以不吃乌头（一种可入药的有剧毒的块根作物），是因为吃了与饿死没有两样。现在燕国虽然弱小，却是秦王的女婿。您得了燕国的十座城值得庆贺，却隐藏着祸端。因为大王贪图燕国十座城，而与强大的秦国结仇，就好像燕国是雁阵，却没有想到，秦国躲在背后，招来天下的精兵。这不等于是饥饿的人吃乌头一般吗？"

齐王说："那该如何是好呢？"

苏秦说："我听说，古时候善于处置事物的人，能转祸为福，反败为胜。大王如果真听我的，就立刻归还燕国的十座城。燕国想不到能回收十座城，为此一定十分高兴。秦王如果知道齐国因为秦国的关系而归还燕国的城，也一定十分高兴，这样齐国少了仇人而得到知交。而一旦燕和秦都臣服了齐国，那么大王号令天下，谁敢不从？这是大王用空话附和秦国，而用十座城取得天下。此乃是在完成您称霸的大业。”

齐王说：“好啊！”

于是齐国就把十座城归还给燕国了。

◎ 评价

苏秦巧妙地利用了燕国和秦国的亲家关系，在游说齐王的时候先是庆贺，然后哀怨，从而激起齐王的疑惑，待其说出哀怨的缘由时，齐王便陷入了苏秦为其设置的圈子，从而达到游说的目的。

◎ 通典

张仪离间楚齐

公元前 331 年，张仪到楚国去游说楚怀王，说道：“敝国的君王最喜欢的人莫过于大王，而张仪最愿侍奉的也莫过于大王；敝国的君王最痛恨的人莫过于齐宣王，而张仪最不愿意侍奉的也莫过于齐宣王。齐王的罪恶，对秦王来说可真是太大了，因此秦国想要讨伐他，但是贵国却与他那么要好，以致敝国的君王不能好好侍奉大王，而张仪也不能做大王的臣子。大王如果能够把关口封锁和齐国绝交，我可以让秦王把商于方圆六百里的土地献给大王。这样一来齐国丧失了后援，必然衰弱，齐国衰弱，就必定听从大王的号令了。北面削弱了齐国的势力，西面对秦国施恩，又获得商于方圆六百里的土地，这真是一举三得的上策。”

楚怀王听后高兴极了，赶紧在朝廷里宣布：“我得到了商于方圆六百里的土地！”

群臣知道这消息都纷纷贺喜。客卿陈轸最后晋见，根本就不道贺。楚王诧异地问：“我不发一卒，不伤一人，而得到商于六百里地，我认为这是外交上的一大胜利，朝中文武百官都道贺，为什么贤卿单单不道贺呢！”“我看商于之地不但不能得到，反而会招惹祸患，所以不敢随便道贺。”陈轸回答。

“为什么呢？”怀王责问。

陈轸回答说：“秦国所以重视大王，是因为大王有齐国这样一个强大的盟邦。如今还没有得到秦的土地，却先断绝齐国的外交，楚国就孤立无援了，秦又怎么会重视一个孤立无援的国家呢？何况如果先叫秦割让土地，楚国再去跟齐国绝交，秦国必不肯这样做。要是楚国先断绝了齐国的邦交，而后要求秦国割让土地，将受到张仪的欺骗而得不到土地；受了张仪的欺骗，大王必定痛恨他。结果是西面惹出秦国的祸患，北面断绝了齐的邦交，这样两国的兵必定会逼临楚国的。”

楚王不但不听，反而申斥道：“我的事筹划好了，你闭嘴，不要再说了，等着瞧我的！”

于是楚怀王就派人到齐国去宣布断交，派去的人还没回来，又派出第二批绝交团。

张仪回到秦国，赶紧派使节到齐国去游说，齐秦两家就暗中缔结了军事联盟。

当楚怀王派出一名将军去秦国接受土地时，张仪竟然装病不上朝。楚怀王得到报告，满怀委屈地说：“张仪认为我跟齐国绝交还不够诚心吗？”楚怀王赶紧派一个勇士到齐国去臭骂齐王。

张仪在证实楚国确实和齐国绝交后，才出来接见楚国派来的使臣，指着地图说："敝国赠送贵国的土地，从这里到这里，总共方圆六里。""我听说是六百里，没听说是六里。"楚国的使臣很惊讶地说。

"我张仪不过是个微不足道的小官，哪来六百里广大的采邑？"

楚国使节气愤愤地回国报告，怀王大为震怒，准备发兵攻打秦国。这时陈轸走过来请示道："现在我可以说话吗？""可以！"怀王没好气地说。

"攻打秦国，不是办法。"陈轸冷静地说，"大王倒不如趁机再送给秦国一个大城市，跟秦连兵伐齐，这样或许可以把损失于秦国的，再从齐国补偿回来，楚国不就没有损失了吗？大王如今已跟齐国绝交，还要去责备秦国失信，那就等于是在促进齐秦两国的邦交。要是如此，到时候楚国必定损失惨重。"

楚怀王没有采纳陈轸的话，还是派兵攻打秦国。于是，秦齐两国组成联合阵线，韩国跟着也加入军事同盟，结果楚国在杜陵被三国联军打得惨败。

◎ 评价

此例中的张仪离间齐楚联盟，是张仪利用了楚怀王贪图小便宜、没有大局观的弱点，从而实施秦国的计划，使楚国大败。

◎ 通典

平原君救赵

前257年，秦国大举侵赵，赵国平原君外出求援。平原君回到赵国之后，楚国春申君率军队要去救援赵国，魏国信陵君也伪造军令夺了晋鄙的军队前往救援赵国。援兵未到时，秦国加紧围攻赵国首都邯郸，邯郸十分危急并且准备投降，平原君非常忧心。

邯郸传舍（驿站旁的屋舍，或为驿站）官吏之子李谈对平原君说："你不担心赵国灭亡吗？"

平原君说："赵国灭亡，就是秦人胜利了，为什么不担心呢？"

李谈说："邯郸的百姓，已经到拿骨头来炊煮、易子而食的地步，可以说是困苦到了极点。而你们后宫的美女数百人，都穿着华丽的丝绸，吃的是好肉好菜，丰厚得享用不尽。军队兵器用尽，有的只能砍下木头作为长矛勾戟，而你却有宝器钟磬，要什么有什么。”

“假使秦国攻下赵国，你怎能拥有这些呢？假使赵国安然无恙，你又何须担心没有这些呢？你何不叫夫人以下的妇女，和士卒同列，共同分担工作，为国尽力，将家中所有物资供士兵分享？正当别人危难困苦的时候，较易施予恩惠，也较易被人感激。”

平原君听从他的计策，使得城中三千多勇士，不顾性命地挺身抵抗秦兵。

平原君与李谈一起到秦军阵中谈判，秦军因此后退三十里，正巧楚、魏的援军来到，秦军就放弃了攻赵的行动。

◎ 评价

游说是纵横家的主要活动，而游说的基本媒介是言辞。注重说话谋略，讲究语言艺术，所说的话足以退千军，解危难于顷刻之间。

◎ 通典

通用电气“量天下之权”

通用电气财务公司于1994年春，出资22亿美元购买了一家金融公司，这一举措令世界企业界嫉羡不已。

一家电气财务公司能够快速发展，其根本在于这一公司能“量天下之权”。

20世纪80年代后期至90年代初期，通用电气财务公司每年都至少用20多亿美元兼并公司、购置产业。不到两年时间，通用电气财务公司就收购了芝加哥第一国民银行10亿美元的资产和股份、清算信托公司11亿美元的资产，另外还用11亿美元收购了两家年金保险公司。在欧洲，通用电气财务公司在迅速扩张。在随后几年中，它又兼并了英国零售巨头伯顿公司的信用卡业务、布雷泽公司的住房开发、销售业务以及阿维斯公司的船舶服务业务。

公司的利润率持续几年维持在17%到19%之间，经营利润从1989年的11亿美元迅速增加到了26亿美元，资产总额也同时翻了一番，达1180亿美元。

通用电气财务公司在一段时间内在世界各地收购、兼并了大量产业，业务领域不断拓宽，利润持续上升，资产成倍增长。这对于一个从 80 年代才涉足金融业的工业公司的子公司来说，能取得这样骄人的业绩，确实引人瞩目。通用电气财务公司为什么能得到如此迅速的发展呢？稍做分析就会发现，通用电气财务公司的发展正应了一句俗话："大树底下好乘凉。"

通用电气财务公司正是靠通用电气公司这棵"大树"，才得以生意兴隆，财源茂盛。

在盖里·文特担任公司总裁的八年中，公司业务取得了长足的进展，文特及其同事也以理财有方而名声在外，尤其是他们在收购、兼并谈判中的强硬立场和对经营成本的精打细算更是有口皆碑。他们之所以能做到这些，一方面是有通用电气公司为依托，在谈判中以实业巨头的面目出现，无形中底气足了三分，讨价还价时自然占尽优势。另一方面，作为工业公司的一个子公司，耳濡目染，竭力降低成本的经营哲学也影响了通用电气财务公司，财务公司借助母公司多年的经验和先进的设备，在降低经营成本方面表现突出，具备了其他金融同行无可比拟的优势。

另外，借助母公司这一强大后盾，通用财务公司在财力方面的优势表现得更为明显。且不说母公司财大气粗，单是其卓越的商誉就使财务公司受益匪浅。通用电气公司拥有最高的信用等级——3A 级。这不但使通用电气财务公司在金融市场上筹款时畅通无阻，而且利息也很低，使通用电气财务公司短期借款的利率从 3.57%降到了 3.39%，而公司的短期借款达 460 多亿美元，单是这下降的 0.18 个百分点的利率就给公司省下了数十亿美元。

具有讽刺意味的是，通用电气财务公司的经营业绩越好，对母公司 3A 级的信用级别反而越不利。财务公司的利润占到通用电气公司总利润的四成，这意味着通用电气公司在工业上的利润相对下降，这必然要影响到作为工业巨头的通用电气公司的信用级别。

◎ 评价

不管怎么说，通用电气财务公司的确是依靠通用电气公司这一强大靠山，得以快速发展，在金融业占据了一席之地，这是"量权"的硕果。

◎ 通典

名人效应

名人都会产生“名人效应”，这是众所周知的。唐代的大诗人刘禹锡就说过：“伟人之一顾，逾乎华章，而一非亦惨乎黥刖。”人们重视名人的影响，看来自古已然。

眼下，人们敬仰名人的风气，可以说有增无减。开会、展览、演出，要请名人光临剪彩、讲话；新建公园、旅游开发、影剧首演、企业开张、举行首发式、举办研讨会等等，或请名人挥毫题词，或请名人主持……许多事物的价码因题签者或主持者的身份而异。如果被请的名人不赏光，活动无疑会蒙受损失。名人之作用，可谓大哉！

敬仰名人者往往都希望名人给他们留下一些有纪念意义的笔迹。明星、歌星、体育健将常常会受到一些“拥趸”的包围，为签名留念的事而感到困惑。至于向书画家索取书画更是常有的事。上海有位知名画家，有段时间每个月都要收到索画的信百来封。索画者鱼龙混杂，有的竟然将他的画转卖，书画家闻之，不胜欷歔。这种借名人的慷慨而谋私者自然为人们所不齿。

把名人视作“灵丹妙药”的现象如今也日渐增多。新办的企业，新办的度假庄园、屋村，要请名人当“顾问”“名誉董事”；效益不佳的老字号也要请名人当“高参”，以为因此能改换门庭；更有写得欠精彩的影视剧本或小说，请名家品评、作序，以期提高身价；有的连产品也冠上名人的名字，以求扩大销路。至于让名人频频在荧屏上亮相，为其商品做广告的就更多了。由于名人的声望，能给打他旗号的单位（包括产品）带来一些效益也是在预料中的。可名人毕竟不是“灵丹妙药”，产品不争气，希望借名人效应大卖，无异于缘木求鱼。企业不想办法在质量上下功夫，拓展路子，没有什么经营新招，光靠名人一时一地的推荐或吹嘘，最终难免要栽跟头。事实已经证明：凡靠名人的威望吹起来的事物，就如膨胀的气球那样，气泄之后，剩下的仍然只能是一片干瘪。

然而商战中，名人效应是不可缺的。如中日宴会上有道菜为“天下第一菜”就与名人有关。

"天下第一菜"就是虾仁锅巴（饭焦），又名"平地一声雷"。

据说乾隆皇帝下江南时，在苏杭曾品尝过这一道菜，有声有色，因浇头为虾仁、熟鸡丝、青豆仁、以鸡汤勾成甜酸芡，连汤带料倾进以猪油炸香的锅巴内，"滋、滋"连声，白雾弥漫，香气四溢，引人垂涎。且菜肴的颜色绝佳，锅巴金黄，虾仁绯红，鸡丝雪白，加上豆仁的翠绿，色彩缤纷，端的是色、香、脆、嫩、鲜、咸、酸、甜俱全，乃赐名为"天下第一菜"。自此以后，这道菜成为苏杭名菜。

◎ 评价

在生活中审量对方心理而后行动是行为常规，如巧妙地利用大众的"名人用名牌"的心理特征，在商界中便能获得市场。

谋篇 第十

谋即谋划。本篇讨论了出谋划策及实施谋划的问题：第一，要顺应天地自然和人道的规律，做到主客观相结合。第二，要根据不同对象的性格和心理特点采取不同的计谋。第三，要抓住对方的心理使用计谋，尤其要注意计谋的隐蔽、周密和出其不意。第四，使用计谋要根据交往的程度，不要强加于人，而要顺应对方。

10.1

为人凡谋有道，必得其所因，以求其情①。审得其情，乃立三仪②。三仪者，曰上，曰中，曰下。参以立焉，以生奇③。奇不知其所拥，始于古之所从④。故郑人之取玉也，必载司南之车⑤，为其不惑也。夫度材、量能、揣情者，亦事之司南也。故同情而俱相亲者，其俱成者也；同欲而相疏者，其偏成者也；同恶而相亲者，其俱害者也；同恶而相疏者，其偏害者也。故相益则亲，相损则疏，其数行也。此所以察同异之分，其类⑥一也。故墙坏于其隙，木毁于其节，斯盖其分也⑦。故变生事，事生谋，谋生计，计生议，议生说，说生进，进生退，退生制，因以制于事。故万事一道，而百度一数⑧也。

注释

①得其所因，以求其情：调查对方的心理状态，就要掌握这个人的本性。

② 三仪：指上智、中材、下愚这三条标准。

③ 参以立焉，以生奇：假如参考三仪来评论人物，就可以施展卓越的策略。

④ 始于古之所从：并非现在开始的事情，而是自古以来就当做规律，人人遵行的事。

⑤ 司南之车：即指南车。是装置有磁石的车，经常指南方，以此作为定向，比喻判断正确。

⑥ 以察同异之分，其类：根据这个来判断异同的原因。

⑦ 墙坏于其隙，木毁于其节，斯盖其分也："墙"又可写作"篱"，是指环绕住宅周围所建的土墙。恰如墙有一点点小裂痕就有崩毁的可能。而树是从节子处开始腐败的。一般人事也是从同或不同的空隙处发生破裂。

⑧ 一数：一种法则。

译文

凡是遵循一定的法则去筹划计策，必须查明事情的原委，以探得实情。要想得到对方实情，就需确立"三仪"。所谓"三仪"就是上智、中才、下愚。此三者互相参验，就能定出奇谋。这样产生的奇谋，拥有无所不到的威力，然而这也不过是遵循古代的哲理而形成的。据说，郑国人入山采玉时，都要驾着指南车去，为的是不迷失方向。考量才干能力，揣情度理也如同做事时要使用指南车一样。

凡是观点相同，感情亲密的人一同谋事，大家都可以成功；凡是志向相同而感情疏远的人一同谋事，就只能有部分人得利；凡是恶习相同，而又感情亲密的人一同谋事，一定是共同受害；凡是恶习相同，而又感情疏远的人一同谋事，一定是一部分人先受损害。

所以说，想要对双方都有利，就必须密切关系。如果双方都受到损害，就要疏远关系。依此方法行事就可以判断事物的异同，这都是有规律可循的。比如墙都是由于有裂隙才塌倒，树木都是由于有节疤才毁坏，这应该是普遍规律。

所以，事物不断变化才会产生问题，因为要解决问题才需要谋划；只有通过谋划才会产生计策，研究计策才能产生相应的方法，有了方法才能游说决策者，游说后就会有采纳，有采纳就会有摈弃，于是形成制度，以此制度就能解决现实中的问题。如此看来，万事万物的变化都是一个道理。控制万事万物也是同一法则啊！

古注

陶弘景注："得其所因，则其情可求；见情而谋，则事无不济。言审情之术，必立上智、中才、下愚三者，参以验之，然后奇计可得而生。奇计既生，莫不通达，故不知其所拥蔽，然此奇计非自今也。乃始于古之顺道而动者，盖从于顺也。诸同情欲，共谋立事，事若成，后必相亲，若乃一成一害，后必相疏，理之常也。同恶谓同为彼所恶，后若俱害，情必相亲，若乃理必相疏，同异之分，用此而察。墙木毁由于隙节，况于人事之变，生于同异，故曰：斯盖其分。言事有本根，各有从来，譬之卉木，因根而有枝条花叶，故曰：变隙然后生于事业，生事业者，必须计谋；成计谋者，必须议说；议说必有当否，故须进退之。既有黜陟，须事以为法，而百事百度，何莫由斯而至，其道数一也。"

10.2

夫仁人轻货，不可诱以利，可使出费；勇士轻难，不可惧以患，可使据危；智者达于数，明于理，不可欺以诚，可示以道理，可使立功；是三才[①]也。故愚者易蔽也，不肖者易惧也，贪者易诱也，是因事而裁之[②]。故为强者积于弱也，有余者积于不足也，此其道术行也。

注释

① 三才：指仁人、勇士、智者而言。

② 因事而裁之：谋略家策划适应事物的计谋时，要对此进行巧妙的裁夺。裁，判断、裁夺。

译文

一般地说来，仁德的人不看重财货，不可以用物质引诱他们，却可以让他们提供财货；勇敢的人不能用危难去吓唬他们，却可以用他们解除危难；智慧的人有谋略通事理，不可以假装诚信去欺骗他们，却可以向他们讲明道理，让他们建功立业。这是三种人才啊！由此观之，愚昧的人是容易蒙蔽的，不肖之徒是容易被吓住的，贪婪的人就容易被引诱，所有这些都要根据具体情况来判断。然而，强者是由弱小的力量不断积累而变强大的，由于积累才使不足者成为富裕者，这就是道术得以实行的原因啊！

古注

陶弘景注："使轻货者出费，则费可全；使轻难者据危，则危可安；使达数者立功，则功可成。总三材而用之，可以光耀千里，岂徒十二乘而已。以此三术，取彼三短，可以立事立功也。谋者因事兴虑，宜知之而裁之，故曰：因事而裁之。柔弱胜于刚强，故积弱可以为强；大直若曲，故积曲可以为直；

少则得众，故积不足可以为有余。然则以弱为强，以曲为直，以不足为有余，斯道术之所行，故曰：道术行也。”

10.3

故外亲而内疏者说内，内亲而外疏者说外。故因其疑以变之①，因其见以然之②，因其说以要之③，因其势以成之，因其恶以权之，因其患以斥之。摩而恐④之，高而动之，微而证之⑤，符⑥而应之，拥而塞之⑦，乱而惑之，是谓计谋。计谋之用，公不如私，私不如结⑧，结而无隙者也。正不如奇⑨，奇流而不止者也。故说人主者，必与之言奇；说人臣者，必与之言私。

注释

① 因其疑以变之：根据对方疑问来改变自己的游说内容。

② 因其见以然之：根据对方的表现来判断具体游说活动是否得法。

③ 因其说以要之：根据对方的言辞来归纳其游说要点。

④ 恐：受威胁的感受。

⑤ 微而证之：（对于即使在恐吓或权威下也不知改变的人，）要巧妙地引用证据来证明。

⑥ 符：取信于人的证据，为证明而作的符叫“割符”。

⑦ 拥而塞之：拥，通“壅”，用土堵。塞，封闭。

⑧ 私不如结：保密不如结党。

⑨ 正不如奇：正攻法虽然是合理的，但是不如乘对方不备时使用奇攻法。

译文

所以，表面上亲善而内心疏远的人就要从内心入手去游说他，对于那些内心亲善而表面上疏远的人就要从表面上入手去游说他。可以根据对方所疑惑的问题，来改变自己游说的内容；根据对方的表现来判断游说活动是否见效；根据对方的答辞来确定自己游说的要点，根据情势的变化来征服对方。根据对方的所厌进行权衡，确定利弊；根据对方所虑对之申斥，加以防范。揣摩之后对其施以恐吓；抬高对方之后，策划行动；削弱对方之后，加以扶正；验证对方真假后，再决定是否响应他；拥堵对方后，加以阻塞；搅乱之后，迷惑对方，这些就叫做计谋。说到运用计谋，公开不如保密，保密不如结党，结党而内部没有矛盾。另外，正常的策略不如奇谋，施以奇谋是无往不胜的。所以说，游说人主的时候，必须先与他谈奇策；同理，向人臣游说时，奇策必须要用得隐蔽。

古注

陶弘景注："外阳相亲，而内实疏者，说内，以除其内疏；内实相亲，而外阳疏者，说外，以除其外疏也。若内外无亲而怀疑者，则因其疑而变化之，彼或因见而有所见，则因其所见而然之。既然见彼或有可否之说，则因其说要结之；可否既形，便有去就之势，则因其势以成就之。去就既成，或有恶患，则因其恶也。以权量之，因其患也，为斥除之。患恶既除，惑恃胜而骄者，便切摩以恐惧之，高危以感动之。虽恐动之，尚不知变者，则微有所引据以证之，为设符验以应之。虽有为设引据符验，尚不知变者，此则或深不可救也。使拥而塞之，乱而惑之，因抵而得之。如此者，可以计谋之用也。公者扬于王庭，名为聚讼，莫执其咎，其事难成，私者不出门庭，慎密无失，其功可立，故公不如私，虽复潜谋，不如与彼要结，二人同心，物莫之间，欲求其隙，其可得乎。正者循理守常，难以速进；奇者反经合义，事同机发。故正不如奇。奇计一行，则流通而莫知止也。故曰：奇流而不止者也。与人主言奇，则非常之功可立；与人臣言私，则保身之道可全。"

10.4

其身内，其言外者疏；其身外，其言深者危[①]。无以人之所不欲，而强之于人；无以人之所不知，而教之于人。人之有好也，学而顺之；人之有恶也，避而讳之，故阴道而阳取之[②]也。故去之者纵之，纵之者乘之。貌者不美，又不恶，故至情托[③]焉。可知者可用也[④]，不可知者谋者所不用也，故曰："事贵制人，而不贵见制于人。"制人者握权也，见制于人者制命也。故圣人之道阴，愚人之道阳；智者事易，而

不智者事难。以此观之，亡不可以为存，而危不可以为安[5]，然而无为而贵智矣。智用于众人之所不能知，用于众人之所不能见。既用见可，择事而为之，所以自为也；见不可，择事而为之，所以为人也。故先王之道阴，言有之[6]曰："天地之化，在高与深；圣人之道，在隐与匿。非独忠、信、仁、义也，中正而已矣。"道理达于此[7]义者，则可与语。由能得此，则可与谷远近之义。

注释

① 其身内……言深者危：虽然是自家人，但是把隐私泄露于外，这种人就会被疏远；虽然是外边人，但是他的言论却深通内情，这种人就会陷于危险。

② 阴道而阳取之：当顺从对方又忌讳时，假如能悄悄进行，对方就不至于伤害感情。因此私下进行是阴谋，却从公开中获得回报。

③ 貌者不美……至情托：不论对任何事物都不喜形于色的人，是属于冷静而不偏激的人，这种人可以全心信赖。

④ 可知者可用也：假如能知道对方的内心，就可以使用。

⑤ 亡不可以为存，而危不可以为安：救亡图存和转危为安的都是很难的事，唯独智者才能做到这点。

⑥ 言有之：古语有这种说法。

⑦ 道理达于此：要彻底认清这种道理。

译文

虽然是自己人，却把家丑外扬，说着有利于外人的话，就会被人疏远；同理，他是外面人，却知道许多内情，也会有危险。不要把人家不喜欢的东西强加于人；不要把人家不懂的事，强教于人。如果对方有某种嗜好，可以迎合他的兴趣，如果对方厌恶什么，可以加以避讳，以免引起反感。所以说，所进行的虽是阴谋，所得到的却是公开获取回报。因而，想要除掉的人，可以放纵他，让他犯错，然后抓住机会除掉他。无论做什么事，在外表既不喜形于色，也不怒目相视，是感情深沉的人，可以以机密大事相托。对于能了解的人，可以任用他；对于一个不了解的人，一个有谋略的人，是不会重用他的。所以说，办事情最重要的是控制人，而不是被人控制。控制别人的人，就能掌握主动权；被人控制，你的命运就掌握在别人手中。一般说来，圣人处世之道称为“阴”——谋略原则为隐而不露。愚人处世之道称为“阳”——谋略原则为大肆张扬。聪明的人，成事容易；而愚鲁的人，成事困难。由此看来，一个国家灭亡了是难以复兴的，一旦国家动乱也难于安定。然而运用“无为”则是最高的智慧了。“无为”之智要运用在众人所不知，众人所不能见之处。如果在施用智谋之后发现了可行的迹象，就要见机行事，可做，自己就去做；如果发现不可以做，就要选择一些相应的事，让别人去做。

所以，圣人能行的大道，都是属于“阴”，隐而不露。古语说：“天地造化在于高、深，圣人之道在于隐而不露，绝不会被忠诚、信守、仁慈、义理等戒条束缚手脚，而是坚持维护不偏不倚的正道。只有真正认清这种道理的真谛，才能游说他人。如果双方都谈得很融洽，就可以发展长远的和目前的关系。”

古注

陶弘景注：“身在内而言外泄者，必见疏也；身居外而言深切者，必见危也。谓其事虽近，彼所不欲，莫强与之，将生恨怒也。教人当以所知，今反以人所不知教之，犹以暗除暗，岂为益哉。学顺人之所好，避讳人之所恶，但阴自为之，非彼所逆，彼必感悦，明言以报之，故曰：阴道而阳取之也。将欲去之，必先听纵。令极其过恶，过恶既极，便可以法乘之，故曰：纵之者，乘之也。貌者，谓察人之貌，以知其情也。谓其人中和平淡，见善不美，见恶不非。如此者，可以至情托之，故曰：至情托焉。谓彼情宽密，可令知者，可为用谋，故曰：可知者，可用也。其不宽密，不可令知者，谋者不为用谋也。故曰：不可知者，谋者所不用也。制命者，言命为人所制也。圣人之道，内阳而外阴；愚人之道，内阴而外阳。智者宽恕故易事，愚者猜忌故难事。然而不智必有危亡之祸，以其难事，故贤者莫得申其计划，则亡者遂亡，危者遂危，欲求安存，不亦难乎！今欲存其亡，安其危，则他莫能为，惟智者可矣。故曰：无为而贵智矣。众人所不能知，众人所不能见，智独能用之，所以贵于智矣。亦既用智，先己而后人。所见可否，择事为之，将此自为；所不可见，择事而为之，将此为人，亦犹伯乐教所亲相驽骀，教所憎相千里也。言先王之道，贵于阴密。寻古遗言，证有此理，曰：天地之化，唯在高深；圣人之制道，唯在隐匿。所隐者中正，自然合道，非专在仁义忠信也。故曰：非独忠信仁义。言谋者晓达道理，能于此义达畅，则可与语至而言极矣。谷，养也。若能得此道之义，则可与居大宝之位，养远近之人，诱于仁寿之域也。”

阅典笔记

本篇是与上篇密切相关的。“谋”与“权”本为一体。“权”是“权衡”；“谋”乃是“计划”。“权”篇和“谋”篇的主题是一致的，都是论述“游说”术。本篇集中讨论了“谋略”的方方面面，如谋略的产生，谋略的运用，谋略的效用等。首先，世上万物都有一定规律，往往由数人合作，为了一个共同目标，必须同谋。众人的利害是相关的，需要共谋大业。在同一目标下，大家共同承担责任。因此，谋略有群众合议的内涵。其次，谋生于事，即事生“谋”。谋略产生于现实生活中，在形形色色的事件里，要解决种种矛盾，就产生了谋略。所以，因事而生谋略。再有“计谋之用，公不如私”，意思是运用计谋时，公开的不如暗中进行。鬼谷子这一观点，指出了运用计谋的必然性。事实上，凡用计谋必须隐而不露，只有愚笨的人谋划事情才张扬外露。

隐而不露地策谋事件并不意味着谋划者心地阴暗，而常常意味着谋划者丰富的智慧、圣人的心怀。

本篇讨论谋略，可分四层：第一层讲为别人谋划事情要确立标准，周详地了解各种情况，了解利害关系，然后认真地考虑计划，讲究节度。第二层讲谋略要因人制宜，因事制宜，从微小处入手，积累渐进。第三层讲游说与谋略必须注意人际关系，顺应对方，注意隐秘技巧。第四层讲游说与谋略必须适应对方的情况。“无为而贵智”，不露声色，以达到制人而不制于人的目的。本篇着重阐述要因人制宜地使用谋略：“夫仁人轻货，不可诱以利，可使出费；勇士轻难，不可惧以患，可使据危；智者达于数，明于理，不可欺以诚，可示以道理，可使立功；是三才也。故愚者易蔽也，不肖者易惧也，贪者易诱也。是因事而裁之。”《战国策·楚策三》与《史记·张仪列传》所记载的张仪多次欺骗楚怀王的故事，就是“愚者易蔽”、“不肖者易惧”、“贪者易诱”的例子。《楚策三》记载，楚王轻视张仪，张仪于是辞行，说要到中原给楚王找一个美女，楚王马上改变冷淡的态度，“资之以珠玉”。张仪故意让楚王的宠妃南后、郑袖知道这个消息，使她们纷纷给张仪送来重礼。张仪又促成楚王举行一个让南后、郑袖一道参加的送别宴会。在送别宴会上，张仪故作惊讶地对楚王说：“我真是该死，我以为能够给大王找到天下最美的人，哪里知道天下最美的美人就是您的南后、郑袖呢。”《张仪列传》记载，楚国与齐国合纵，秦国不敢进攻齐国。张仪来到楚国，对楚王说：“如果您跟齐国断绝关系。我就请求把秦国的六百里见方的商于之地献给楚国。秦与楚就永远成为兄弟之国。”楚王大悦。谋臣陈轸（也是著名的游说之士）劝楚王警惕张仪的阴谋，楚王说：“陈先生不要再开口，您等着我得到土地吧！”于是断绝跟齐国的关系，给张仪佩带相印，派遣一个将军跟随张仪到秦国取土地。到秦国之后，张仪装病，三个月不上朝。楚王还以为是张仪怪自己对齐国的态度不坚决，又遣使大骂齐王。齐王大怒，向秦国屈服，与秦建立同盟。这时，张仪才接见楚国的那位将军，对他说：“我有一块六里见方的封地，愿意献给楚王。”楚王大怒，发兵进攻秦国，一败涂地，割地求和。后来，秦国想用武关外的土地交换楚国的黔中郡。楚王说：“不用交换，只要把张仪交给我。

我就献上黔中郡。”张仪胸有成竹地来到楚国，楚王囚禁他，准备杀掉。早已经被张仪买通的郑袖以及权臣靳尚，为张仪说情，恐吓楚王说：“杀了张仪，秦国就会派大军灭楚。”楚王因此反而优待张仪，并且听信张仪宣扬秦国威力的话，拒绝屈原的劝阻，进一步投靠秦国。

本篇讲进献计谋要注意彼此间的关系：“其身内、其言外者疏；其身外、其言深者危。”这与《韩非子》的《说难》有异曲同工之妙。《说难》用“郑武公欲伐胡”与“智子疑邻”这两个故事,说明身外言深的危险。“郑武公欲伐胡”的故事说:郑武公想吞并胡国，却先把女儿嫁给胡君。有一次，他问群臣说:“我想用兵，应该攻打哪里？”大夫关其思回答说：“可以攻打胡国。”武公大怒说：“胡国是有婚姻关系的兄弟之国，您为什么这样说？”于是杀了关其思。胡君听了，完全信赖郑国，不做任何防备，武公终于袭击吞并了胡国。“智子疑邻”故事说:宋国有个富翁,他家的院墙因下雨而崩塌了一块。他儿子对邻居老头说:“不及时修筑，必遭受盗贼。”夜晚，果然被盗。富翁因此认为自己的儿子聪明，也因此怀疑那邻居老头就是盗贼。《鬼谷子》与《韩非子》的“身外言深者危”的理论，可以说是历史经验与生活经验的总结。

本篇与道家思想有密切关系，而又有不同之处。如：“故为强者积于弱也,有余者积于不足也,此其道术行也。”这里吸收了道家柔弱胜刚强的思想，而且明确地表明这是“道术”；但同时，强调要“积”，要达到“强”，则又不同于道家。又如:“无为而贵智。”既吸收了道家的基本思想,标举“无为”，又不同于道家的“绝圣弃智”；而且强调智慧谋略的作用，提出“贵智”。

触类旁通

◎ 通典

雍正皇帝的“缇骑”

在政治、军事、经济等领域内，不论大小事物，何处不是以正确的谋略而取胜？

清代雍正皇帝曾以建立中国早期特务组织著称于世。这些执行任务的耳目叫“缇骑”。他们神出鬼没，常把王公大臣的行动告诉雍正，以巩固清政权。此举在历史上可称奇谋。

◎ **清雍正皇帝胤禛（1678—1735）** 即清世宗宪帝爱新觉罗·胤禛，满族，清朝入关后第三位皇帝，1722—1735年在位，年号雍正。在位期间整顿吏治，改革赋税，同时加强与少数民族和其他国家的关系。

雍正即位之后，政局一度动荡，诸王各自结党营私，相互倾轧，威胁到皇权的安全。为了消除朋党林立的局面，把王公大臣控制在自己的掌握之中，雍正派出了许多眼线耳目，监视他们的一举一动。这些眼线耳目在当时叫做“缇骑”，就是侍从骑士。这些缇骑神出鬼没，无孔不入，经常把大臣们的行动报告给雍正。

有一次，新科状元王云锦，在元旦早朝后到亲友家做客，做叶子游戏。玩了好一会儿后，有人发现丢了一片叶子，于是大家作罢，便端上酒菜痛饮。第二天入朝，雍正问王云锦昨天早朝后干什么去了。王便如实相告，雍正听后，笑着点头说：“不欺暗室，是真状元啊！”说完，便从袖中取出一叶。

王云锦一看正是昨天丢失的那一片。原来这片叶子正是被缇骑当场偷走，在报告情况时交给雍正的。

王士俊被授为按察使（主管一省司法的官员），高高兴兴地准备前去赴任。临行前，有人上门求见，并给他带来大臣张廷玉送来的一封信。拆开一看，信的大意是给他推荐一位能干的仆人，要他务必接受，被推荐的就是这位送信人。张廷玉是元老重臣，面子大，王士俊不好拒绝，便带着这位送信人上路了。几年中，这位被推荐来的仆人很能干，深得王士俊的信任，与王士俊一直形影不离。后来，王士俊任职期满，要进京述职，这位仆人突然提出辞职的要求。王士俊很奇怪，问是什么缘故。仆人回答说：“您任职的这几年没有大的过错，官当得还不坏，我要先入都面见圣上，好为您多美言几句。”王士俊这才恍然大悟，这位与自己朝夕相处的“仆人”，原来是皇帝有意安插在自己身边的缇骑。

◎ 评价

雍正就是通过这些缇骑，无孔不入地刺探着人们的隐情，把所有的大臣都置于自己的控制之下。这种手段有效地制止了朋党林立的局面，稳定了朝廷的政局，然而它也极大地强化了皇权的集中程度，暴露了封建君主专制的黑暗性和独裁性。

◎ 通典

赵鼎化解冲突

南宋时，宋高宗任用奸相秦桧，偏安江南，无心与金人交战，准备向金人割地称臣，签订和约。

这天，宋高宗召集群臣，对他们说：“金人已经答应，如果我们不再袭击金国军队，便可订立和约，并将皇太后和先帝的棺木送回。”当时，抗金形势很好，宋军连续获胜，众大臣正期待着收复中原的喜讯，听到要停战议和，群情激愤。张俊先后五次上书，反对议和。韩世忠、岳飞等将领也拒绝休兵，上奏说：“金人不可信，和好不可恃。”有的大臣上书说：“现在群议汹汹，皆因关心‘和’与‘战’，陛下应深戒前车之鉴，多听取中外懂得军事的大臣的意见，共谋长久保邦之计。”

宋高宗见大臣们竟敢违抗旨意，非常生气，想下旨惩治他们。左相赵鼎虽也主战，但见宋高宗主意已定，不可逆转，为了保存朝廷中主战派实力，他采取了疏通的办法。于是，赵鼎对宋高宗说：“我们知道皇上与金人有不共戴天之仇，现在是为了对亲人尽孝道，迫不得已才答应讲和。虽然大家说了些愤懑的话，但绝不是不尊敬皇上，而是爱护皇上，希望皇上不要见怪。皇上可下这样一道圣谕，讲明议和不是我的本意，只是出于亲人的缘故不得不这样做。等到先帝的棺木和皇太后自金国返回以后，如果金国撕毁和约，那么现在是否签约也就无所谓了；如果金人遵守和约，那正是我们希望的，也就不必恐惧后悔了。”

由于宋高宗采纳了赵鼎的意见，不以议和而排斥所有主战大臣，又抬出先帝棺木和皇太后作幌子，深明“忠”、“孝”两种分量的众大臣只好缄口不言了。君臣间的这场矛盾暂时缓和下来。

◎ 评价

身为宰相的赵鼎，面对即将发生的君臣冲突，为了避免主和派把持朝政，只好暂时采取委曲求全的策略，力排众议，既使皇上找不到借口治罪大臣，也使大臣们提不出更充分的理由责怪皇上，可见其用心良苦。

◎ 通典

寺田千代乃的奇谋

在日本，搬家是近年来迅速崛起的一个新兴行业，阿托搬家中心在该行业中独占鳌头，享誉全国。然而，当它于 1977 年 6 月创立时，却在企业名称上费了一番心机。

阿托搬家中心的总经理寺田千代乃原先惨淡经营着运输业。当她决定放弃萧条的运输业，创建一个搬家专业公司时，成千上万个运输企业也都在纷纷转向搬家这一行业。寺田千代乃是企业家，但同时是一个家庭主妇。她想到：如果自己搬家，肯定会通过电话簿查找运输公司的电话。于是，她决定在电话局注册，把公司电话登在电话簿上。寺田千代乃发现，日本电话簿是按行业分类的，在同一行业中，企业的排列顺序是以日语字母为序的。如果企业的第一个日语发音字母为“阿”，则排在前边；在同是“阿”字打头的企业中，再按第二个字母“托”的顺序排列。她想，要是把自己的企业取名为“阿托”，肯定会排在首位，容易引起顾客的注意，因为用户在查阅搬家公司的电话号码时，首先会发现名列首位的“阿托搬家中心”。

公司的名称选定后，寺田千代乃又发现电话局尚有一个醒目的空白号码——“0123”，这无疑是一个最简单而又最容易记住的号码，她顿时如获至宝，把它作为公司的专用电话号码。

于是，“阿托搬家中心”及其电话号码“0123”，借助电话号码簿这一媒介，很快就传遍了日本的千家万户。

◎ 评价

企业为了赢利，往往在企业名称上都要“谋划”一番。

俗话说“名不正则言不顺”，企业的招牌就是一面招商旗，至关重要。正因为如此，许多企业都煞费苦心地选择企业乃至产品名称，借以提高知名度，扩大影响。阿托搬家中心巧妙地为自己立了名，业务很兴隆，正是谋略的结果。

◎ 通典

郑周永巧“借”龟甲船

1970 年韩国巨商郑周永投资造船厂时，曾以“一纸废钞”游说外商，而获得令人叫绝的喝彩。

郑周永投资创建蔚山造船厂，准备建造 100 万吨级的超大型油轮。对于造船业来说，郑周永可以说是一个完完全全的门外汉，但他却信心十足地认为：“造船，和造发电厂一样，总是由不会到会，从不熟悉到熟悉，没有什么了不起的！”不多久，他就筹措了足够的贷款，只等客户来订货了。

但订货单可没有那么容易得到。当时，没有一个外商相信韩国的企业有造大船的能力。怎么办？郑周永为此苦思冥想。终于，他想出了一招：从一大堆发黄的旧钞票中，挑了一张 500 元的纸币，纸币上印有 15 世纪朝鲜民族英雄李舜臣发明的龟甲船，其形状极易使人想起现代的油轮。而实际上，龟甲船只是古代的一种运兵船，李舜臣就是用这种船大败日本人，粉碎了丰臣秀吉的侵略。郑周永即随身揣着这张旧钞，四处游说，宣称朝鲜在 400 多年前就已具备了造船的能力。经他这么一游说，外商果然信以为真，很快就下了两张 26 万吨级油轮的订单。

订单到手后，郑周永立即率领职工日夜不停地苦干，两年过后，两艘油轮竣工了，而蔚山船厂也建成了。

◎ 评价

“谋”在商业经营中，神奇妙用处极多，特别是当代商战频频，“谋”策无所不在。郑周永巧妙地利用了龟甲船和油轮的相似性，成功地游说了外商，拿到了订单。

◎ 通典

陈升之示假隐真谋

宋神宗熙宁年间，高丽国派使者入朝纳贡。使者每到一个郡县，都要索取一张当地的地图，而所到之处也都答应了他的请求，给他一张绘制好的地图。

一天使者来到扬州，同样送上一份公文索取扬州地图。这时陈升之任扬州太守，他看着高丽索要地图的公文，不觉心中生疑：高丽国要我们的地图干什么呢？他想当年朝廷派卢多逊出使南唐，卢多逊对南唐后主李煜说："朝廷准备重修天下地图册，各地地图全部齐全，唯独没有江东各州的，思索要一本。"李煜命人缮写奉送。于是南唐十九州的地理地形、兵力屯戍、人口分布等尽知无遗。卢多逊把这些地图带回本朝，后来朝廷以此为依据，布置攻打南唐的兵力，最终灭了南唐。想到这里陈升之暗暗警觉，我朝地图万万不可让高丽使者带走。于是他召见了高丽使者，欺骗他说："我想看看两浙一带所提供的地图，以便仿照复制，然后再还给你，不会耽误你回国复命。"使者信以为真，就把那些地图全部拿出来交给了他，陈升之拿过来以后一把火就焚烧了。然后对高丽使者说："如若再要我朝地图，就以高丽地图交换。"使者无言以对，只得作罢。

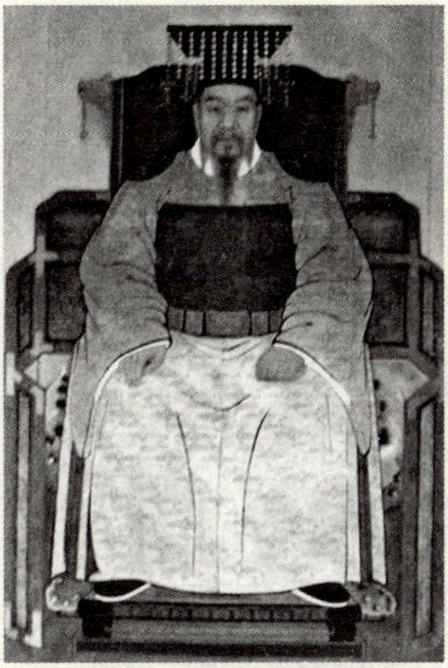

◎ 高丽太祖王建

◎ 评价

在外交及政治活动中，隐而不露地机智应变更是必不可少的。它对于保护国家机密，维持外交礼仪，有着不可估量的作用。

陈升之使用的是示假隐真谋，这是一种掩盖本意，使对方产生错觉，无法看清自己本来意图从而达到目的的计谋。

◎ 通典

赵抃平米价

宋神宗熙宁年间，两浙地区发生了大旱灾，数十天无雨，土地干裂，庄稼大都旱死。紧接着又闹蝗灾，蝗虫铺天盖地滚滚而来，把没有旱死的一点点庄稼吃得所剩无几。于是米价暴涨，大街小巷饿死的人比比皆是。

各州的官府都在大道上张贴布告，禁止商人抬高米价，结果屡禁不止，

◎ **宋神宗赵顼（1048—1085）**
北宋皇帝，1067—1085年在位。在位期间，起用王安石推行变法，以期振兴北宋王朝，史称王安石变法，又称熙宁变法。由于改革操之过急，不得其法，最终以失败收场。

米价还是不断上涨，百姓叫苦不迭。

这时赵抃派人在大道上张贴布告，说凡有米者均可加价出售，只要有人购买价格不限。于是米商们纷纷把米拿出来抛售，原来一些存着米等待时机看涨的人，看到时机已到也不再存米了。这样集市上卖米的人一下子多起来，结果米价反倒跌了下来。百姓的粮食问题得到了解决，人心也就稳定下来。

◎ 评价

在经济活动中，谋略的目的要明确。宋神宗时，越州知州赵抃就用“谋”在大灾之年，控制了米价，使社会秩序安定。大凡东西多了就贱，少了就贵，这是一条客观规律。赵抃遵循客观规律办事，问题就迎刃而解了。

◎ 通典

谋之于阴，成之于阳

第二次世界大战期间，英美联军准备在欧洲登陆。联军司令部急需了解欧洲大陆沿海一带地形的详细情况，而司令部却没有这方面的资料。

一个偶然的机会，司令部得知，一名军官战前不久曾在拟定的登陆地点度过假，在他的影集里，发现其中有3张照片清晰地摄下了沿海的地形情况。这一偶然发现使有关人员想到，可以利用照片和明信片来了解沿海的地形情况。

1942年5月，英国广播电台播发启事，请求国民把所有的，只要是在沿海地带拍摄的照片和明信片，不论是在美国的檀香山，还是在法国的马赛拍摄的，英国的除外，全部寄给军部。

“对你们来说，照片上只有可爱的女人，别的什么也不会发现。但是专家们却能发现许多你们意想不到的东西。”为了不暴露征集照片的目的，广播电台只能这么笼统地说一说。

当然，情报人员并不是对所有的照片都感兴趣，然而又不可能更明确地说明哪些东西才是最需要的情报。总之，在很短的时间里，司令部收到了数千张照片和明信片。

◎ 西西里登陆

一位妇女寄来了全家的影集。在一张照片上，有一个小男孩在海水里划手踹脚，号啕大哭，因为他游不到姐姐的身边。他的姐姐站在他的近处，水深齐腰。他们的父亲站在离他们约 15 米远的地方，海水淹至胸部。通过这张照片，基本上确定了海滨浴场的倾斜度。

沿着海滨浴场有一条公路，现在需要了解的是，公路上能否行驶坦克。

从寄来的另一张照片上，看到这条公路上停着一辆大型客车，车旁站着许多人。这意味着，如果公路能够承受大型客车，那么也就能够承受坦克。

在准备西西里岛登陆时，为了保证轻型飞机顺利着陆，以及便于伞兵跳伞，必须寻找一块平坦的地方。但是照片和明信片都没有提供这方面的情况，最后，却从一位考古学家寄来的一张导游图上，找到了理想的地点。

当时，联军获悉德军司令部设在西西里岛的一座旅馆里，于是，又从照片上找到了这座旅馆及其交通要道，从而为英美空军标定了空袭投弹的准确方位。

◎ 评价

“谋之于阴，成之于阳”是万物运动的规律。在探求秘密时，也常在“成之于阳”的公开消息中，研究对方的“保密”情报，以决定对策，即使公开的地图、照片、导游图上都能显示“阴”中秘密。

四十多年过去了，虽然现在已有航天侦察技术，但照片依旧像以往一样令人甚感兴趣。当然，你也就会经常看到有人在机场、大桥、码头等场所留下自己的光辉形象。

◎ 通典

贻误战机的旧地图

1942 年 8 月，美国第一海军陆战队师准备在瓜达尔卡纳岛（太平洋所罗门群岛中的一个小岛）登陆，消灭占领该岛的日军。

战斗前夕，美军参谋人员发现，有关这个小岛的地图以及地形、地理资料少得可怜，正当第一海军陆战队师参谋人员犯难的时候，收到了美国战略服务处（中央情报局的前身）转来的七张风景照片。这些照片是一位旅游者战前到该岛旅行时拍摄的。于是，参谋人员根据七张照片所拍下的地形特征，结合澳大利亚情报局派往该岛的间谍所收集的情报，基本弄清了瓜达尔卡纳岛的地形和岛上日军兵力部署的情况。

行动开始后，第一陆战队师顺利地登上瓜岛，并依据照片提供的地形情况，穿过岛上的热带丛林，奇袭了日军的一个简易机场。这次战斗，美国取得了消灭日军 5 万人，自己仅阵亡了 1600 人的辉煌战果。

然而，1943 年 11 月，美军在进攻日军占领的塔腊瓦岛（太平洋上的一个珊瑚小岛）时，由于使用了一张一百多年前绘制的旧水图，却吃了大亏。一百年后，塔腊瓦岛周围水域情况已经发生了很大的变化。美军的登陆艇按照旧水图行驶，根本无法靠岸。海军陆战队士兵被迫涉水登陆，暴露在日军的火力面前，成为日军炮火的靶子。一张过时的旧水图，使美军付出了伤亡 3000 多名士兵的高昂代价。

◎ 瓜岛战役

◎ 评价

此例中的两个故事，情况正好相反。不研究新情况，即使对形势分析得再透彻，也会出现失误。因此在使用“谋”时进行研究的地象和资料一定要正确。

◎ 通典

境外宣传的智慧

我国目前希望争取境外投资，其中侨胞是主要的争取对象。他们本是与国人同祖同根的，自然要拜祖寻根，正好在家乡置产业报效故乡人。这种心理是华侨共有的，因此对境外宣传，要以爱国之情，以乡情之美，“游说”侨胞，以争取投资。事实上，近年来，我国也正是如此地争取了海外华侨和港澳台同胞的投资。因为改革开放后，国门大开，港澳台同胞及海外侨胞谒祖寻根，投资置业，报效桑梓，成为侨乡经济发展的重要因素。统计显示，自改革开放以来，仅福建省海外华侨和港澳同胞捐赠家乡公益事业的金额高达22亿元人民币。

地缘优势为沿海侨乡发展提供了便利条件。广东与港澳毗邻，福建与台湾隔海相望，海南、广西是通往东南亚的门户。特别是粤港澳经济一体化的发展，使广东侨乡经济出现了史无前例的飞跃发展。由港澳工商企业投资举办的各种形式的企业，遍布南粤侨乡，上百万台（套）先进技术设备被引进移植到珠江三角洲，使这个中国第一大侨乡成为港澳的重要货源地和投资场所。据统计，在广东利用的250多亿美元引进资金中，港澳资金约占八成。仅广州市吸引的投资中就有八成以上是华侨和港澳同胞的投资。

福建省迄今也兴办了1.2万家外资企业，70%以上为华侨投资；而3000多家台资企业，在福建经济发展中扮演了不可忽视的角色。

此外，山东烟台、广西北海等侨乡凭借地缘优势，与韩国、越南等邻近国家开展经贸往来。

◎ 评价

现在我国改革开放，需要吸引投资。智慧之贵，正是要对方辨明是非，以接受我方的要求。

◎ 通典

"舒而美"的扭亏为盈

邯郸市新雅妇幼用品有限公司以市场为导向组织生产经营，从90年代初，只几年时间，就使一个资不抵债，濒于破产的小厂连续实现产值、利税等4项指标翻番。1994年1至8月，产值、利税又分别比前一年同期提高28%和36%，成为全国同行业的明星企业。

新雅公司是国内生产新一代卫生用品较早的厂家之一。建厂初期，曾因产品积压一度停产。在这种情况下，总经理李鸿志制订了"花钱买知识，亏本拓市场"的经营策略，决心背水一战。

商场不愿经销他们的产品"舒而美"卫生巾，他们就送给售货员试用，得到女售货员的肯定后，他们又大胆地把每包成本1.1元的产品降至每包0.7元让商场赊销、代销，还允许顾客先试用后付钱。为此，这个公司付出了近70万的代价。为进一步拓宽市场，他们又采取了"'五名'辐射法"的经营策略，即攻名城、借名人、进名店、创名牌、创明星企业。在市场销售中，他们把目标首先瞄准北京，进入北京后，产品迅速打入各大商店。由于他们的产品质量好，全国妇联特别批准"舒而美"卫生巾为"全国妇联推荐用品"。

当中国女排取得"五连冠"时，他们抓住时机，向女排姑娘无偿赠送了自己的产品，受到女排姑娘们的欢迎，国家体委因此确定"舒而美卫生巾"为"中国女排指定用品"，产品知名度大大提高。在1990年6月首届全国妇幼用品博览会上，"舒而美"创造了5天售出一个车皮的产品的奇迹，并获八部委颁发的金牌奖。此后，他们又迅速占领了东北市场，继而挥师南下，在华东、西南等地建立公司，从而生产规模扩大了5倍，企业成为省、市和全国卫生巾行业的明星企业。

面对全国竞争日益激烈的卫生巾市场，新雅公司不断开发新产品，拓展市场。他们先后推出了药物卫生巾，“香爽型”卫生巾，“三道胶、两侧防漏”卫生巾和“夜安型”卫生巾等新产品，颇受消费者欢迎。

◎ 评价

亏本是企业中最大的忌讳。扭亏为盈是需要英明决策的。河北省邯郸新雅公司，以诚信、质量创出名牌，这一决策是成功的。该企业也因此而扭亏为盈了。

新雅在决策中借用名人的影响，创出名牌，进入大商场、大城市的谋略，并因此而成功。

◎ 通典

精于谋划的张森隆

张森隆，又名春山，江苏丹徒人。清朝末年，他和他的兄长张森裕从南方到北京东安市场东安楼内摆摊，专卖南方肉饺。民国初年，以南方风味为特点的稻香春糕点食品开业。南北各地的食品店多用稻香村作牌匾。张森隆改“村”字为“春”字，既区别于一般字号，又与他的别号有关，说明是他自己开的。由于张森隆长袖善舞，获利颇丰。

稻香春的发展由小到大有各种因素，主要为：

同乡多：张森隆的师兄弟很多，因亲及亲，因友及友，所以他请南方技师和南方售货员就比别人方便多了。他来到北京后，分别与各地同乡联系，以南方特殊食品为号召，受到同乡们的支持，一些同乡还给他做义务宣传。

把兄弟多：张森隆的处世哲学是“在家靠父母，出外靠朋友”。他对有钱有势的人，只要对企业有利总是设法攀交。他有很多的把兄弟，如同乡曹亮畴，警界的吉世安，东安市场的头面人物党芗洲、傅心斋等。张森隆还与著名士绅王联五结为莫逆之交，稻香春受王联五的帮助很大。

联络关系多：张森隆能说会道，手腕灵活，善于交际，又因和东安市场

的头面人物多是把兄弟，就被推为当时东安市场联合会会长。他还以市场联合会会长身份与市商会联系，他与商会会长冷家骥、孙学仕很要好，因此被选为中商会理事，后又任商事分断处的处长。

有眼光：张森隆办稻香春首先考察了地势。王府井大街临近东交民巷使馆区，是最繁华的街道，新兴的东安市场，不仅商贾云集，也是市民游玩娱乐的场所，中外游人川流不息。有钱有闲的人多，确实是块宝地，那时正是民国初年，旧王府和贵族、显宦的府第等，多在东城北城一带，这些人往往是“只要东西好，不怕花钱多”。

有财源：张森隆从南方来时并没有带资本，只是摆肉饺摊、搭小棚起家，后来积累了一些资金，并得到一些同乡和把兄弟的援助。张森隆认识了名医曹元森。曹元森很有钱，张森隆尊他为长辈，经常给他送厚礼。曹对他很赏识，曹元森为保全家以后衣食无虞，特为他儿子拿出两三万现洋来，存在稻香春，每月只取息，不提本。另外，桂香村朱老太太也在稻香春有万余元现洋存款。

有技术：张森隆和他大哥张森裕都有制作食品的高超技术，从南方邀请来的食品技师也大多是高手。由于张森隆是内行，在制定操作规程和人力配备方面极少有浪费之处。

有用人的本领：张森隆最大特点是任人唯能。例如他的岳父乔汉青，只是帮助照看铺务，并不重用。他的胞兄张森裕当年和他一起摆肉饺摊，但因爱喝酒、赌钱、说大话，张森隆也不让他参与稻香春的业务管理。

有经营特点：稻香春是以经营南方食品为特点出名的。食品技师来自江南，他们各显其能，不论什么原料都选用最好的，从下料到制作都非常认真，是顾客信得过的商店。

◎ 评价

企业经营必须有谋划原则，用人、用财、选地、经营都需要用计谋。北京著名的南方糕点铺稻香春的创始人张森隆就是成功者。

张森隆的经营特点是合理用地，合理用财，最成功的是合理用人。该重用的则重用，不以亲情为重。从顾客需要出发，确定产品，从经营需要出发选择人员，即使是岳丈、亲兄长因其无能也不委重任，正体现了谋划的成功。

决篇 第十一

决即决策、决断。本篇讨论决策的意义在于解除疑惑，预知未来，趋吉避凶。决策的方法包括公开、隐蔽、诚信、掩饰和常规五种，决策的原则是“度以往事，验之来事，参之平素”，并列举五种特殊情况加以讨论，最后再次指出决策关系到“正乱治、决成败”，一定要慎重。

11.1

为人凡决物，必托于疑者。善其用福，恶其有患[①]，害，至于诱也，终无惑[②]。偏有利焉，去其利则不受也，奇之所托。若有利于善者，隐托于恶，则不受矣，致疏远[③]。故其有使失利，其有使离[④]害者，此事之失。

注释

① 善其用福，恶其有患：不论任何人得到幸福就高兴，而讨厌遇到灾难。

② 至于诱也，终无惑：假如进行慎重决定，即使祸患迫近心头而又犹豫不决的事，最后也不致迷惑。

③ 利于善者……致疏远：假如疑心他人以善为利，实际上做着恶事，不但不能接受，甚至还应疏远。

④ 离：通“罹”，遭遇。

译文

凡是替人决断事情，都是受托于有疑虑的人。一般说来，人们总希望遇上好事，而不希望有灾祸，即使遇到有害的事情，如果循循善诱，掌握实情，慎重决定，最后也不至于陷入迷惑。

做决断时，只对一方有利，那么不利的一方就不会接受。这是运用奇策的基础。如果我们觉得有人（决策时）表面上做善事而实际上在暗中作恶，别人不仅不能接受他，而且还要疏远他。所以，有时因决策不当而失去利益或受到损害，都是决策的失误啊。

古注

陶弘景注："有疑然后决，故曰：必托于疑者。凡人之情，用福则善，有患则恶。福患之理未明，疑之所由生，故曰：善其用福，恶其有患。然善于决疑者，必诱得其情，乃能断其可否也。怀疑曰惑，不正曰偏。决者能无惑，偏行者乃有通济，然后福利生焉。若乃去其福利，则疑者不受其决；若有利于善者，隐托于恶，则不受矣，致疏远。谓疑者本其利善而决者隐其利善之情，反托之于恶，则不受其决，更致疏远矣。言上之二者，或去利托于恶，疑者既不受其决，则所行罔能通济，故有失利罹害之败，凡此皆决事之失也。"

11.2

圣人所以能成其事[①]者有五：有以阳德之者，有以阴贼之[②]者，有以信诚之者，有以蔽匿之者，有以平素之者。阳励于一言，阴励于二言，平素枢机[③]以用四者[④]，微而施之。于是度以往事，验之来事[⑤]，参[⑥]之平素，可则决之。公王大人之事也，危[⑦]而美名者，可则决之；不用费力而易成者，可则决之；用力犯勤苦，然而不得已而为之者，可则决之；去患者，可则决之；从福者，可则决之。故夫决情定疑万事之机[⑧]，以正乱治[⑨]、决成败，难为者。故先王乃用蓍龟[⑩]者，以自决也。

注释

① 圣人所以能成其事：圣人之所以能成就大事业。

② 以阴贼之：暗中治人。

③ 平素枢机：平素即平时，枢机是枢要。

④ 四者：指一言、二言、平素、枢机。

⑤ 验之来事：运用将来的事情进行判断。

⑥ 参：核对、对照、查对。

⑦ 危：崇高的意思。

⑧ 万事之机：万事的枢纽要害。

⑨ 乱治：指世间的治乱。

⑩ 蓍龟：占卜的意思。蓍是筮竹，龟是龟甲，都是占卜工具。

译文

圣人之所以能成就大事业，主要有五种方法：有的用公开的道德教化百姓，有的用谋略惩治坏人，有的用信义取信人民，有的用掩饰的手段迷惑对方，有的用常规手段解决问题。

采用公开感化的方法，应坚持守常如一；用谋略控制百姓，要变化多端；再配合常规的方法、机巧的手段，这四种方式都要微妙地综合运用。于是做决断的时候，要衡量以往的事情，验证未来的事情，再参照平日的情况，就可以决策了。王公大臣们的事能享博得美名的，就可以作出决断；不用气力就能成事的就可以作出决断；有些虽然费力勤苦，然而不能不作出决策的，那么也可以作出决断；如果能排除忧患的，只要可行就可以作出决断；如果能带来幸运的，只要可行就可以作出决断。所以说决断事情，解决疑难，是万事的关键。整顿朝纲，治理百姓，预测成败是很难办的事啊！所以先圣就用蓍草、龟甲卜筮来帮助做决定。

古注

陶弘景注："圣人善变通，穷物理，凡所决事，期于必成。事成理著者，以阳德决之；情隐言伪者，以阴贼决之。道成志直者，以信诚决之；奸小祸微者，以蔽匿决之。循常守故者，以平素决之。励，勉也。阳为君道，故所言必励于一，一无为也。阴为臣道，故所言必励于二，二有为也。君道无为，故以平素为主；臣道有为，故以枢机为用，言一也，二也。平素也，枢机也。四者其所施为，必精微而契妙，然后事行而理不难。君臣既有定分，然后度往验来，参以平素，计其是非，于理既可，则为之决也。危由高也，事高而名美者，则为决之。所谓惠而不费，故为决之。所谓知之所无奈何，安之若命，故为之决。去患从福之人，理之大顺，故为决之也。治乱以之正，成败之决，失之毫厘，差之千里。枢机之发，荣辱之主，故曰：难为。夫以先王之圣智无所不通，犹用蓍龟以自决，况自斯已下，而可以专己自信，不博谋于通识者哉！"

阅典笔记

《决篇》即是决策篇。决策在现实生活中有着举足轻重的作用。

鬼谷子提出了"决情定疑，万事之机"，然而万事万物的决策都离不开事物存在的凶吉背景与诸种事物错综复杂的联系。由此可知，研究事物依存的背景以及各种事物的联系是决策的前提，同时要防止迷惑与偏见，求其决断无误。

鬼谷子在本篇指出，圣人正确决断事物的方法有五种：事成理明者，用"阳德"决断；情隐言伪者，用"阴贼"决断；道成志直者，用"信诚"决断；奸小祸微者，用"蔽匿"决断；循常守故者，用"平素"决断。

圣人用这五种方法来“决情定疑”，理断万物，给我们以深刻的启发，教我们依据事物的性质决断它们。

在决断事物时，有可遵循的规律：“度以往事，验之来事，参之平素。”意思是借鉴往事，研究现状，预测未来。此三者缺一不可。决策者必须慎重，才能正确决断。

决策不能当断不断，必须当机立断，时间是事物成败的重要因素。鬼谷子在本篇多次提到，在一定条件下“可则决之”，意思是能够决策的事物就要迅速决断。上述观点都是当代决策科学中的瑰宝。

本篇的中心是“决情断疑”，重点是为当权者决断疑难。全篇分三层：第一层讲有疑难才需要决断，而决断疑难的关键是“趋利”与“避害”。第二层讲如何进行决断，包括五种对待手段、四种具体方式、五种可以立即决断的情况；又提出决断要综合考虑过去、现在与将来的情况：“度以往事，验之来事，参以平素。”第三层收束全篇，强调决断的重要性。

本篇提出对不同的人要采用不同的对付手段，对于特定对象可以采用阴谋手段：“以阴贼之。”这就不同于其他诸子的道貌岸然，而与兵家主张的“对敌贵诈”有相似的地方。传说鬼谷子是军事家孙膑、庞涓的老师，可能与此有关。《战国策·魏策一》所记载的公孙衍阻止张仪担任魏国丞相所使用的手段，就是“以阴贼之”。公孙衍本是魏国人，曾经在秦国任职，后来与张仪不和，回到魏国，担任“犀首”（相当将军）。张仪积极推行“连横”策略，自己同时担任秦国、魏国的宰相，并计划由秦国进攻韩国的三川，由魏国进攻韩国的南阳，瓜分韩国。其长远目的是让魏国带头臣服于秦国，再让其他诸侯仿效。公孙衍识破张仪的阴谋，便派人到与自己关系亲密的韩国，对韩国当权大臣公叔说：“魏攻南阳，秦攻三川，韩国就一定灭亡。魏王看重张仪的原因是想得到南阳。您何不把南阳主动割让给公孙衍，让他为魏立功？这就可以挑起魏国与秦国的矛盾。只要秦魏发生矛盾，魏国就会防备秦国，抛弃张仪，而且会任用公孙衍为宰相，联合韩国，进一步联合东方六国抗秦，这实在对韩国有利。”公叔听从了公孙衍的意见，魏王果然任命公孙衍为相，罢免张仪。公孙衍接着又说服燕国、赵国、齐国、楚国，推行“合纵”，挫败了张仪。公孙衍对付张仪的手段，就是以阴谋对付阴谋。

本篇讲的五种可以立即决断的情况，也在策士们的活动中得到体现。如《战国策·齐策二》记载，秦国攻打赵国的长平，齐国、燕国派兵救赵。但是，赵国没有粮食供给，向齐国请求接济粟米，齐国却不答应。苏秦于是对齐王说："不如听之，以却秦兵。不听，则秦兵不却。是秦之计中，而齐、燕之计过也！且赵之于燕、齐，隐蔽也，犹齿之有唇也。唇亡则齿寒，今日亡赵，明日及齐、燕矣。且夫救赵之务，宜若奉漏瓮、沃燃釜。夫救赵，高义也；却秦兵，显名也。义救亡赵，威却强秦兵，不务为此而务爱黎，则为国计者过矣！"苏秦的分析，就符合"危而美名者，可则决之"，"去患者，可则决之；从福者，可则决之"。

触类旁通

◎ 通典

决策与时代

明开国皇帝朱元璋在创业时期，提出基本国策为："高筑墙，广积粮，缓称王。"此一决策对明朝取得全国胜利及政权的巩固与发展起了重大作用。

新中国建立之后，毛泽东研究我国建设与防卫方针时，还曾借鉴此一决策，指出 70 年代我国国策为："深挖洞（备战），广积粮（备荒），不称霸（外交）。"改革开放总设计师邓小平提出"一国两制"的基本国策，这对于我国的统一和对外往来有着历史性的推动作用。

◎ 评价

正确的决策将推动一个历史时代的发展，或稳定政局，或富国强兵，或造福子孙；而失误的决策就会丧权辱国，或使自己身败名裂。这是任何决策者都应该慎重思考的。

◎ 通典

杨廷和秘不发丧

1521 年明武宗死后，张太后立即召大学士杨廷和到行宫秘议立储事宜。杨廷和请太后屏去左右的人，秘密向太后禀道："朝廷上一些臣子，听说皇上晏驾，一定会谋变，请您事先防备此事。"张太后一听，心中大惊，忙向杨廷和询问对策。杨廷和回答说："现在只有秘不发丧，先回到皇宫内，秘

◎ **杨廷和（1459—1529）**
字介夫，号石斋，四川新都人。明朝正德时期两度出任首辅。执政期间，推行改革，史称“天下翕然称治”。

密商量此事，此地耳目太繁杂，不如回到宫中，再作计较。”

商议已定，太后立传懿旨，即刻还宫。杨廷和随张太后返回宫中，略行安排筹划，便赴内阁。这时太监谷大用、张永进宫打探信息，杨廷和对他二人道：“皇上大渐（已逝），应立皇储。”谷、张二人表示同意。来到内阁，杨廷和即从衣袖中抽出祖训，宣示众官道：“兄终弟及，祖训诏然。兴献王长子，系宪宗孙，孝宗从子，皇帝从弟，按照顺序，当然继立。”随后即派人入启太后，杨廷和率众官至左顺门候旨。不久，中宫奉出遗诏和太后懿旨，定立兴献王长子朱厚熜嗣帝位。这时众官才知武宗已不在人世，但遗诏已下，帝统有归，即使有人不同意，也是无益，大家只好含恨而去，任凭杨廷和发落后事。

明武宗死后，朝政不稳，在复杂的局面下，大学士杨廷和借重皇太后的权望，采用“瞒天过海”之策，秘不发丧，而是暗中与太后商定嗣皇人选，一齐公布，百官在毫无准备的情况下，只好赞同，从而使朝政顺利度过了一场潜在的危机。

◎ 评价

中国历史上出现过许多次新皇帝继位而出现的危象，影响政权的稳固。这时决策多在危难中，常常是惊心动魄的，而多有事于秘成。

◎ 通典

皇太极调和满汉

公元 1636 年，即明崇祯九年，山海关外的后金改国号为清，建立清王朝，国主皇太极为皇帝。皇太极 16 年艰苦经营，在他去世的后一年（1664），其子福临终于在皇叔多尔衮的辅佐下进入北京，从而开始了清朝对中原长达两个半世纪的统治。皇太极本身虽然未能入关，但他继承其父努尔哈赤的事业，

◎ **清太宗皇太极（1592—1643）**

即清太宗文帝爱新觉罗·皇太极，满族，后金大汗、清朝皇帝，1626—1643年在位，年号天聪、崇德，1636年称帝，改国号清。杰出的政治家、军事家、战略家。在位期间，联合蒙古，笼络汉人，对内实行改革，对外打击明朝，为清军入关奠定了基础。

为清朝入主中原，进行积极开拓，奠定了坚实的基础。

满族早在三千多年前，就是周王朝统治下的一个古老的民族，当时生息于黑龙江流域，称为肃慎；北魏时称勿吉；到宋代称为女真，一度强大，建立金朝。元明之际迁于辽宁东部定居。到满族英雄人物努尔哈赤出现后，终于以其卓越的军事才能，征服了北自黑龙江、乌苏里江，西至辽河以东，东至鸭绿江边的各个部落，完全统一了“建州五部”，建立“八旗”，于1616年正月，在赫图阿拉（今辽宁新宾县）宣布建立大金（后金）王朝，自立为汗，开始了与明王朝抗衡的角逐。

皇太极继承汗位时，后金经过萨尔浒大战后，已将东北腹地明军彻底扫除，势力直达山海关外的长城脚下。之后，皇太极用反间计，使崇祯皇帝冤杀了抗清得力战将袁崇焕，搬掉了清军入关的最大障碍，从而决定了明朝灭亡的命运。尽管李自成等农民起义军是冲垮大明王朝的直接因素，但是皇太极执政时期所施行的一系列政治军事措施，使自已强大起来，却是清军能乘虚而入的重要条件。

皇太极为实现其统一的愿望，所施行的一个重要政策，就是尽力去调和满汉两族之间的尖锐矛盾。他完全抛弃了他父亲努尔哈赤“诛戮汉人，抚养满洲”的奴役政策，明确提出“满汉一体”的方针。为缓和满汉矛盾，皇太极颁布命令，在东北境内实行满汉“分屯分居”，以避免冲突。关外汉人改由汉官管理，不再受满人贵族的直接统治，明令满族贝勒大臣及属下，不得私自向汉官及民众索要财物，违者治罪。这就提高了汉人的权力和地位，从而赢得了汉官对清政权的支持。

皇太极还于1631年重新议定《离主条例》和修改了《逃人法》。努尔哈赤为汗时，汉人奴隶的地位十分低下。按当时的《逃人法》规定，凡逃亡者一律处死，有逃亡意图和迹象者也一律处以酷刑。而新颁的《离主条例》则规定，凡主人有私自采参、狩猎、隐蔽战利品、杀人、奸污妇女、冒功以及压制告发人行为者，告发人及其近亲兄弟便准许离开主人。在新改的《逃人法》中则规定：对以往私逃者以及与明朝“奸细”有过往来者皆概不追究，并准许汉人回关内去等。结果，汉官汉民“皆大悦，逃者皆止，奸细绝迹”。

皇太极所采取的“优礼汉官”和更定官制的革新做法，对于调和汉满矛盾起了极大的作用。皇太极十分信任范文程等汉族大官，他所颁发的一切文书告令均由范文程拟定。对于从明朝投归而来的官员，皆按原职授予相应品级。在国家机构设置上，皇太极则依从汉制，设立内国史院、内秘书院、内弘文院等“三院”，设立吏、户、礼、工、刑、兵等“六部”，并单独设立都察院和理藩院，所属各级官员，汉、满、蒙古族均可担任。

努尔哈赤创立了满洲八旗，成为军事编制的骨干力量。皇太极为了扩大和团结各族力量，于继承汗位后的第六年，即1632年，便创立了汉军八旗，不久又组建了蒙军八旗。皇太极曾说：“满洲、蒙古、汉人视同一体。”“譬诸五味，调剂贵得其宜。若满洲庇护满洲，蒙古庇护蒙古，汉官庇护汉人，是犹咸苦酸辛之不得其和。”

◎ 评价

皇太极敢于冲破狭隘的民族主义藩篱，大胆使用汉族、蒙古族的文臣武将，极力调和满族与汉族、蒙古族民众间矛盾的做法，使关外的清政权不断地得到巩固。同时，他的这些主张和实践，也对以后的民族大联合产生了深远的影响。

◎ 通典

耶伯生的决断

1967年6月，中东战争爆发后，苏伊士运河一度关闭。日本和西方国家在中东购买石油只好绕过好望角，长途跋涉。这种长途运输导致对油船的需要大幅度增加，各航运公司纷纷大批购进油船，挤进石油运输行业，赢得巨额利润，一时间石油运输成了世界航运界的热门话题。

而在挪威有一个年轻人却对此有着独特的看法，他就是后来曾任挪威船长协会董事长的阿特勒·耶伯生。他当时年方31岁，刚刚接过父亲留下的一家小船运公司。这家公司只有7艘船，其父在世时，面对航运业中经营油船的热潮，希望借此挤进石油运输业，买了3艘油船花费了公司资本的大部分。这种投资积压了资金，具有一定的风险性，同时，只有3艘油船的小公司毫无竞争力。

鉴于这种情况，耶伯生在接管公司一年后，卖掉了油船，许多人对此都大惑不解。他利用卖三艘油船的钱，购进了几艘散装船，这种散装船可以用来为大企业运输钢铁产品和其他各种散装原材料。以此为基础，他与一些大企业签订了运输钢铁产品和原材料的长期合同。

他解释说，无论建设船运公司还是工业企业，都存在长期打算和短期打算的两种不同做法。作为一家小公司，虽有在投机性的热潮中大赚一笔的机会，但是日后却无法逃脱经济衰退的致命打击，唯有放眼长远利益，站稳脚跟，才能在险象环生的航运业里立于不败之地。

1973年再次爆发中东战争。为抵制美国等西方国家对以色列的支持，阿拉伯产油国纷纷提高油价。油价猛涨，使许多石油消费国大幅度削减石油需求量。与此同时，北海和阿拉斯加石油又成功开采，也改变了石油运输的路线。这两个原因使油轮的需求量锐减，给世界运输行业带来了根本的变化。

许多石油运输船处于闲置状态，各油船公司在新情况下进退维谷，一筹莫展，有的以遭受重大损失为代价转型，有的因缺乏足够的财力无法转型而处于崩溃边缘。

而耶伯生凭借其签订的那些长期合同，盈利稳步上升，不仅安然度过航运业的衰退时期，而且逐步积累起资本。

今天的耶伯生公司已是挪威最有生气的船运公司，有30艘商船总计120万吨的大船队，还有在世界各地的众多投资。这些成果，可以说都是建立在其创业初期的这一决策之上的。

◎ 评价

商业上，既要善用“谋”，也要善于“决”。综合天时、地利、人和等因素，才能得以成功。挪威商人耶伯生以远见卓识决策企业经营方向，使自己的公司兴旺发达起来，就是善“谋”和善“决”的结果。

◎ 通典

路透社的"快、新、准"

英国最大新闻社——路透社，创办于1851年，当年正值资本主义上升期,新闻传播随着社会商品经济发展日渐繁荣。路透社抓住发"快讯"的机会，在社会上提高了自己地位。它成功的决策就在"快"字上，因快而占领了世界新闻传播市场。

路透社初办时,只是一个"新闻夫妻店",和当前的兴旺景况不可同日而语。路透社的创始者虽不是英国人，但其发迹却是在英国开始的。

1850年，路透夫妇来到伦敦，宣布正式创办路透社，工作人员除他们夫妇二人外，只有一名12岁的办事员，可见其规模小得可怜。如何打开局面，扩大影响并最终获得公众对自己这家新闻社的承认呢?

◎ 保罗·朱利斯·路透（1816—1899）
原名I.B.约瑟法特，英籍犹太人，原为德国人。世界新闻媒体的先驱之一，路透通讯社的创办人。

当时正是资本主义上升时期，资本活动、商业经营和金融事业正日益活跃并复杂无比，各种各样的商业和金融信息日趋重要。路透夫妇看准了这一行情，利用英法海底电缆正式启用的有利时机，广泛收集和汇编各种商业、金融消息,以《路透社快讯》的形式发售给交易所、银行、股票商、投资公司、贸易公司等等金融机构。由于它提供的消息及时、准确，因此颇受欢迎。到1852年，它的《快讯》已在欧洲名声远扬。在此过程中，路透社逐渐形成了自己传播新闻的特征：快、新、准。1853年俄土战争爆发，第二年扩大为克里米亚战争，路透社把它作为最重大的新闻加以发布并作了尽可能详尽的报道，使英国社会及时地了解到战争的情况。这既使人们加深了路透社的新闻"快、新、准"的印象，也大大提高了它的地位。1865年4月，美国总统林肯被刺,路透社抢先报道了这一重大消息。经过一系列不懈的努力,路透社终于奠定了它在国际新闻报道中的重要地位。从此,它的影响不断扩大,终于成为当时世界上几家最主要的新闻通讯社之一。

◎ 评价

生意场上总是如江海波涛一样，有起有伏，危机常常出现，一定要及时采取有利的措施。

抢先一步的目的是为了最大限度地争取市场。一个高明的经营者，必须学会适应日新月异的变化。路透夫妇经营新闻事业的成功，正是由于他们看准了“快”的重要性，从而走上了成功之路，赢得了信誉。

◎ 通典

独辟蹊径的尼西奇

40年前，日本福冈市有一家名叫尼西奇公司的小企业。公司创办之初，充满了伊索寓言里的那种幻想，总是想象着怎样使企业办得有“气派”，一旦成功怎么办,却很少考虑企业的经营目标和服务对象问题。尽管公司人员紧缺，却生产门类齐全的橡胶制品，推行“小而全”的经营方针，结果缺乏竞争力，面临着破产的危机。原经理自觉年事已高，难以力挽狂澜，便提携后生，主动让贤。

新经理上任后，苦心谋虑企业的出路。他注意到日本政府发表的人口普查资料中显示：日本每年大约有250万个婴儿出生。他想，如果每个婴儿用两条尿垫，全国一年就需500万条。像尿布这样的小商品，大企业根本不屑一顾，而小企业的人力、物力和技术尽管有限，但小有小的优势，只要存在着市场需求，产品能迎合消费者的需要，即使是小商品也能做成大生意。经过这样一分析，尼西奇公司果断地抛弃了束缚手脚的“小而全”的经营方式，迅速作出了专门生产尿垫的经营决策。

经过几十年的不断努力，尤其是在产品更新换代方面精益求精，满足了消费者不断变化的需求，公司的经营蒸蒸日上。如今，在日本尼西奇的尿垫同丰田汽车、东芝彩电、夏普音响一样，享有盛名。

◎ 评价

商业发展常常要独辟蹊径。日本福冈市这家小公司，果断改变“小而全”的经营策略从而取得成功。它放弃大路商品，专门生产尿布，被称为“大王”。在市场竞争剧烈的情况下，如何根据企业自身的实力选择经营方向，关系到企业的兴衰存亡。尼西奇在企业面临困难之际，果断放弃生产市场上的大路商品，独辟蹊径，终于获得了极大的成功。

◎ 通典

以名揽客的普拉蒂尼

米歇尔·普拉蒂尼是法国著名的足球明星。他在法国国家队中，先后参加了1976年奥林匹克足球锦标赛，1978年和1982年的世界杯等重要比赛。他为法国队立下了汗马功劳。他一共射进35粒球，使法国队两次进入世界杯的半决赛，一次夺得欧洲杯冠军，从而使法国成为世界上足球强国。他在一段时间内被人们誉为“球王”。然而，普拉蒂尼的终身志向不在体育，他要干一番更大的事业。他是全世界知名的球星，他的形象就是财富，于是，他用他的名字和形象做与体育用品有关的商品广告。哪一个小学生不梦想得到印有冠军半身像的作业本子、果汁和糖块呢？普拉蒂尼的事业进展得十分顺利，很快就成了一名新兴的企业家。与此同时，他还夺得了足球超级明星的桂冠。

1982年，普拉蒂尼挂靴告别足坛后，马上开办了一家服装公司，用他的球衣号命名，称为“10号普拉蒂尼服装公司”。他推出了新颖别致的儿童系列运动衣，推出的球衣款式，在市场上总是一抢而空。他自做模特儿，穿着公司制作的各式运动衣，让人们拍摄各种姿势的照片，并通过一本名叫《她》的妇女杂志，把他设计的款式提前介绍给读者。他在法国佩皮尼昂附近的圣西音里安，和他人合作创办了一个规模宏大的网球和足球培训中心。这个中心开办了30个补习班和一家能提供食宿的汽车游客旅馆，普拉蒂尼被推选为董事长兼总经理，他还为汤姆森电器公司在法国和意大利推销产品，还经营房地产。此外，他还设立了一项救济吸毒

◎ **米歇尔·普拉蒂尼（1955— ）**
法国前著名足球运动员，被誉为20世纪80年代最出色的中场球员，现任欧洲足联主席及法国足球总会副会长。

者戒毒的慈善基金。普拉蒂尼在法国欧洲一台和法国电视二台当上了评论员，评述世界各大足球赛的实况。他还打算推出一套大型的体育和文艺节目，同时向法国和意大利播送。

◎ 评价

在商品经济大潮涌起时，一些名人经商，常以名揽客，也是一种理想的决策。

市场以赢得顾客为目的。如某一商品广而告之，家喻户晓，人见人爱，则它在市场上就有强大的竞争力。普拉蒂尼本身就是广告，名可引客，经商之路有千万条，普拉蒂尼走的可谓是捷径。这使人们想到，我国著名的体操王子李宁告别体坛后，"李宁"牌的运动服装等产品风靡全国，这其中的异曲同工之妙，耐人寻味。

符言 第十二

符言，是指言语和事实像符节一般完全吻合。古代就把有节的竹片中分，由两人各持一片，日后把两片竹完全合在一起，以验明身份。也有的符节用金属制成，功用一样。本篇讨论了统治者应该具有的修养和做人原则：第一，要安详、从容、正直、平和。第二，要虚怀若谷，以天下人为己用。第三，要做到善于纳谏，从善如流。第四，要做到赏罚分明。第五，要做到博学多闻。第六，要做到顺应规律。第七，要做到行事周全。第八，要做到洞微知著，明察秋毫。第九，要循名求实，名实相符。

12.1

安、徐[1]、正、静，其被节[2]无不肉。善与而不静，虚心平意[3]，以待倾损[4]。右主位[5]。

目贵明，耳贵聪，心贵智。以天下之目视者，则无不见；以天下之耳听者，则无不闻；以天下之心虑者，则无不知。辐凑并进，则明不可塞。右主明[6]。

听之术曰："勿坚而拒之[7]。"许之则防守[8]，拒之则闭塞[9]。高山仰之可极，深渊度之可测；神明之位术，正静其莫之极欤[10]！右主听[11]。

注释

①徐：从容的意思。

② 被节：赶上他人的节度。被，赶上。

③ 虚心平意：要有胸怀，意念要开朗。

④ 待倾损：对待倾轧和损害。

⑤ 右主位：主位，身居君主之位的人，应保持安、徐、正、静的态度。右，以上。有些版本作“有”。

⑥ 明：明察。

⑦ 勿坚而拒之：如果听信众人之言，要广泛接受而不加拒绝，这才是为人君的最重要态度。

⑧ 许之则防守：假如听信他人之言，众人就会归服保卫君主，也就能转危为安。

⑨ 拒之则闭塞：假如拒绝采纳臣民的进言，那么民心必然离叛，使君主和臣民之间的通路闭塞。

⑩ 高山仰之可极……正静其莫之欤：山的高度和渊的深度固然能测量，但是神明的位术却是高深莫测的，绝对无法像测量山河一般来测量。

⑪ 主听：君主对于听信人民言论之术，必须具有广大的胸襟度量。

译文

身居君位的人，如果能做到安详、从容、正直、沉稳，既会怀柔又能节制，愿意给予并与世无争，这样就可以心平气和地面对天下纷争。以上说的是在位者的修养。

眼睛最重要的就是明亮，耳朵最重要的就是灵敏，心灵最重要的就是智慧。人君如能用全天下的眼睛去观看，就不会有什么看不见的；如果用全天下的耳朵去听，就不会有什么听不到的；如果用全天下的心去思考，就不会有什么不知道的。如将这些集于一身，那么君主就可明察一切，无可闭塞。以上说的是在位者要明察。

听取意见的方法是：不要固执己见，随便拒绝。假如答应别人，就要守信，从而会多一层保护；假如随便拒绝，就会封闭君主的言路。仰望高山是可以望见顶的，测量深渊是可以测到底的，而圣人的处事方法，其端正沉稳是无法测其高深的。以上说的是在位者要善听。

古注

陶弘景注："被，及也。肉，肥也。谓饶裕也。言人若居位能安徐正静，则所及人节度，无不饶裕。言人君善与事结，而不安静者，但虚心平意以待之，倾损之期必至矣。主于位者，安徐正静而已。目明则视无不见，耳聪则听无不闻，心智则思无不通。是三者无拥，则何措而非当也。昔在帝尧，聪明文思，光宅天下，盖用此道也。夫圣人不自用其聪明思虑，而任之天下，故明者为之视，聪者为之听，智者为之谋。若云从龙，风从虎，霈然而莫之御，辐凑并进，不亦宜乎！若日月照临，其可塞哉！故曰：明不可塞也。主于明者，以天下之目视也。崇德之术，在于恢弘博纳。山不让尘，故能成其高；海不辞流，故能成其深；圣人不拒众，故能成其大。故曰：勿坚而拒之也。言许而容之，众必归而防守；拒而逆之，众必违而闭塞。归而防守，则危可安；违而闭塞，则通更壅。夫崇德者，安可以不弘纳哉！高莫过山犹可极，深莫过渊犹可测，若乃神明之位，德术正静，迎之不见其前，随之不见其后，其可测量乎哉。主于德者，在于含弘而勿距也。"

12.2

用赏贵信，用刑贵正。刑赏信正，必验①耳目之所见闻，其所不见闻者，莫不暗化矣。诚畅于天下神明，而况奸者干君？右主赏②。

一曰天之，二曰地之，三曰人之。四方、上下、左右、前后，荧惑③之处安在？右主问④。

心为九方⑤之治，君为五官⑥之长。为善者君与之赏，为非者君与之罚。君因其政所以求，因而与之，则不劳。圣人用之，故能赏之。因之循理，故能久长。右主因⑦。

注释

①验：与证据互相对照，以便明了真相。

②主赏：君主一定要赏罚必信。

③荧惑：即火星。

④主问：为人君者如何询问。

⑤九方：即九窍。是出入空气的小穴，人头上共有七个小穴，口、两耳、两眼、两鼻孔。也称为“七窍”。另外加上两个便孔，称为“九窍”。

⑥五官：司徒、司马、司寇、司空、司士五种官职，此处泛指百官。

⑦主因：君主统治的依据。

译文

奖赏时，最重要的是守信用。处罚时，最重要的是公正。赏赐与处罚的信守和公正，必须让臣民亲身见闻，这样对于那些没有亲眼看到和亲耳听到的人也有潜移默化的作用。君主的诚信如果能畅达天下，那么连神明也会来佑护，又何惧那些奸邪之徒冒犯主君呢？以上说的是君主如何奖赏。

什么叫做天时，什么叫做地利，什么叫做人和？四面八方，上下、左右、前后不清楚的地方在何处？以上说的是君主如何询问。

心是九窍的统治者，君主是百官的首长。做好事的臣民，君主给他们赏赐；做坏事的臣民，君主给他们惩罚。君主根据臣民的政绩来任用，斟酌实际情况给予赏赐，这样就不会劳神。圣人这样做了，也可称赞。故而遵循客观规律，才能长久。根据所求而予之，会使对方喜悦之至。虽无珍物，勉励与赏赐也是一样的。以上说的是君主统治的依据。

古注

陶弘景注："赏信则立功之士，致命捐生；刑正则受戮之人，没齿无怨也。言施恩行赏，耳目所见闻，则能验察不谬，动必当功，如此则信在言前，虽不见闻者，莫不暗化也。言每赏从信，则至诚畅于天下。神明保之，如赤子天禄，不倾如泰山，又况不逞之徒，欲奋其奸谋，干于君位者哉！此犹腐肉之齿，利剑锋接，必无事矣。主于赏者，贵于信也。天有逆顺之纪，地有孤虚之理，人有通塞之分。有天下者，宜皆知之。夫四方上下，左右前后，有阴阳向背之宜，有国从事者，不可不知，又萤爈，天之法星，所居灾眚，吉凶尤着。故曰：虽有明天子，必察荧爈之所在，故亦须知也。主于问者，须辨三才之道。九窍运为，心之所使；五官动作，君之所命。赏善罪非，为政之大经也。与者应彼所求，求者应而无得，应求则取施不妄得应，则行之无怠。循性而动，何劳之有？因求而与，悦莫大焉！虽无玉帛，劝同赏矣！然因逆理，祸莫速焉！因之循理，固能长久者也。主于因者，贵于循理。"

12.3

人主不可不周[①]，人主不周，则群臣生乱。寂乎[②]其无常也，内外不通，安知所开？开闭不善，不见原也[③]。右主周[④]。

一曰长目[⑤]，二曰飞耳[⑥]，三曰树明[⑦]。千里之外，隐微之中，是谓"洞"。天下奸，莫不暗变更。右主参[⑧]。

循名而为[⑨]，实安而完；名实相生，反相为情。故曰：名当则生于实，实生于理，理生于名实之德，德生于和，和生于当。右主名[⑩]。

注释

①不可不周：君主必须周全。

②寂乎：形容没有人声，很安静。

③不见原也：不知道为善的源头。

④主周：为君主者必须遵循事物本身的规律。

⑤长目：能看到很远的事物，犹如千里眼。

⑥飞耳：用天下之耳来听。

⑦ 树明：用天下之心来想。

⑧ 主参：是君主所应该用的各种东西。这就是长目、飞耳、树明。

⑨ 循名而为：探求符合名分的行动。

⑩ 主名：君主必须探求恰如其分进行统治的技术。

译文

作为君主必须行事周全，如不能这样，那么就容易发生社会骚乱，世间鸦雀无声是不正常的，朝廷内外没有沟通，怎么能知道世界的变化！开放与封闭不适当，就无法发现事物的本源。以上说的是君主应当周全。

人君首先要有天下之眼观世界，其次要有天下之耳听人间，第三要有天下之心思万物。如果在千里之外，将隐蔽的事情看得清清楚楚，这就叫做洞察，天下奸邪的事情都会在暗中慢慢改变，以上是君主如何参用。

按照名分去做事，按照事实来决断。名实相互助长，相辅相依。适当的名称产生于客观事物，而客观事物产生于有关道理，道理产生于决定事物的法则，法则产生于大地之间的智慧，智慧产生于万物之协调。以上是君主如何做到名实合一。

古注

陶弘景注："周谓遍知物理，于理不周，故群臣乱也。家，犹业也。群臣既乱，故所业者无常，而内外闭塞，触途多碍，何如知所开乎！开闭，即捭阖也。既不用捭阖之理，不见为善之源也。主于周者，在于遍知物理。用天下之目视，故曰：长视。用天下之耳听，故曰：飞耳。用天下之心虑，故曰：树明者也。言用天下之心虑，则无不知。故千里之外，隐微之中，莫不玄览。既察隐微，故为奸之徒，绝邪于心胸，故曰：莫不闇变更也。主于恭者，在于聪明文思。实既副名，所以安全。循名而为实，因实而生名，名实不亏，则情在其中。名当自生于实，实立自生于理。无理不当，则名实之德自生也。有德必和，能和自当。主于名者，在于称实。或有庄周《胠箧》而充次第者。按鬼谷之书，崇尚计谋，祖述圣智，而庄周《胠箧》乃以圣人为大盗之资，圣法为桀跖之失，乱天下者，圣人之由也。盖欲纵圣弃智，驱一代于混茫之中，殊非此书之意，盖无取焉。或曰《转丸》《胠箧》者，本经'中经'是也。"

阅典笔记

《符言》是写统治者在位，必须信守约言。所谓“发言必验，故曰‘符言’”。如要做到言必行，行必果，执政者必须要安、徐、正、静。所谓“安、徐、正、静”是执政者、决策者应该达到的一种境界。在宁静与宽怀之中，能以柔顺处事，后发制人。而虚心平静时，能够团结天下之人，以静制动，驾驭群臣。在安、徐、正、静之态中，必须能集中众人智慧，使天下臣民集思广益，若日月照临、光耀天下。可见决策者保持安、徐、正、静的心境，其价值是巨大的。实践证明，英明的决策，无人能及的智慧来源于“目、耳、心”。鬼谷子认为：“目贵明、耳贵聪、心贵智。”要利用目、耳、心广观天下万物，达到“以天下之目视者，则无不见；以天下之耳听者，则无不闻；以天下之心虑者，则无不知。”

本篇集中地概括了关于决策者（执政者），即身居要位的人所必需信守的准则。这一系列的行为准则呈现为连锁式的制约关系。

1. 主位。是指身居要位的人，应以安、徐、正、静之态，面对天下纷争。这一“地位”决定了执政者必须眼观天下。

2. 主明。指决策者观察外物时，要心明眼亮，明察万物。消除闭塞视听的一切障碍，了解下情得以把握纷纭变化的现状。

3. 主听。指决策者达到“主明”的重要途径——听取人言。善于听取人言，就使自己多了一层保护，而拒绝他人进言就自然地封闭了自我。主听，是广开“耳”——广泛地收取外界信息，使决策者在判断外界事物时，不失误，从而顺利施行合宜的政策、法令。而在控制全局，实施策令时特别要奖罚分明，这是启动公众力量、形成领导者权威的最佳手段。

4. 主赏。指决策者实施奖赏、惩罚的原则。赏与罚应是十分重要的事情。因为奖赏的是执政者所要推行和鼓吹的事。而惩罚的则是执政者戒令下属不能干的事，是团结大众、凝聚人心的重要手段，也是扶正去邪的重要手段。人们常言“重赏之下必有勇夫”，但是一旦有勇夫完成使命，必须及时给予重赏，以此使众人心服。而惩罚人必须公开、公正。随便处罚人，或是惩而不当，乱罚无辜，或是该罚而不罚，必然引起混乱，人心无主。所以赏罚必须以诚信征服天下人。另外，赏罚标准要有明文，必须按章赏罚。

5. 主问。研究赏罚、决策时，要探究天时、地利、人和各种关系，全方位地研究事物的各个方面，以发现事物的规律。

6. 主因。探索赏罚所应遵循的理数。所谓“为善者，君与之赏，为非者，君与之罚”。然而，“善”与“非”的客观标准是什么？是决策者“因其政之所以求”。如果人们的所作所为能符合执政的需要，能被决策人“用之”就当然要受赏。由此可知赏罚的准则就在于决策者是否需要，决策者在把握自我需要时，还要周密考虑，以防赏罚失误。

7. 主周。决策者要广泛地了解外界事物以求周严，要通达人情，使人畅所欲言。此外所言“主周”，是指人君（决策者）要周知人情事理，以判断事之善恶。

8. 主参。要周知外物的情况，以达到周严时，需要有丰富的参照物。比如，要以“目”观察，有“千里眼”；要以“耳”广收信息，有“顺风耳”；要有明断能力，用“天下”之心思虑万物，有所谓“树明”。这样才能有丰富的参照物，于幽微之中，玄览万物之隐。

9. 主名。当把握事物运动的法则后，就要按照一定的名分区分事物，使事物的名与实相符。根据实际情况，决定事物之名称。所谓“循名而为，实安而完”。此处讲究一个“当”字，即合度、真实、协调。

鬼谷子在《符言》篇结语中道：“名当则生于实，实生于理，理生于名实之德，德生于和，和生于当。”可知“当”字是“符言”之本。

触类旁通

◎ 通典

洪迈平骚乱

洪迈是南宁人，本是一个书生，却以严明治军，制止了一次士兵的骚乱。

1184年，洪迈出任婺州知州。当地官军向来纪律松弛，动辄聚众闹事，地方官辖制不力，洪迈决心改变这种局面。

有一次分发军服，兵士要求折价给钱，管事的官员不同意，这些士兵聚集成伙，闯进守军将领的府衙，大嚷大叫，威逼将领同意给钱。将领胆怯，忙通知官员按士兵的意思办，适逢洪迈到任，知道了此事，想追究闹事者。

这帮士兵骄纵惯了，哪里受得了这份气，就在城门上贴出污辱知州的榜文。

洪迈就抓了闹事的48人。兵士再次哄闹，他们拦住洪迈的轿子，逼洪迈放人。洪迈镇定自若，毫不惧让，厉言斥责道："这些人都犯了罪，请问你们与他们有何关系？"闹事者一听，害怕把自己抓起来，纷纷散去。洪迈在审讯闹事者之后，将带头的两人押到市中心砍头示众，其余的人有的被罚以黥面，有的被罚打板子，均予惩罚，兵士再也不敢闹事了。

宋孝宗听说了此事，对宰相说："谁说书生怯懦，不能临事达权？"洪迈因功升迁为敷文阁待制。

◎ 评价

洪迈因为很好地掌握了赏赐与刑罚的度，并在进行刑法的时候以连带关系警告了闹事者，并以杀鸡儆猴的形式制止了骚乱。

◎ 通典

胡乞买担任下蔡县令时，一天，有村民来县衙告状，称他家有瓜田5亩。瓜尚未熟，昨夜忽被人将根藤破坏，瓜田被毁。胡乞买亲自来到瓜田，见瓜田附近有七八家庄户人也是以种瓜为生。胡乞买暗想，毁瓜田者大概是这些人。

胡乞买命各家把常用的铁锹都拿来，于是他把各家铁锹一一舔过。正巧发现有一把铁锹味苦，又让随从小吏舔过，都觉苦涩。胡乞买便问道："这把铁锹是谁的？"有一人慌忙答道："是我家的。"胡乞买指着他厉声喝问道："你为什么要弄坏别人家的瓜藤？"这个人惊呆了，只好叩头服罪。原来，他与邻居同操瓜业，而邻居的瓜早熟五天，先拿到市场上去卖，回回都能多赚钱。他气愤不过，便偷偷把人家的瓜藤弄坏，让他家赔本。胡乞买听了哈哈大笑，责令两家互换瓜田一年，让毁瓜者自食其果。

有人问胡乞买说："这事您怎么断得这样准？"胡乞买回答道："根据邻里情况，这件事多半是同行业人干的。我亲自调查切断瓜根瓜藤的铁锹，沾上瓜根瓜藤的汁，味道则苦。所以一舔便知是哪一个同行人了。"

◎ 评价

明察事物，以耳，以目，不放过细节，才能知道事物的真伪。宋人胡乞买断案，不仅用耳、用目，甚至于用舌尝味，以破案理事。

◎ 通典

陈埙平乱

南宋理宗时，衢州江山县有一伙人想占山为寇，并商量好了举义的日子和地点，不料传递消息的人被官府抓住了。知州陈埙详细了解了这些人的情况，便有了打算。他按兵不动，派人送牛和酒给准备当草寇的人，并带口信说："你们不做良民而要当草寇，不去耕田而弄兵器，这样有什么好处？现送去牛和酒，望自重，如不听劝告，本官杀无赦。"这些要当草寇的人，见势不妙，只好纷纷前去自首。陈埙又下令，凡献出兵器者一律予以重赏，不咎既往。于是投往官府者越来越多，全部缴械。陈埙未发一兵一卒，从容地平息了这场发动在即的暴乱。

◎ 评价

决策者在用谋时，要采用合乎自己身份的方式。在名实相符中，使敌方不生疑，战争、政治、商战均如此。

◎ 通典

宁王造反

明代宁王朱宸濠，曾借庆贺生日为名，趁百官来谢宴之机，宣布起兵，谋取帝位。

宁王府派往京师的侦卒，得知明武宗下旨搜查宁王在京死党臧贤的家，并派大臣赴南昌宣读圣旨收撤宁藩护卫，立即回南昌报信。这时朱宸濠正在宁王府开筵祝贺自己的生日，听到报信立即召集谋士刘养正等人商议对策，决定利用祝贺生日之机，将江西官员一网打尽，夺取帝位。

朱宸濠生日的第二天，诸官员陆续来到宁王府谢宴。众官员拜见完毕，忽见府中有许多披甲带刀的卫士，大家正在惊愕之际，朱宸濠宣布奉太后密旨，令起兵入朝。众官听得朱宸濠之言，又见四周皆是赳赳武士，只能面面相觑。唯独巡抚孙燧，按察司副使许逵出言反对。朱宸濠立即命押出斩首；随后，又命养正为右丞相，李士实为左丞相，草拟檄文，传达四方；又派部将率军顺流攻取九江、南康等地。消息传开，明廷君臣大为震惊，急忙调兵遣将平定叛乱。

◎ 评价

朱宸濠阴谋篡夺帝位，借庆贺生日为名，将文武官员尽收网中，并乘机宣称奉太后密旨起兵南昌，使得明廷措手不及。

◎ 通典

江忠源赈灾

清道光年间，江忠源出任浙江秀水知县，时值江浙一带发生水灾，波及秀水县，刚上任的江忠源不得不全力以赴办理赈灾之事。由于拨给的赈济粮款不多，再加上一些商人乘机抬高米价，激起了灾民的愤怒。走投无路的灾民哄抢了几家米店和一些富户，社会秩序一度混乱。

面对这种局面，江忠源首先用武力对哄抢事件进行制止，逮捕了一百多个带头哄抢的人，处死一名重犯，杀一儆百。然后，江忠源立刻着手解决百姓们的生计问题，筹集赈灾钱款。但当地大户谁都不肯出钱。

江忠源下令把全县的绅士等召集到城隍庙里，对大家说："今年水灾严重，灾民多，赈款少，希望在座诸位多捐钱粮。凡是多捐者，官府颁给'乐善好施'匾额一块，还要披红挂彩，予以表彰。另者，如家中有钱粮，而不捐者，见死不救者，也要送匾，上面书写'为富不仁某某人'悬挂在该家的大门上，并且不准把匾隐藏起来。另外，凡是得到'乐善好施'匾的人家，还发给'禁抢告示'一张，可张贴在该家大门口，谁若来哄抢，一律处死。"这样一来绅士富户大户压力很大，他们怕落下坏名，又怕得不到官方的保护而遭抢劫，纷纷捐粮款，数日间，折合捐银达十万余两。筹集到了钱财，民心也就安定下来了。为了防止赈灾中有贪污作弊行为，江忠源亲自督办，赈务完成较为顺利。对于关押的百余名哄抢犯该如何处置，是否给予重判严惩的问题。江忠源说："这些抢劫罪犯，都犯的是斩、绞、军、流的罪行。但是他们是由于饥饿的驱使才去抢富户，与正常时期犯法不同，我看就枷杖发落吧。"这些人都得到从轻处理。

◎ 评价

恩威并施，罚赏有信，必然树立起执政者、领导人的威信。施恩与施威都是统御众庶的策略，恩是收揽，威是震慑，各有其用。不能舍此专彼，有所偏废，而只能同时并用，兼顾相济。江忠源在赈灾中巧妙地使用了这些策略，制止了混乱的局面，解决了难题，树立了自己的威信。

◎ 通典

重耳报提

春秋时，晋献公听信宠妃骊姬谗言，陷害自己的儿子重耳和夷吾。两人先后出逃。

12 年以后晋献公死去，逃到梁国的夷吾回国继位，即晋惠公。晋惠公恐重耳回来夺他的君位，派人去狄国谋刺，重耳又从狄国出逃，先后经过卫、齐、曹、郑等国，最后到了楚国。

楚成王预见到重耳日后可能当国君，因此未把他视为一个落难公子，而是以诸侯国君的礼节接待他。在临行前的一次宴会上，楚王问身处逆境的重耳，若当上国君如何报答他。重耳回答："美女、宝石和丝绸，您有的是；雀翎、象牙都是贵国产，流落在我国境内的不过是剩下的部分。我真不知道用什么报答您！"楚成王说："话虽这么讲，你总要考虑一下如何报答我呀！"重耳敏锐地感到，对有霸王之心的楚成王，要报答他自然不是什么美女珍奇、名贵特产，于是认真地回答："要是托您楚王之福，能回晋国为君，一旦将来晋楚两国不得已发生战争，那么我一定命令晋军退避三舍以报答您的恩惠。"重耳接着说："如果退避三舍仍然不能得到您的谅解，那么我只能全副武装与您周旋了。"两个人的对话，既是玩笑之言，又是严肃的外交辞令，双方思索的都是未来。

后来重耳从楚国来到秦国，秦穆公要扶植一个亲秦的晋国国君，对重耳非常优待，把五个女儿都嫁给他。前636年，经历了19年逃亡生活的晋公子重耳，在秦穆公帮助下回国即位，称晋文公。他在谋臣赵衰、狐偃、先轸等人的辅佐下，短短四年间，便使晋国具备了称霸中原的条件。

◎ 评价

重耳的回答既表达了对楚王有恩必报的诚意，又表示了维护个人和国家尊严的原则，体现了他政治外交上的老练。

◎ 通典

退避三舍

前632年，晋国陈兵卫境，借口当年晋文公曾受曹共公之辱，要求假道伐曹。卫成公不许，晋军遂先行攻陷卫国，接着又攻入曹国，俘虏了曹共公。楚军救卫、曹不及，干脆集全力继续围攻宋都商丘，宋成公派人求救于晋国，晋文公进退两难，便先后采纳了先轸的两个对策，先造成晋、齐、秦三国联合攻楚的形势，继而以复国为条件挟曹、卫两国与楚国绝交。楚将子玉因此被激怒，不顾楚成王"无从晋师"的告诫，放弃攻宋，挥师进发曹都陶丘，寻求同晋军交战。

楚、晋两国终于为称霸中原发生了春秋以来规模最大的一场战争。

晋文公见楚军进逼，履行了当年的诺言，命令全军退避三舍，后撤九十里至卫国境内的城濮。当时晋国将士极为不满，认为一国之君避让敌国之臣是一种耻辱，况且楚军劳师远征，已经疲劳，不该后退。然而，晋文公却在城濮设下埋伏，大破追击而来的楚军，子玉羞惭自杀，此战后不久，晋文公大会诸侯，成为霸主。

◎ 评价

退避三舍表现了晋文公言而有信，报答了楚成王的恩德。而且，避开了楚军锋芒，骄纵了楚军；激励了晋军士气，赢得了诸侯同情；选择了有利于己而不利于敌的战场。这是一种政治上争取主动，军事上诱敌深入，后发制人的谋略，创造了一个以劣胜优的战例。

转丸

第十三

（原文现已失传，本篇为后人所辑。）

说者，说之也；说之者，资之也。饰言者，假之也；假之者，益损了。应对者，利辞也；利辞者，轮论也。成义者，明之也；明之者，符验也。难言者，却论也；却论者，钓几也。佞言者，谄而于忠；谀言者，博而于智；平言者，决而于勇；戚言者，权而于言；静言者，反而于胜。先意承欲者，谄也；繁称文辞者，博也；策选进谋者，权也。纵舍不疑者，决也；先分不足而窒非者，反也。

故口者，机关也，所以关闭情意也。耳目者，心之佐助也，所以窥间奸邪。故曰："叁调而应，利道而动。"故繁言而不乱，翱翔则迷，变易而不危者，观要得理。故无目者，不可示以五色。无耳者，不可告以五音。故不可以往者，无所开之也。不可来者，我所肥之也。物有不通者，故不事也。古人有言曰"口可以食，不可以言"，讳忌也；"众口烁金"，言有曲故也。

人之情，出言则欲听，举事则欲成。是故智者不用其所短，而用愚人之所长；不用其所拙，而用愚人之所巧，故不困也。言其有利者，从其所长也；言其有害者，避其所短也。故介虫之捍也，必以坚厚。螫虫之动也，必以毒螫。故禽兽知用其所长，而谈者知用其用也。

故曰："辞言五，曰病、曰怨、曰忧、曰怒、曰喜。"病者，感衰气而不神也；怨者，肠绝而无主也；忧者，闭塞而不泄也；怒者，妄

动而不治也；喜者，宣散而无要也。此五者，精则用之，利则行之。故与智者言，依于博；与博者言，依于辨；与辨者言，依于要；与贵者言，依于势；与富者言，依于豪；与贫者言，依于利；与贱者言，依于谦；与勇者言，依于敢；与愚者言，依于锐。此其术也，而人常反之。是故与智者言，将此以明之；与不智者言，将此以教之；而甚难为也。故言多类，事多变，故终日言，不失其类，故事不乱。终日变，而不失其主，故智贵不妄。听贵聪，智贵明，辞贵奇。

译文

“游说”，就是说服别人，要能说服别人，就要给人以帮助。凡是经过修饰的言辞，都是被借以达到某种目的；凡是被借用的东西，都既有好处，也有害处。凡要进行应酬和答对，必须掌握伶俐的外交辞令。凡是伶俐的外交辞令，都是不实在的言论。要树立起信誉，就要光明正大；光明正大就是为了让人检验复核。凡是难于启齿的话，都是反面的议论；凡是反面的议论，都是诱导对方秘密的说辞。说奸佞话的人，由于会谄媚，反而变成“忠厚”；说阿谀话的人，由于会吹嘘，反而变成“智慧”；说平庸话的人，由于果决，

反而变成了“勇敢”；说忧伤话的人，由于善权衡，反而变成“守信”；说平静话的人，由于习惯逆向思维，反而变成“胜利”。为实现自己的意图而应和他人欲望的，就是谄媚；用很多华丽的词语去奉承他人，就是吹嘘；根据他人喜好而进献计谋的人，就是玩权术；即使有所牺牲也不动摇的，就是有决心；能揭示缺陷，敢于责难过失的就是敢反抗。

人的嘴是关键，是用来开关感情和心意的。耳朵和眼睛是心灵的辅佐和助手，是用来侦察奸邪的器官。只要心、眼、耳三者协调呼应，就能沿着有利的轨道运动。使用一些烦琐的语言也不会发生混乱，自由驰骋地议论也不会迷失方向，改变讨论主题也不会发生失利的危险。这就是因为看清了事物的要领，把握了事物的规律。

没有视力的人，没有办法向他展示五彩颜色；没有听力的人，没有办法跟他讲音乐上的感受。不该去地方，是那里没有可以开导的对象；不该来的地方，是因为这里没有能接受你的对象。因此，有这样的说法：“口可以用来吃饭，但不能用它讲话。”因为说话容易犯忌。“众人的言辞可以熔化金属”，这是言论容易变复杂的缘由。

人之常情是，说出话就希望别人听从，做事情就希望成功。所以聪明的人不用自己的短处，而用愚人的长处；不显示自己的笨拙，而利用愚人的技巧，因此才不至陷于困境。说到别人有利的地方，就要顺从其所长；说到别人的短处，就要避其所短。甲虫自卫时，一定是依靠坚硬和厚实的甲壳；螫虫的攻击，一定会用它的毒针去螫对手。所以说，连禽兽都知道用其所长，游说者也应该知道运用其所该运用的一切手段。

因此，游说辞令有五种，即病、怨、忧、怒、喜。病是指底气不足，没有精神；怨，是指极度伤心，没有主意；忧，是指闭塞压抑，无法宣泄；怒，是指狂躁妄动，不能自制；喜，是指任意发挥，没有重点。以上五种游说辞令，精通之后就要加以运用，对自己有利的可以实行。因此与聪明的人谈话，就要依靠广博的知识；与知识广博的人谈话，就要依靠善于雄辩；与善辨的人谈话，要依靠简明扼要；与地位显赫的人谈话，就要依靠宏大的气势；与富有的人谈话，就要依靠高屋建瓴；与贫穷的人谈话，就要以利益相诱惑；与卑贱的人谈话，要依靠谦敬。所有这些都是游说的方法，而人们的作为经常与此相反。与聪明的人谈话就想让他们明白这些方法，与不聪明的人谈话，就想把这些方法教给他，而这样做是很困难的。游说辞令有许多类，所说之事又随时在变化。如果整天游说，能不脱离原则，事情就不会出乱子。一天从早到晚改变方向，也能不违背宗旨，所以对聪明人来说，最重要的是不紊乱。对于听觉来说，最宝贵的是清楚；对于思维来说，最宝贵的是是非分明；对于言辞来说，最宝贵的是出奇制胜。

却乱第十四

（原文现已失传，本篇为后人所辑。）

将为胠箧探囊发匮之盗，为之守备，则必摄缄縢，固扃橘，此世俗之所谓智也。然而巨盗至，则负匮揭箧，担囊而趋，唯恐缄縢、扃橘之不固也。然则向之所谓智者，不乃为大盗积者也。故尝试论之：世俗之所谓知故者，有不为大盗积者乎？其所谓圣者，有不为大盗守者乎？

何以知其然耶？昔者，齐国邻邑相望，鸡狗之音相闻，网罟屋州闾乡里者，曷常不法圣人哉！然而，田成子一朝杀齐君，而盗其国。所盗者，岂独其国耶？并与其圣智之法而盗之。故田成子有乎盗贼之。故田成子有乎盗贼之名，而身处尧舜之安，小国不敢非，大国不敢诛，十二代而有齐国。则是不乃窃齐国，并与其圣智之法。以守其盗贼之身乎？

译文

要想防备撬箱子、掏口袋、开柜子的强盗，就要把箱子、口袋用绳子捆紧，用锁锁牢。这就是历来人们所说的聪明办法。但是大的强盗来了，则背起柜子、举起匣子、挑着口袋迅速逃走，还唯恐绳子捆得不结实。这样看来，以前所谓的聪明人，不都是在为大盗收拾财物吗？

因此曾经试论这个道理：世俗所说的聪明人，有哪个不是在为大的强盗积累财物呢？那些所谓圣人，有哪个不是在为大的强盗看守财物呢？

怎么能知道是这样呢？从前齐国城邑密布，鸡犬之声相闻，打猎、捕鱼和耕种的地域纵横两千里。在整个国土范围内，赖以建立的宗法制度，管理各级区域的体系，没有不是遵循圣人准则的。可是田成子在一天早晨杀掉了齐国国君，窃得了国家政权，其所窃得的岂止是齐国的政权，连同齐国遵循的圣人的智慧和礼法也一同窃取了。所以田成子虽然有窃国的名声，然而其统治地位却像尧舜一样安稳，小国不敢非议，大国不敢诛伐，已经控制齐国十二代了。这不恰好说明，田成子在窃取齐国政权时，连同齐国遵循的圣人智慧和法度一同窃去了，并以此来保护其属强盗的自身吗？

本经阴符七篇

盛神第一

《本经阴符》，“本”指根本，“经”指规范标准，“阴”是内在的体验，“符”是外在的表现。《鬼谷子》十四篇写的是道术外用，此七篇讨论了内在气质的修养和锤炼，本篇讲述了旺盛精神、培养意志、充实思虑、分配威势、分散势力、连环用计、斟酌损益七个方面的修炼方法，前三部分侧重讨论内在精神、意志和思虑的养成，后四部分写精神力量的外用，环环相扣，相辅相成。

盛神[1]法五龙[2]。盛神中有五气[3]，神为之长，心为之舍[4]，德为之人[5]。养神之所，归诸道[6]。道者，天地之始，一其纪也[7]。物之所造，天之所生。包容无形化气，先天地而成，莫见其形，莫知其名，谓之“神灵”。故道者，神明之源，一其化端[8]。是以德养五气，心能得一[9]，乃有其术[10]。

术者，心气之道所由舍者，神乃为之使。九窍、十二舍[11]者，气之门户、心之总摄[12]也。生受之天[13]，谓之真人。真人者，与天为一。而知之者，内修练而知之，谓之圣人。圣人者，以类知之[14]。故人与生一，出于化物[15]。知类在窍[16]，有所疑惑，通于心术，术必有不通[17]。其通也，五气得养[18]，务在舍神[19]，此之谓化[20]。化有五气者，志也、思也、神也、心也、德也，神其一长也。静和者养气，养气得其和。四者[21]不衰，四边威势，无不为，存而舍之[22]，是谓神化归于身，谓之真人。真人者，同天而合道，执一[23]而养产万类，怀天心、施德养，无为以包志虑、思意，而行威势者也。士者，通达之，神盛乃能养志。

注释

① 神：精气、魂魄。

② 五龙：五行中的龙。所谓“五行”，是我国说明宇宙万物变化的传统学说。因为在天地之间，有循环流转不停的金、木、水、火、土，万物就是根据这五种元素而产生。龙是古代想象中的神灵，具有超人的能力。

③ 五气：指神、魂、魄、精、志等五气。气是万物形成的根源，形成风雨、寒暑、阴阳等天地间观察之源，在人体中具有生命力、意志、感情。

④ 心为之舍：心是五气所宿的地方。

⑤ 德为之人：德最能治邪，因此使人成为人的本源。

⑥ 养神之所，归诸道：根据道来养神，道是天地的真理、万物的根源。

⑦ 一其纪也：天地之始是道，道之始是一，因此一为其纲纪。

⑧ 化端：变化的开始。

⑨ 得一：得道守一。

⑩ 有其术：心如果能变成得道守一，养生之术自然产生。

⑪ 十二舍：是指目、耳、鼻、舌、身、意、色、声、香、味、触、事等而言。

⑫ 摄：统率、收容。

⑬ 受之天：道是由上天传授到人间的。

⑭ 圣人者，以类知之：圣人是能掌握以此类推的方法，解决疑难的人。

⑮ 人与生一，出于化物：人共同所产生的，就是无为自然的天地作用，人诞生之后就从物而化。

⑯ 知类在窍：人之所以能了解事物，完全是因为九窍。

⑰ 有所疑惑，通于心术，术必有不通：假如根据九窍还不能了解事物而陷于迷惑，那术就不通。

⑱ 其通也，五气得养：假如心术能通，五气自然能被养。

⑲ 务在舍神：努力使神气有归宿。

⑳ 此之谓化：假如能努力使神气有归宿，自然会从胜而化。

㉑ 四者：指志、思、神、德而言。

㉒ 存而舍之：经常使其留存在这里。

㉓ 执一：坚守无为。

译文

强化人的精、气、神，就要效法五行之龙的变化之法。旺盛的精神中包含神、魂、魄、精、志等五脏之气，其中神居主位。心是神的处所，品德是神的外在表现形式，而养神之宝，归之于道。

所谓“道”是产生天地的本源。一切由“道”始，然后由一生二，由二生三，由三生万物。万物所成，皆由天地生，而道包含万物化育之气。“气”先天地而生，看不见它的形象，叫不出它的名字，我们就称它为“神灵”。

所说的“道”，是神明的本源，万物变化之始，由此修德、养五气，人就能专心致志，获得一定的道术。

所谓“道术”就是在“神气”出入身体时，人能自由地运用它。

人的身体有九窍十二舍。即人的眼、耳、鼻、舌、身、意、色、声、香、味、触、事，这些都是人与外界接触的门户，由心灵总管它们。

人本受命于天，故称为真人。真人是与天地合为一体的人。其中，明白大道理的人，刻苦修炼内功，就称为“圣人”。所谓“圣人”，是能掌握以此类推的方法，解决疑难的人。

人出生的时候，原本本性是一致的，后随环境变化而变化。接受外界知识在于利用各种感觉器官，解决疑难在于通过心进行综合分析。若仍有疑惑，则是“道术”有不通之处。

要使“道术”通达，务必内养“五气”——神、魂、魄、精、志，而且要使“神道”归于自身。此过程称之为“化”，是万物自然运化的规律。内养“五气”，要从“志”、“思”、“神”、“法”四方面入手，这四者中“神”是最主要的。要用“静和”之法养气，养气的目的是使上述“四者”平和。上述四者不衰，而且能呈现威势，就能无所不为，使气常存于身。使“神”气变化，归之于身的人，被称之为“真人”。所谓真人，就是能合天意、按万物产于一的自然规律养护万物、怀大志、施道德、养育万民、以无所不包的思想威势行于世间的人。作为士人，能通达此理，也能精神旺盛，养气养志。

古注

陶弘景注：“阴符者，私志于内，物应于外，若合符契，故曰：阴符。由本以经末，故曰：本经。五龙，五行之龙也。龙则变化无穷，神则阴阳不测，故盛神之道，法五龙也。五气，五藏之气也，谓神魂魄精志也。神居四者之中，故为之长；心能舍容，故为之舍；德能制邪，故为之人。然养事之宜，归之于道。无名，天地之始。故曰：道者，天地之始也。道始所生者一，故曰：一其纪也。言天道混成，阴阳陶铸，万物以之造化，天地以生成，包容弘厚，莫见其形，至于化育之气，乃先天地而成，不可以状貌诘，不可以名字寻。妙万物而为言者也，是以谓之神灵。神明禀道而生，故曰：道者，神明之源也。化端不一，有时不化，故曰：一其化端也。循理有成谓之德，五气各能循理，则成功可致，故曰：德养五气也。一者，无为而自然者也。心能无为，其术自生，故曰：心能得一，乃有其术也。心气合自然之道，乃能生术，术之有道由舍，则神乃为之使。十二者，谓目见色，耳闻声，鼻受香，口知味，身觉触，意思事，根境互相停舍。故曰：十二舍也。气候由之出入，故曰：气之门户也。唯心之所操秉，故曰：心之总摄也。凡此皆受之于天，不亏其素，故曰：真人。真人者，体同于天，故曰：与天为一也。内修炼，谓假学而知之者也。然圣人虽圣，犹假学而知，假学即非自然，故曰：以类知之也。言人相与生在天地之间，其得一耳！既出之后，随物而化，故有不同也。窍谓孔窍也。言之事类，在于九窍，然窍之所疑，必与术相通，若乃心无其术，术必不通也。心术能通，五气自养。然养五气者，务令来归舍，神既来舍，自然随理而化也。言能化者，在于全五气。神其一长者，言能齐一志思而君长之，神既一长，故能静和而养气，气既养，德必和焉。四者，志、思、神、德也。四者能不衰，则四边威势，无有不为常存而舍之，则神道变化，自归于身，神化归身，可谓真人。一者，无为也。言真人养产万类，怀抱天心，施德养育，皆以无为为之，故曰：执一而产养万类。至于志意思虑，运行威势，莫非自然，循理而动，故曰：无为以包也。然通达此道，其唯善为士乎！既能盛神，然后乃可养志者也。

阅典笔记

《本经阴符七篇》的前三篇是《盛神》、《养志》、《实意》，主要是讲修身养性，是鬼谷子养生学说的经典。

《盛神》指出：人身上有五气，精神是五气的统领，心灵是五气的居处，道德是五气的根本，认为“养神之所”在于道。道是神明之源。品德可养五气，心志自然可生术。术是心气所借助的手段，是魂魄的使者。九种器官、十二种感觉都是气的出入口，是心的控制器，这些都是与生俱来的。只要从内部进行修炼就可以明白道。人生在世上，都是在自然之中，人之所以能知道事物，就是九种器官对外界刺激的反映。对事物疑惑时，就需要通过心术去掌握。心术沟通之后，五气就可以滋养，可以使精气固住，宁静可以养气，养气可以宁静。假如能修炼到精神常住那就叫“从神到化”，对身体来说就是“得道成仙”。“得道成仙”就是跟自然相同，跟道相合，坚守无为的原则，心怀自然，滋养五气。

鬼谷子还在本篇指出了积蓄力量的问题。

鬼谷子说，盛神，即积极努力，积蓄力量的过程。要利用宝贵时间，加强内功的修炼，积累经验，磨炼意志，增强竞争能力，以保证在时机成熟时，似离弦之箭，下山之虎，迅速出击，锐不可当。在时机不成熟时要等待时机，从表面看，似乎是缓慢和迟延的，而实际上是最快的。因为，时机未到，随意妄行，势必要吃亏上当，大大延缓事业的进程。欲速则不达。

触类旁通

陈平铲除诸吕

汉高帝刘邦死后，朝廷大权落到吕后手里。吕后把吕家的人安插到各个要害部门还不算，还想封诸吕为王。右丞相王陵出面反对说：“先帝曾经留下遗言：‘不是刘家的人想封王，天下共击之！’”吕后听了很不高兴，找茬罢免了王陵。吕后还不死心，又去问左丞相陈平，陈平表面支持吕后的意见。吕后高兴地把自己的兄弟封为诸侯王，同时对陈平也更加另眼看待了。

王陵知道后很生气，见到陈平就责备说：“你我都是先帝手下的老臣，你怎么违背先帝的遗言，同意诸吕为王？这样做对得起先帝吗？”陈平早已看出吕氏集团篡权的野心，只是鉴于吕氏兄弟当时气焰正盛，又有吕后的庇护，反对的时机还不成熟，所以才使用缓兵之计，暂时作了妥协。可是，这些话又不便于全盘托出，只好意味深长地说：“在朝廷上当面反驳抗争，我比不上您；安定天下，保全刘家江山，您不一定比得上我。”王陵听后，不解其意，怀着疑虑的心情告辞。陈平表面上与吕氏集团往来密切，暗地里却在谋划如何除掉诸吕。他感到最难办的事，是诸吕掌握着兵权。陆贾给他出主意说：“天下安，注意相；天下危，注意将。将相关系好，文武大臣就会归附。现在主要问题是诸吕掌握兵权。太尉周勃是开国老臣，在军队中威望很高，如果能得到他

的支持，就为掌握军权创造了条件。我愿意到周勃那里为您疏通。”陈平非常高兴，取出五百两黄金供陆贾使用。其实周勃也早看不惯诸吕的行为，通过陆贾穿针引线，立即积极参与倒吕活动。陈平还给了陆贾大批军马、钱财，要他以玩乐为掩护，在大臣中进行串联，集中倒吕的势力。两派都在拼死扩充自己的实力，一场你死我活的政治斗争风暴即将来临。

公元前180年，吕后病死，相国吕产、上将吕禄看大树已倒，怕夜长梦多，加紧了篡权步伐。他们统领着南军、北军，控制了宫廷和京城，严密监视着朝中王公大臣。朱虚侯刘章急忙派心腹通知自己的哥哥齐王刘襄，约他发兵讨吕，自己在京城里接应。于是齐王在山东起兵，发布讨吕檄文。相国吕产等人听到后，立即派颍阴侯灌婴率军前去迎战，不料灌婴到了荥阳，却反戈一击，倒向齐王一边，加入了反吕的行列。

此时关键问题，是如何解决京城的吕氏集团。太尉周勃虽然在军队中有影响，但没有实际兵权，调动一兵一卒都要由吕禄来决定。陈平得知郦寄与吕禄的关系十分密切，便与周勃密谋策划，劫持了郦寄的父亲郦商，要挟郦寄去向吕禄进行游说。郦寄被迫答应了他们的条件，去向吕禄游说：“原来朝廷立刘氏9人、吕氏3人为王，大臣们都没意见，只是因为您受封后不到自己的封地去，反而以上将军的职务留在京城，所以才引起大臣和诸侯不满，只要您把军权交给周勃，表明自己的心迹，反叛的人就会平定下来，您也可以在封地当王，享受荣华富贵。”吕禄一向把郦寄视为心腹，听信了他的话，想交出兵权，可是吕家许多人出面反对，吕禄一时还犹豫不定。这时传来灌婴与齐王合兵来犯的消息。周勃又让郦寄去劝吕禄说：“您应当赶快下决心，到封地去，否则就要天下大乱，招来杀身之祸！”吕禄于是交出军权。

周勃掌握了兵权，对吕氏家族采取军事行动。由于失掉兵权，吕家势力迅速土崩瓦解，吕产、吕禄、吕须、吕通等人都被诛杀，吕氏家族的人也都死于兵变之中。陈平等人废掉了吕后定的皇帝，迎立代王刘恒为皇帝，这就是历史上的汉文帝。

◎ 评价

陈平胸有远略，却不急于表现，而是暗中积蓄力量，待到时机成熟之际，联合周勃，一举铲除诸吕。陈平、周勃等老臣用自己的智慧和胆识，战胜诸吕，再次使汉室江山稳定下来。

养志第二

养志法灵龟①。养志者，心气之思不达也②。有所欲，志存而思之。志者，欲之使也。欲多则心散，心散则志衰，志衰则思不达也。故心气一则欲不偟③，欲不偟则志意不衰，志意不衰则思理达矣。理达则和通，和通则乱气不烦于胸中。故内以养气，外以知人；养志则心通矣，知人则分职明矣。将欲用之于人，必先知其养气志。知人气盛衰，而养其气志，察其所安，以知其所能。志不养，心气不固；心气不固，则思虑不达；思虑不达，则志意不实，志意不实，则应对不猛；应对不猛，则失志而心气虚；志失而心气虚，则丧其神矣。神丧则仿佛④，仿佛则参会⑤不一。养志之始，务在安己：己安则志意实坚，志意实坚则威势不分。神明常固守，乃能分之。

注释

① 养志法灵龟：因为志是判断是非的，所以使用占卜的龟甲最能判断吉凶，因此养志才必须效法灵龟。

② 养志者，心气之思不达也：由于心气不达，所以才要养志。

③ 偟：多的意思。这里理解为纵恣。

④ 仿佛：两者相像而难辨别，也就是不明确，恍惚的意思。

⑤ 参会：指志、心、神三者交合。

译文

养志的方法是效法灵龟。思维不畅达的人要培养自己的志气。一个人心中有欲望，才会有想法，使欲望化为现实。所谓“志向”不过是欲望的使者，

欲望过多了，则心力分散，意志就会薄弱，就会思虑不畅达。

如果心神专一，欲望就不会放纵，欲望不放纵，意志力就不会衰弱，意志力不衰弱，思想就会畅达。思想畅达则心气和顺；心气和顺，心中就不会烦乱。

因此，人对内要养气；对外，要明察各种人。修养自己的“五气”，就会心情舒畅，了解他人，才能知人善任。

我们想要任用人，一定要先知道他养气的功夫，知道他心气的盛衰，再考察他心气安稳的程度，以便了解他的才能。

不修养心志，“五气”就不稳固；“五气”不稳固，思虑就不畅达；思虑不畅达，意志就不坚定；意志不坚定，反应就不快捷；反应不快捷，就会失掉信心，心气就会虚弱；如果心气虚弱就会失神丧志；如果失神丧志就会精神恍惚；精神恍惚，“志”、“心”、“神”三者就不协调了。

修养心志之始，定要先安定自己。自己安定了，意志才能坚定，有了坚定的意志才能有神威，神威固守，才能调动一切。

古注

陶弘景注：“志者察是非，龟者知吉凶，故曰：养志法灵龟。言以心气不达，故须养志以求通也。此明纵欲者，不能养气志，故所思不达者也。比明寡欲者，能养其志，故思理达矣。和通则莫不调畅，故乱气自消。心通则一身泰，职明则天下平。将欲用之于人，谓之养志之术用人也。养志则气盛，不养则气衰。

盛衰既形，则其所安所能可知矣。然则善于养志者，其唯寡欲乎！此明丧神，始于志不养也。仿佛，不精明之貌；参会，谓志、心、神三者之交会也。神不精明，则多违错，故参会不得其一。安者，谓少欲而心安也。威势既不分散，神明常来固守，如此则威精分势，震动物也。上分谓散亡也；下分谓我有其威，而能动彼，故曰：乃能分也。”

阅典笔记

《鬼谷子》认为："由于欲望不能得以实现，需要养志以通达。志是欲望的使者，欲望多，心神就会散漫；心神散漫，志气就会消沉；志气消沉就会不痛快。所以心气如能有所抑制，欲望就不会过多；欲望不会过多，意志就不会消沉；意志不消沉，思想就会痛快。思想通了，气就顺了，于是闷气就不会产生。"

为此，在内要以养五气为主，在外要以了解他人为主，这样就会心情舒畅，安于职守。要使用一个人，要看到他养气的功夫，以知道他的修养和欲望，再了解他的爱好和才干。

《鬼谷子》认为，心气得不到修养，心气就不会坚定，情绪就不愉快，思想就不通达，意志就不踏实，应酬就不会周到，心气空虚，就等于丧失灵魂。

养志的目的就是要使自己安定，从而使自己意志坚定精力集中。对外要明察各种人物，知道他们的意志状态，知道他们的能力，才能做到知人善任。

触类旁通

帝尧举舜

贤明仁厚的唐尧担任部落联盟最高首领的几十年，日夜为人民操劳，更为洪水泛滥忧虑。他想做的事很多，可是人老了，力不从心，于是想选个能接替他的人。

放齐向尧推荐尧的嗣子丹朱。尧说：“丹朱是个很不虚心的人，又好争论一些无原则的问题，这样的人不会老老实实为人民做事，不可用。”尧转问四岳：“你们哪一个能接替我的工作？”四岳谦让不受，说自己才能不够，不能担此重任。尧说：“既然这样，你们就推荐一个吧！不管近亲还是远戚，是官是民，只要德才兼优就行。”

四岳说：“冀州有个平民叫舜，母亲早逝，父亲瞽叟双目失明，靠种田捕鱼为生，有时做些陶器。他勤劳，诚恳，朴实，特别是家庭关系处理得很好。”四岳继续介绍说：“舜有个弟弟名象，后母所生。后母不讲礼，弟弟很傲慢，父亲听后母挑唆，几次想把舜弄死，但舜仍然对父母很孝顺，对弟弟很友爱，一家人很和睦。这种人一定可以担当大任。”尧听了认为可以，但要亲自考察一下，便把两个女儿娥皇和女英嫁给已经三十尚未结婚的舜为妻，又命令九个儿子和舜一起工作，以便观察舜的为人。舜成亲后，要求妻子孝敬公婆，尽儿媳的职责，关照弟弟，尽大嫂的本分，并没有因为妻子出身高贵而破坏家庭的规矩。舜对尧的九个儿子要求都很严格，一点也不迁就。舜在历山开荒种地，由于和气谦让，同他一起开荒种地的人都能互让田界，融洽相处。舜去雷泽钓鱼，雷泽的人看见舜谦逊和气，也都不好意思争执。舜在河边做陶器，仔细认真，一点不合规格就重做。那些做工马虎的人见了，既感到惭愧，又非常钦佩，便跟着舜学，渐渐地就做精致了。舜的品德在人们中产生了很大感召力，大家都愿意亲近他。他住的地方本来很偏僻，但

◎ **尧**

上古陶唐氏领袖，五帝之一。姬姓，伊祁氏，名放勋，号陶唐氏，史称唐尧，传为帝喾次妃陈锋氏女庆都所生。是后世儒家学派等推崇的上古贤君之一。

◎ **舜**

上古有虞氏领袖，五帝之一。姚姓，名重华，号有虞氏，史称虞舜。是后世儒家学派等推崇的上古贤君之一。

一年后就变成了村落，两三年就成了热闹的城镇。

尧很赏识舜的作为，赏给舜一架名贵的琴，以及许多高级衣料和一群牛羊，又为舜修建粮仓。舜的弟弟象，看到舜富裕起来，非常妒忌，一心要暗害舜。有一次象和母亲商量好了，要瞽叟叫舜去修整漏雨的仓屋。舜领了瞽叟的指令，便回房告诉自己的妻子，娥皇和女英各取了一个大竹笠给舜修仓遮太阳用。舜取了梯子爬上仓顶，聚精会神地修补着。这时象偷偷把梯子拿开，接着在仓库的周围放起火来，打算把舜烧死。仓顶是用茅草盖的，一着火就迅猛燃烧起来。只见黑烟翻滚，烈焰腾腾，把舜呛得无法呼吸，烫得皮肉通红。舜找梯子，梯子不知去向，他急中生智，连忙把带来遮太阳的两个竹笠挟在左右腋下，一边一个像鸟的翅膀一样，冒险往下跳去。乘着风势，飘飘荡荡落在离仓较远的地方。

舜明知是象和后母的诡计，但并不计较。象看到一计不成，又生一计，他与其母商议，劝瞽叟叫舜去修井。于是瞽叟对舜说：“这几天不下雨，井水浅，你下井去把泥沙掏干净，把井挖深一点。”舜回到自己的房间，把修井的事告诉妻子。娥皇和女英便各取一把短斧给舜，嘱咐舜要多加小心。舜下井后，先不掏泥沙，而用两把短斧在井壁上挖了一个洞。洞刚挖好，象在井上叫舜，舜答应了一声。象知舜在井里，急忙和瞽叟一起动手，向井里推下许多泥团、石块，打算把舜堵死在井里。象估计舜已经死了，便手舞足蹈跑到其母面前说：“妙计是我想出来的，现在可以来分哥哥的东西了，粮仓和牛羊归你和爸爸，两个嫂子和琴等用具归我。”哪知舜早已料到象居心不良，当象在井口叫舜，舜应了一声后，便躲到刚挖好的井洞里。原来这口井和旁边的另一口井相通。舜估计象已经走开，就从旁边的井口爬出。这时，象来到舜的房里，摸摸这，看看那，心想：这一切都是我的了。正当象心旷神怡地弹着琴的时候，舜从外面走进来，和象打招呼。象不觉大惊失色，满脸通红，转身朝屋外跑去。舜连忙把象叫住，和颜悦色地说：“你来得正好，我这里有些事要你帮忙料理一下。”舜仍和过去一样，对弟弟友爱，对父亲孝顺。尧对舜经过一段时间的考察，认为舜的品德确实好，而且应付各种棘手的事情很有办法，就要舜帮助他掌管行政方面的一些事务。

舜上任后，很注意选拔人才。当时高阳氏有八个才子，人们称之为“八恺”；高辛氏有八个才子，人们称为“八元”。“八恺”、“八元”都贤明正直，多才多艺，都被舜推荐出来协助工作。舜帮助尧办理政事，不论做什么，都办得井井有条，受到各部落的首领和远方来朝宾客的尊敬。经过几年的考察，尧认定舜可以做他的接班人，就把最高首领的位置让给了舜。

◎ 评价

尧正是因为了解舜的心志状态，知道他的能力，才做到知人善任的。

实意第三

实意法螣蛇[①]。实意者，气之虑也[②]。心欲安静，思欲深远；心安静则神明荣，虑深远则计谋成。神明荣则志不可乱，计谋成则功不可间。意虑定则收遂，安则其所行不错[③]，神者得则凝[④]。识气寄，奸邪得而倚之[⑤]，诈谋得而惑之，言无由心矣。故信心术[⑥]，守真一而不化，待人意虑之交会，听之候之[⑦]也。计谋者，存亡枢机。虑不会，则听不审矣，候之不得。计谋失矣，则意无所信，虚而无实。无为而求安静，五脏[⑧]和通六腑[⑨]，精神魂魄固守不动，乃能内视[⑩]、反听、定志，思之太虚，待神往来。以观天地开闭，知万物所造化，见阴阳之终始，原人事之政理。不出户而知天下，不窥牖而见天道；不见而命，不行而至，是谓道知。以通神明，应于无方而神宿矣。

注释

① 螣蛇：类似龙的神蛇，能腾云驾雾在云中飞舞。

② 实意者，气之虑也：只要充实心气，形成思虑，气就要和平，虑要变得具体。

③ 安则其所行不错：如果内心平静，就不会有错误。

④ 凝：凝结、安定。

⑤ 识气寄，奸邪得而倚之：假如心气只是单纯的暂时寄住，那么奸邪就会乘虚而入。

⑥ 信心术：使心术真诚。

⑦ 待人意虑之交会，听之候之：待人接物必须诚恳，上下交流之后，听从其言论，进而静观其动静。

⑧ 五脏：指心、肝、肺、脾、肾。

⑨ 六腑：人体中消化、吸收、排泄的脏器总称，包括胆、胃、小肠、大肠、三焦（胸膈、上腹和脐腹的三部分脏器，又分上焦、中焦、下焦）和膀胱。

⑩ 能内视：指不用眼睛而用心体察。

译文

坚定意志之法要效法螣蛇。坚定意志就要会养气。心情安详，是思虑之本。心境需要平静，思虑需要高远。心境平静则精神愉快，思虑深远则计谋有成。心情愉快，思虑就不乱；计谋成功，则事业就不可破坏。意志、思虑稳定，则心境安详，心境安详则所作所为就不会有多大差错，精神愉快就容易使神思集中。如果人的胆识、心气只是暂时寄住，那么奸邪就可能乘虚而入，诈谋也可以乘机而行，所说的话也不会是用心思考的结果。所以说坚守心灵的术法，在于信守纯真而不变化，等待机会。待时机成熟，就可以根据上下交合的判断来解决问题。所谓“计谋”，是国家存亡的关键。思虑不周，则听得不明，即使等待时机，其机会也不会来到。计谋失效则意志不坚定，人就会变得虚幻而不切实际。作为“无为”思虑，要求人静思，五脏六腑都通畅，精神魂魄固守纯真，能够自我反省，听取外界消息，凝神安志，神游太虚，待神明往来归己。以此观天地之变化，悟解万物造化的规律，知阴阳之交替，懂得人间之政理。这样，不出门就可以知晓天下大事；不开窗就可以看见日月星辰等天体变化之道；不必见到民众，民众就能听命而行；不必推行政令，天下就可以大治。这就是所谓的“道”。以此可以与神明交往，将无为应用于无边无涯的世界，就可使神明长存世间。

古注

陶弘景注：“意委曲，蛇能屈伸，故实意法螣蛇也。意实则气平，气平则虑审，故曰：实意者，气之虑。智不可乱，故能成其计谋；功不可间，故能宁其邦国。心安则物无为而顺理，不思而玄览，故虽心之所不错，神自得之，得之则无不成矣。凝者，成也。寄谓客寄，言气非真，但客寄耳。故奸邪得而倚之，诈谋得而惑之，如此则言皆胸臆，无复由心矣。言心术诚明而不亏，真一守固而不化，然后待人接物，彼必输诚尽意。智者虑能，明者献策，上下同心，故能交会也；用天下之耳听，故物候可知矣。计得则存，失计则亡，故曰：计谋者，存亡之枢机。虑不合物，则听者不为己，听不审著，听既不审，候岂得哉！乘候而谋，非失而何？计既失矣。意何所恃，惟有虚伪，无复诚实，故计谋之虑，务在实意，实意必从心术始，故曰：必在心术始也。言欲求安心之道，必寂澹无为，如此则五脏安静，六腑通和，精神魂魄，各守所司，澹然不动，则可以内视无形、反听无声，志虑定，太虚至，神明千万，往来归于己也。唯神也。寂然不动，感而遂通天下之故，能知于不知，见于不见，岂待出户牖窥之，然后知见哉！固以不见而命，不行而至也。道无思也，无为也。然则道知者，岂用知而知哉。以其无知，故能通神明。应于无方，而神来舍。宿，犹舍也。"

阅典笔记

《鬼谷子》认为，人人都需要安静，思虑都希望深远。凡静则精神爽，思虑能深远，计谋就有威力。实意需要无为，无为要求安静五脏和通六腑，精神魂魄固守不动。这样才能内视、反听、定志、思之太虚幻境，等待神魂往来。

于是就要先观察开天辟地的道理，了解大自然造化万物的功力，掌握自然界周而复始的变化规律，然后探讨治国安邦的政治途径。因此，不出门就可以明白天下，不开窗就可以看见天道，没看见人民就可以发布命令，没推行政令就可使天下大治。

一个人的意志、思虑安定，则心境就安详，心境安详则所作所为就不会有多少大的差错，精神愉快就能使人精神集中。所以鬼谷子说：意志要坚定，心境要平静，思虑要深远。

人无远虑，必有近忧。不考虑长远利益，就不能谋划当前的问题；不考虑全局利益，就不能处理好局部问题。谋深计远，需要认识和掌握事物发展变化的可能和趋势，事先采取相应的措施，做到知人所不知，见人所不见。

谋深计远，还应当居安思危，防患于未然。因为任何事物都有可能向相反的方面转化。胜利不是永久不变的，一旦力量对比发生变化，就会转胜为败，化强为弱。所以在胜利之时，要保持清醒的头脑，准备应付可能发生的危险和困难。鬼谷子说：计谋，是国家存亡的关键，考虑不周全，决不允许鲁莽行动。先做好准备，谋划好了再实施，就能成功。先实施，后谋划就会失败。善于从实际出发，开动脑筋，研究对手，分析趋势，才能有先见之明，赢得先机之利。应对可能出现的情况，作出各种估计，将有利因素、不利因素充分考虑到，并分别提出几种不同的对策，这样才能时时保持主动，立于不败之地。

在行动之前，要先做周到的筹划和必要的准备。具体应做到三点：

1．先知。先知包括知己知彼。知彼就是了解对方的真实意图、底数、手法等。根据双方的实际情况制定出切实可行的方案。

2．周密安排。行动前要对大小事情都进行周密安排，任何一个环节出现差错，都会影响全局。

3．注意环境优势。应当力争充分利用自己的环境优势。如果要换地方，也应在中性环境或自己熟悉的环境中进行。

触类旁通

慎子保国土

楚襄王做太子时，曾在齐国当人质。楚怀王死后，太子要赶紧归国继承君位。齐王却乘机要挟他，提出以楚国东部500里土地作为交换条件，不然就不放他回去。太子向身边随臣慎子求教。慎子认为，回国继承君位是大事，可以先答应齐国的要求，余下的事以后再说。

太子回国继承了君位。不久，齐国便派使者带领兵车50辆，前来索要先前答应的500里土地。襄王很为难，又向慎子讨主意。慎子说："您明日上朝时，召见众臣，让大家都献计。"

第一个献策的是上柱国子良，他说："不能不给，身为君主，金口玉言。过去已经答应，现在不给是不讲信用的。那样，以后在诸侯国中难以取信。所以，应当先给，然后再出兵夺取回来。先给他，表明我们言而有信。再次取回来，证明我们武力强大。"子良退出，昭常入见襄王说："不能给。我们楚国所以号称万乘之国，是因为地盘广大。如今割去东部500里土地，楚国就去掉了一半，岂非徒有万乘之名而无万乘之实吗？坚决不能给！请求大王让我领兵去镇守东部边境。"昭常退出，景鲤入见，他说："不能给。不过，以楚国自己的力量也难以守住。不如答应给他，以践约守信。请大王再派我去求救于秦，助我守地。"景鲤出，慎子最后入见。楚襄王便把子良、昭常、景鲤三人的主张都讲给慎子听，并且说："众说纷纭，我将何所适从？"慎子听罢，从容地说："这些主张大王都可以采用。"襄王十分不解，沉着脸说："这话是什么意思？"

慎子说："臣请用事实去验证他们的三种主张都是可行的。"于是，慎子便向襄王说出了具体的办法："大王可先让上柱国子良前往齐国献地；第二天，派昭常去东部镇守；第三日，再派景鲤去向秦国求救。"襄王便依计而行。

子良到了齐国，告知齐王同意立即献地之事。可是，当齐国派兵去东部接管地盘时，守将昭常却说："我奉命守此东地，便当守职尽责，与国土共存亡。如果你们一定要夺取这块土地，我这五尺男儿，还有上至皓首老人，下至三尺儿童，以及 30 多万楚国士卒，但愿为守护东部国土而献身！"

齐王闻讯，便谴责子良说："大夫你亲自前来献地，而今又令昭常镇守，这是何故！"子良说："我奉楚王之命前来献地是真，昭常不给是有违君命。请大王出兵东地攻打昭常就是了。"

于是，齐王大举兴兵攻打东地。但还未到达楚国边界，秦国已出动 50 万大军兵临齐国。秦军统帅右壤派使者致意齐王说："当初齐国阻止楚太子归国继承君位，并乘机要挟，索要土地，这是不仁；如今又出兵强行攻占楚国土地，这是不义。如果退兵便罢，不然，我就要打了。"齐王深恐后方有失，只好让子良回归楚国，并派使者赴秦讲和。结果，楚国既保住了东部 500 里国土，又未失义于天下。

◎ 评价

客观事物无不存在相互联系。子良、昭常、景鲤三人的主张不同，而慎子却能各取其长，互为补充，形成一个确保国土的上上之策。楚襄王遇有疑难，能谋定而后动，不失其明智。一谋统三筹，慎子不愧为大智之人。

分威第四

分威[①]法伏熊[②]。分威者，神之覆[③]也。故静固志意，神归其舍，则威覆盛矣。威覆盛，则内实坚[④]；内实坚，则莫当。莫当，则能以分人之威而动其势，如其天。以实取虚，以有取无，若以镒称铢[⑤]。故动者必随，唱者必和。挠其一指观其余次，动变见形，无能间者。审于唱和，以间见间，动变明，而威可分。将欲动变，必先养志，伏意以视间。知其固实者，自养也。让已者，养人也。故神存兵亡，乃为之形势。

注释

① 分威：分是影响到很远的意思，也就是威势盛大，对人与物都有影响。

② 法伏熊：效法想要进行偷袭的熊，把身体伏在地上，然后才采取行动，意指直前先要屈。

③ 覆：覆盖，外面。

④ 威覆盛，则内实坚：威的表面如果强盛，内志也自然变成坚实。

⑤ 以镒称铢：容易移动的意思。镒，重量单位，相当于二十四两。铢，二十四铢为一两。

译文

分威要效法行将偷袭的熊。所谓分威，就是要把自己的神威隐藏起来，用以压倒对方。平心静气地坚持自己的意志，使精神归之于心，这样隐藏的神威更加强盛。神威强盛，自己的意志就更为坚强雄厚，从而能所向无敌。所向无敌，又能分散对方的威力，动摇对方的气势，就如上天一样令人敬畏。用实来取虚，以有来取无，就像用镒来称铢一样，十分容易。所以，只要行动就必定有人追随，有唱者，必有和者。屈起一个指头，可以更清楚地观察其余手指的活动，只要掌握行动变化的情况，对方就无法搞阴谋。认真审察一唱一和的形式，也可用反间手段，在动中掌握对方情况，用“分威”法，隐蔽实力，趁时出击取胜。可见要想有所行动，必须先养心志，隐蔽自我实力，以暗察他人的活动。凡是意志坚实的人，就善于自我养气；凡是过分退让的人，就是替他人养气。所以，精神存养到可以化解干戈的程度，这才是需要形成的威势。

古注

陶弘景注：“精虚动物谓之威，发近震远谓之分。熊之搏击，必先伏而后动，故分威法伏熊。覆犹衣被也。震神明衣被，然后其职可分也。言致神之道，必须静意固志，自归其舍，则神之威覆隆盛矣。舍者，志意之宅也。外威既盛，则内志坚实。表里相副，谁敢当之，物不能当之，物不能当，则我之威分矣。威分动，则物皆肃然，畏其人之若天也。言威势既盛，人物肃然，是我实有而彼虚无，故能以我实取彼虚，以我有取彼无。取之也，动必相应，犹称珠以成镒，二十四铢为镒者也。言威分势震物犹风，故能动必有随、唱必有和。但挠其指，以名呼之，则群物毕至。然后徐徐以次观其余众，犹性安之，各令得所，于是风以动之，变以化之，犹泥之在钧，群器之形自见，如此则天下乐推而不厌，谁能间之也。言审识唱和之理，故能有间必知，我既知间，亦既见间即能间，故能明于动变，而威可分者。既能养志伏意，视之其间，则变动之术可成矣。谓自知志意固实者，此可以自养也；能行礼让于己者，乃可以养人也。如此则神存于内，兵亡于外，乃可为之形势也。”

阅典笔记

鬼谷子说：隐藏自己实力的方法叫“伏熊法”。所谓“分威”就是把自己的实力、神威隐藏起来，用实来取虚，以有来取无。

所谓实，就是军队的勇、强、治、饱、逸、众、有备等优势。所谓虚，就是怯、弱、乱、饥、劳、寡、无备等弱点。虚而实之，实而虚之，避实击虚，转换虚实，要善于利用对方的弱点，战胜对方。在特定形势下，要用伪装的办法将真正的志向和动机隐藏起来，免除外来的干扰和侵略，以利于保存和发展自己的实力。本来能攻却故意装成不能，本来能守却故意装作不能守，有战斗力却故意装作无战斗力，通过迷惑敌人，使之陷于被动，然后乘势战而胜之。

运用这种谋略方法，应注意把握谋略对抗的全局，在可掌控的情况下示我之不能，设下骗局，决不消极退让，在敌人果真受骗时，再采取正确进攻的方法，战而胜之。

触类旁通

◎ 通典

魏宣子骄孤智伯

春秋末年的晋国，以赵、魏、韩、智、范、中行等六家势大，史称“六卿”。

智伯率领韩、赵、魏三家攻灭了范氏和中行氏，过了几年智伯向魏宣子提出领地要求，魏宣子不想给他，但魏宣子的谋士任章献计说：“请不要正面拒绝智伯，不妨满足他的要求。他尝到了甜头，一定会骄傲得意，更加贪得无厌，四处伸手。到那时，其他大夫必然会不满，从而促使各家联合起来去收拾一个孤立又骄傲轻敌的智伯，他的性命还能保得住吗？”魏宣子依照任章的妙计，划出一些地给智伯。后来，智伯果然被赵、魏、韩三家所讨厌。魏宣子不但收复了失地，还分得了更多的土地。

◎ 评价

任章的策略在于使智伯放纵，引起别人的厌恶，孤立智伯。魏宣子虽然暂时交出了土地，但是在条件不具备时，暂时放弃某些东西是必要的。暂时放弃是为了等待时机，创造条件，最后再把它夺回来。

◎ 通典

温造平叛

唐宪宗时，外族进攻中原地区，皇帝下令，调动梁州的5000人马，前往京师驻镇。梁州军队刚要出发，众人叛乱，赶走了他们的统帅，聚集起来抗拒皇命。这种状况持续了一年多。

唐宪宗为此事深感不安。这时候京兆尹温造请求单枪匹马前往处理此事。

他到了南梁境内，南梁人看见只是来了一个儒生，温文尔雅，便认为不会掀起什么大的风波，对他的到来没当一回事。

温造到了以后，只宣读了皇帝的诏书，安抚和问候大家，对作乱的事一句也没提，仿佛没有此事发生一样，连南梁军队中那些挑头作乱的人全副武装，进进出出，温造也装做没看见。

有一天，温造在操场中设置乐队演奏乐曲，全军战士都前往操场听乐曲，听完乐曲，温造请军人在长廊吃饭，温造命人在长廊南北设置了两根长绳，让军人将他们各自的刀剑挂在自己面前的长绳上，然后吃饭。酒宴刚开始，忽然响起了一声鼓声，温造手下的人站在长廊的台阶上，从两头齐力平举两根绳索，于是南梁军人们带来的刀剑一下子离开地面三丈多高。这些军人拿不到自己的武器一下子就乱了起来，这时温造把门关上，命令手下的人斩了这些叛军。从此以后，南梁地方的人就不敢再谋反了。

◎ 评价

在这里，温造先用既往不咎，若无其事的态度稳住敌人，等他们松懈之后，再突然袭击，将他们一举歼灭。温造这一计策，也表现了外柔内刚的一面。

散势第五

散势法鸷鸟[①]。散势者，神之使也。用之，必循间而动。威肃、内盛，推间而行之，则势散。夫散势者，心虚志溢[②]。意失威势[③]，精神不专，其言外而多变，故观其志意为度数，乃以揣说图事，尽圆方、齐短长。无间则不散势，散势者待间而动，动势分矣。故善思间者，必内精五气，外视虚实，动而不失分散之实，动则随其志意，知其计谋。势者，利害之决，权变之势。势败者，不以神肃察也。

注释

① 鸷鸟：一种猛禽。《孙子》中有"鸷鸟之声，至于毁折者，节也"。

② 夫散势者，心虚志溢：虚怀若谷就能包容一切，踌躇满志就能决断一切，所以要好好发挥这种势。

③ 意失威势：意志一旦衰微就会丧失优势。

译文

分散对方的实力要效法鸷鸟。分散对方的实力，也是精神力量驱使的结果。使用分散对方实力的方法，必须伺机而动。整肃自己的势力，强盛内部力量，抓住对方的弱点，果断采取行动，就会分散对方的实力。能做到这一点的人，必须心胸广博，包容一切，意志力充盈丰沛。如果意志力不强，势威衰弱，精神不专，那么就会把话说漏，引起对方疑心而导致时局变化。因此要善于观察人的志向和意志，并以此为基础，揣度关系，谋划事体，持方圆规矩之理，合乎变化法则，以求得事情的完美。没有间隙可乘，则无法分散对方的势力以用之，欲分散对方的势力需得循序而行，而一旦行动起来，就定能分散对方的势力。如此说来，善于发现对方漏洞的人，必须修炼自己的五气，观察对方的虚实，行动时才能达到分散对方势力的效果。行动还要顺应对方的意图和心志，了解对方的计谋。所谓控制势力，是决定胜败的大事。威势溃败，往往是不能凝神观察所致。

古注

陶弘景注："势散而后物服，犹鸟击禽获，故散势法鸷鸟也。势由神发，故势者，神之使。无间则势不行，故用之必循间而动。言威敌内盛，行之又因间而发，则势自然而散矣。心虚则物无不包，志溢则事无不决，所以能散其势。志意衰微而失势，精神挫衄而不专，则言疏外而谲变。知其志意隆替，然后可为之度数。度数既立，乃后揣说之图其事也。必尽圆方之理，变短长之用也。散不得间，则势不行。故散势者，待间而动，动而得间，势自分矣。五气内精，然后可以外察虚实之理，不失则间必可知。有间必知，故能不失分散之实也。计谋者，志意之所成，故随其志意，必知其计谋也。神不肃察，所以势败。"

阅典笔记

鬼谷子在本篇指出了如何用人、统御各种势力的问题。

散势，即要分散对方的威力，而自己的实力要充实，要有意志力，能控制一切。

这里一是讲"散敌人势而破之"，就是要控制和使用具有各种势力的人，善于观察对方的虚实、发现对方漏洞的人，确知对方的计谋，在等到对方出现漏洞时，立即采取行动，从而立于不败之地。

二是说"散属下势而御之"，就是要重视人心向背，善于观察人的志向和意识，并以此为基础，揣摩人事关系。把自己的意志贯通于众，与众人同喜好，就没有不成功的事业；与众人同憎恶，就没有不可倾覆的敌人。要善于用人，统御有术，驾驭有方；要有勇有谋，奖罚严明；要谦虚谨慎，明察秋毫。

触类旁通

◎ 通典

刘秀赏祭遵

汉光武帝刘秀是一个谋略过人的君主。他能够在西汉末年的乱世之中，打败群雄，力挽狂澜，奠定东汉王朝的基业，一个重要的原因就是知人善任。

昆阳之战后，刘秀率领军队进入河北，命祭遵为军市令，负责纠察军纪。祭遵执法非常认真，全军上下，无论职位大小，有违法的必受惩罚。一次刘秀宠信的一位贴身侍者触犯了军法，论律该斩。祭遵毫不顾及刘秀的情面，根据律条，处死了那位违法者。刘秀听到此讯后，十分生气，命令把祭遵抓起治罪。这时主簿陈副劝阻说："您不是常想整顿军队的纪律吗？现在祭遵执法不徇私情，就能保证军令的贯彻执行。"刘秀见他说得有道理，不仅赦免了祭遵，而且还把这位铁面无私的执法官升为刺奸将军。为了表示对祭遵严明执法的支持，刘秀告诫其他将领说："你们要防备祭遵呀！我的贴身侍卫犯法他都敢杀掉，对你们他是不会讲私情的。"不久，刘秀再拜祭遵为偏将军，平定河北的战争结束后，刘秀论功行赏，封祭遵为列侯。

◎ 评价

宠侍被杀，刘秀必然大怒。然而大怒之余，刘秀也深知祭遵的重要性，因而反其道而行之，大加奖赏，树为典范，还在军中传播祭遵铁面无私的消息，这比只是让祭遵从严执法更有威慑力。

◎ 通典

刘邦假王真封

公元前 203 年，韩信采用"陷之死地而后生"的战术，大破赵军 20 万，又攻占燕，尽取三齐之地。这时，他遣使面陈汉王刘邦："齐人历来伪诈多变，反复无常，南面又与楚相接，我不以假王名义不能镇抚齐地，请大王赐予我假王称号。"刘邦看了这封信后，大骂道："我被困于此，从早到晚都盼望他前来相救，而他却要自立为王。"谋士张良一直认为韩信的向背，对刘邦取胜有举足轻重的作用，况且现在韩信远在齐地，他想自立为王，你刘邦根本无力阻止。张良听到刘邦骂完后，马上在桌下轻轻踢了刘邦一脚，还附在刘邦耳旁说："现在我们处境不利，怎么管得住韩信称王呢？不如立他为王，使他能够自守其地。否则他会谋反生变的。"刘邦顿时醒悟，又改口骂道："大丈夫定诸侯，就要做个真王，何必要做什么假王呢？"于是，刘邦派张良到齐地，封韩信为王。

韩信（约前 231—前 196）
杰出的大军事家、大战略家。西汉开国功臣，汉初三杰之一。齐王、楚王、上大将军，后贬为淮阴侯。为汉朝立下汗马功劳，后因其军事才能引起猜忌而死。

◎ 评价

张良安抚韩信的计策，居然笼住了韩信的心，使刘邦能够顺利地征调韩信大军到河南去攻伐楚军，为第二年韩信与刘邦会合，击灭项羽于垓下做好了准备。

转圆

第六

6.1

转圆法猛兽①。转圆者，无穷之计。无穷者，必有圣人之心②，以原不测之智，以不测之智而通心术。而神道混沌为一，以变论万类，说义无穷。智略计谋，各有形容③，或圆或方，或阴或阳，或吉或凶，事类不同。故圣人怀此之用，转圆而求其合。故与造化者为始，动作无不包大道，以观神明之域。

注释

① 转圆法猛兽：连环使用计谋就要效法猛兽，寓动于静，先伏后动，一旦跃起威猛无比。

② 有圣人之心：有圣人的心胸。

③ 智略计谋，各有形容：智略计谋并无固定形态。

译文

实施“转圆”法，要效法猛兽扑食，行动迅速。所谓“转圆”，是指能构想无穷计谋。而能构想出无穷计谋的人，必定有圣人之心，并用心灵推究难以测出的计谋，而那难测度的计谋是与自己心术相通的。大道本是混沌的万物之始，以变化之理研讨万物，内容是无穷无尽的。因事而生成的计谋各有不同的形态，或有圆谋，或有方略，或有阴谋，或有阳谋，或有吉策，或有凶智，事事各不相同。圣人以此为法，设计出许多计谋，以求切合实际。所以开始造化大地的圣人，其行为无不合乎自然大道，以观神明之奥妙。

古注

陶弘景注："言圣智之不穷，若转圆之无止。转圆之无止，犹兽威无尽，故转圆法猛兽。圣心若镜，物感斯应，故不测之智，心术之要可通也。既以圣心原不测、通心术，故虽神道混沌，妙物杳冥，而能类其万类之变，说无穷之义也。事至然后谋兴，谋兴然后事济，事无常准，故形容不同。圆者运而无穷，方者止而有分；阴则潜谋未兆，阳则功用斯彰；吉则福至，凶则祸来，凡此事皆反，故曰：事类不同者也。此谓所谋圆方以下六事，既有不同，或多乖谬，故圣人法转圆之思，以求顺通合也。圣人体道以为用，其动也神，其随也天，故兴造教化，其功动作，先合大道之理，以稽神明之域。神道不违，然后发施号令。"

6.2

天地无极，人事无穷[①]，各以成其类。见其计谋，必知其吉凶、成败之所终也。转圆者，或转而吉，或转而凶。圣人以道先知存亡，乃知转圆而从方。圆者，所以合语[②]；方者，所以错事[③]；转化者，所以观计谋[④]；接物者，所以观进退之意[⑤]。皆见其会，乃为要结，以接其说也。

注释

①天地无极，人事无穷：天地广阔无垠，人间也有无穷的吉凶循环。

② 圆者，所以合语：圆变化无穷，因此使语言相合。

③ 方者，所以错事：四角确立之后就会稳定，因此适合于对有为之事的处置。

④ 转化者，所以观计谋：所谓转化者就是转祸为福，以此适用于观察计谋的是非得失。

⑤ 接物者，所以观进退之意：待人接物想能通达人情，就必须适合事物的进退和是非等。

译文

天地之大无极无垠，人事之繁无穷无尽，各类事物又相互区别。各种智

谋也各有其形态，从中也必然会知道事物的凶吉成败。连环使用计谋，有的转为吉祥，有的转为凶险。圣人掌握规律而先知存亡之理，然后就知道转圆为方的道理。所谓“转圆”，就是要语言灵活，合乎要求；所谓“从方”，就是使事物依规矩而行。“转化”就是要观察计谋的得失，“接物”就是为了观察进退之意。如果能融汇方圆转化接物之理，进行归纳总结，就可以掌握这些说法了。

古注

陶弘景注："天地则独长且久，故无极；人事则吉凶相生，故无穷。天地以日月不过、陵谷不迁为成；人事以长保元亨、考终厥命为成。故见其计谋之得失，则吉凶成败之所终，皆可知也。言吉凶无常准，故取类转圆，然圣人坐忘遗鉴，体同乎道，故先知存亡之所在，乃后转圆而从其方，弃凶而从吉，方谓存亡之所在也。圆者，通变不穷，故能合彼此之语；方者，分位斯定，故可错有为之事。转化者，改祸为福，故可观计谋之得失；接物者，顺通人情，故可以观进退之意、是非之事也。谓上四者，必见会之变，然后总其纲要而结之，则情伪之说，可接引而尽矣。"

阅典笔记

鬼谷子在本篇中指出以速取胜和灵活多变的问题。

转圆意思是效法猛兽扑食，行动迅速。以速取胜是兵家秘诀。快速用兵，要善于捕捉和创造战机；要果断决策，切忌优柔寡断，犹疑不决；要审时度势，相机而行。

同时，快的表现又是灵活多变的。事物在不断变化之中，机遇稍纵即逝。掌握这种变化的规律才能保证在形形势突变之时快速反应，这就是鬼谷子所说的方圆转化之理。

触类旁通

◎ 通典

“当断不断，必受其乱”的曹爽

公元 249 年春，魏帝曹芳到洛阳城南 90 里的高平陵（魏明帝陵）去祭祀，独自掌握大权的曹爽和其弟中领军曹羲等人陪同。司马懿看到时机已到，便迅速部署人马关闭了洛阳所有的城门，占领了武器库，接管了曹爽和曹羲的军营，又派兵到了洛水的浮桥上——这些都是以皇太后的命令行事的。一切完成之后，司马懿又写了一个奏疏给曹芳，历数了曹爽的罪过，要求罢去他的兵权，不得稽留。

曹爽拿到奏疏，无疑是一个晴天霹雳，自然不敢给曹芳看，惶惶然手足无措，不知所为。这时司马懿又派人劝说曹爽早早归罪，还指着洛水发誓说，这次行动只免曹爽的官，其他一切如常，让他不必多虑。

当时有一名叫桓范的，担任大司农，是曹爽的同乡，他劝说曹爽当机立断，把天子带到许昌，然后再以天子的名义征发四方人马，可是懦弱的曹爽犹豫不决。桓范说：“这件事是明摆着的，如果你能和天子相随，号令天下，谁敢不响应呢？而曹羲另有军营在外，可以随时调遣。从这里到许昌，不过是一天多的时间，许昌兵库中的兵器足够我们使用，要说担心的也就是粮食。可是大司农的印在我们这里，你还怕什么？”桓范从天黑说到天亮，曹爽兄弟还是不敢行动。五更时分，曹爽把刀朝地上一扔说：“我就把兵权交给司马懿，仍然有爵位在身，还可以做一个富家翁。”桓范一看大哭着说：“曹子丹（曹爽之父曹真的名字）这样一个出色的人物，怎么生出你们兄弟俩，比猪还蠢，我也要受你们连累而罪至灭族！”于是曹爽将奏疏送到曹芳那里，免官后回到洛阳家里，司马懿马上派人将他软禁起来，又在他住宅四角筑起高楼，派人日夜监视其行动。有时曹爽拿着弹子到园子里打鸟，角楼上的人就高喊：“故大将军朝东南方向走了。”曹爽至此已是一筹莫展。不久，曹爽等人以阴谋叛逆的罪名被下狱处死。

◎ 评价

俗话说：“当断不断，反受其乱。”司马懿所以能战胜曹爽，除了足智多谋，还因为他果断行事。而曹爽呢，才智低下，遇事犹豫，优柔寡断。如果他听了桓范的计谋，也许就是另一种结果。可见形势突变之时，决断是多么重要！

◎ 通典

逼出来的叛乱

魏国西北边疆地区原宗属曹魏政权。为曹魏戍守边塞的鲜卑人首领步度根，与一向抗拒曹魏政权的鲜卑人首领轲比能暗中往来，相互勾结，但尚未发展到举兵反叛的程度。公元233年，并州刺史毕轨部署部队，欲实现对外威慑轲比能，对内镇抚步度根的目的，并上疏表奏了朝廷。魏明帝看完毕轨的表奏，大惊说：“步度根不过一时被轲比能所诱惑，对于反叛心中尚存疑惧，毕轨现在出兵，只能使二人如惊弓之鸟，迅速合二为一。这等于是逼着步度根反叛，怎能实现内镇外慑的目的呢！”于是速下诏书，命令毕轨出兵不要过快，应以句注之地为界，不得越过，以便给步度根留下悔改回归之地。

明帝的见识果然不凡，毕轨刚一出兵，步度根便由于恐惧举兵出逃，远奔轲比能。然而见识虽深，诏书还是迟了，等到诏书发至毕轨手中时，毕轨已派遣将军苏尚、董弼远追步度根。追至楼烦，疲惫的魏军与前来迎接步度根的轲比能发生遭遇战，魏军大败。步度根所率的鲜卑族人遂全部叛逃出塞，与轲比能联合，经常寇扰曹魏的边疆地区。

◎ 评价

这是一个见事不明，愚莽从事，使事态向不利方向发展的例子。所以说快速用兵的前提是足智多谋，以求切合实际，只有预先设计出许多计谋及实施方案，机会到来时，才能快速赢得胜利。

◎ 通典

义渠君偷袭秦国

战国时期，义渠国君到魏国的时候，魏将公孙衍对他说：“两国路途相隔这么远，今后恐怕难得再拜见君王了，请听我报告一点内幕消息。”义渠君表示很乐意听。

公孙衍说："假如中原诸侯不攻打秦国，那么秦国就会烧掉山野草木，修一条路去夺取君王之国；假如中原诸侯攻打秦国，那么秦国将会派急使送重礼去巴结君王。""我记住您的话了。"义渠君说。

过了没多久，楚、燕、韩、赵、魏五国联军攻秦（前318）。说客陈轸对秦惠王说："义渠君是蛮夷诸国中的贤君，大王不如送重礼去安抚他，免得有后顾之忧。"秦惠王同意了，就挑选五彩刺绣的细绢1000匹和美女100名送给义渠君。

义渠君召集群臣开会，说道："这就是公孙衍所说的内幕消息，秦国来通知我们出兵了。"于是义渠君就把握良机，派兵偷袭秦国，在李帛城大败秦军。

◎ 评价

义渠君在此例中即是以速取胜。以速取胜就是要善于创造和捕捉战机；指挥果断，切忌犹疑不决。

损兑第七

损兑法灵蓍[①]。损兑者，几危[②]之决也。事有适然，物有成败，几危之动，不可不察。故圣人以无为待有德，言察辞合于事[③]。兑者[④]，知之也，损者，行之也[⑤]。损之说之，物有不可者，圣人不为辞也。故智者不以言失人之言[⑥]，故辞不烦[⑦]，而心不虚；法不乱，而意不邪。当其难易，而后为之谋，因自然之道以为实。圆者不行，方者不止[⑧]，是谓大功。兑之损之，皆为之辞。用分威散势之权[⑨]，以见其兑。威其机危，乃为之决。故善损兑者，譬若决水于千仞之堤，转圆石于万仞之谷。

注释

① 灵蓍：蓍是蓍草，占卜吉凶用的工具。

② 几危：危险的征兆。

③ 合于事：核对某种事物。

④ 兑者：有益的情况。

⑤ 损者，行之也：损，就是排除不利而行动。

⑥ 智者不以言失人之言：聪明人不可以老是滔滔不绝地雄辩而舍弃他人的言论。

⑦ 辞不烦：言论简单而得要领。

⑧ 圆者不行，方者不止：圆便于转动，方便于静止。让圆的不转，方的不止，必然有大的力量才行。

⑨ 分威散势之权：权衡优势扩散到四方的利弊。

译文

要知道事物的损兑吉凶，可以效法灵蓍变化之法。所谓“损兑”，是对危险征兆的微妙的判断。事情有偶然，做事有成败，对危险征兆的微妙的变化，不可不细察。所以，圣人以无为的法则来对待人为的事情，观察言语、举动是否合乎事物的发展规律。所谓“兑”，就是为了进一步加深了解；所谓“损”，就是排除不利而行之。若对其减抑、说解后，事情仍不顺利发展，圣人也不会讲明道理。所以聪明人不以自己的言论排斥他人的言论，辞应简明，而心中充满自信；意志不乱，胸无邪念。遇事依其难易，然后策谋，而顺应客观规律则是其根本。圆的计谋实施不利，方的谋略就不能停止，这是大功告成的前提。不管是增益其辞，还是减损其辞，都能言之成理。用分散实力的权谋，就要发现增加威力之后，所显现的危机，并为其决断。所以善于掌握损益变化的人，就像在千丈的大堤上决堤，又如在万仞山谷中转动圆石，应变自如。

古注

陶弘景注：“老子曰：‘塞其兑。’河上公曰：‘兑，目也。’庄子曰：‘心有眼。’然则兑者，谓以心眼察理也。损者谓减损他虑，专以心察也。兑能知得失，蓍能知休咎，故损兑法灵蓍也。几危之理，兆动之微，非心眼莫能察见，故曰：损兑者，几危之决也。适然者，有时而然也。物之成败，有时而然；

几危之动，自微至着。若非情适远心，知机玄览，则不能知于未兆，察于未形，使风涛潜骇，危机密发，然后河海之量，堙为穷流，一篑之积，叠成山岳，不谋其始，虽悔何之！故曰：不可不察。夫圣人者，勤于求贤，密于任使，故端拱无为，以待有德之士。士之至也，必敷奏以言，故曰：言察辞也。又明试以功，故曰：合于事也。用其心眼，故能知之；减损他虑，故能行之。言减损之说，及其所说之物，理有不可，圣人不生辞以论。智者听舆人之讼，采（草刍）荛之言，虽复辨周万物，不自说也。故不以已能言而弃人之言，既有众言，故辞当而不烦，还任众心，故心诚而不伪，心诚言当，志意岂复乱哉！失事而后谋生，改常而后计起，故心当其难易之际，然后为之谋。谋失自然之道，则事废而功亏，故必因自然之道，以为用谋之实也。夫谋之妙者，必能转祸为福，因败成功，追彼而成我也。彼用圆者，谋令不行；彼用方者，谋令不止。然则圆行方止，理之常也。吾谋既发，彼不得其常，岂非大功哉！至于谋之损益，皆为生辞以论其得失也。夫所以能分威散势者，心眼之由也。心眼既明，机危之威，可知之矣。既知之，然后能决之。言善损虑以专心眼者，见事审，得理明，意决而不疑，志雄而不滞。其犹决水转石，谁能当御哉！”

阅典笔记

鬼谷子在本篇中指出了观察分析问题的原则。“兑损”，就是要明察秋毫，洞若观火，见微知著，以小见大，从而能够准确判断自己和周边的有利与不利因素，据此扬长避短。

触类旁通

◎ 通典

观容貌声音，也能见微知著

齐桓公盟会诸侯，卫国人来晚了。桓公上朝时与管仲谋划攻打卫国。退朝以后进入内室，夫人卫姬望见君主，下堂拜了两拜，为卫国君主请罪。

桓公说：“我对卫国没有什么举动，你为什么要请罪？”卫姬回答说：“我望见您进来的时候，迈着大步，怒气冲冲，有攻打别国的意思。见到我就变了脸色，这表明要攻打卫国啊。”第二天桓公上朝，向管仲作揖请他进来。管仲说：“您不攻打卫国了吧？”桓公说“仲父您怎么知道的？”管仲说：“您升朝时作揖很恭敬，见到我面有愧色，我因此知道的。”桓公说：“好，仲父治理宫外的事情，夫人治理宫内事情，我知道自己终究不会被诸侯们耻笑了。”

◎ 评价

桓公用以掩盖自己意图的办法是不说话，夫人却凭着他走路的气质察觉到了他的意图。

◎ 通典

徙木立信

战国时，秦孝公用商鞅变法，任他做左庶长。商鞅欲行新法，立刻招致许多非议，保守势力纷纷发难。商鞅力排众议，执意变法强秦。但在制定好新法之后，他却犹豫了，原因是怕国中百姓不信，百姓如有疑心，推行新法则难上加难。他决定在颁布新法前，先在百姓之中树立一个有令必行的形象。商鞅命人在首都咸阳的南门立起一个三丈直木，派官员看守，并下令说，谁能将此木搬到北门，就赏他 10 镒金。此令一出，咸阳的百姓都很奇怪，竟没有一个人敢上前搬动立木。

商鞅得到回报，他说：“有人敢于搬动，重赏 50 镒黄金。”百姓听说赏格提升，更加惊讶不已，非常怀疑。这时有一壮汉挺身而出，扛起木头，横穿都市，走向北门，百姓纷纷簇拥前往看个究竟。壮汉把木头扛到北门，果然立即得到 50 镒的赏钱。于是，消息不胫而走，百姓纷纷传言左庶长商君出言有信，不欺百姓，对商鞅的信任感一时大增。

知道百姓的心理变化后，商鞅认为达到了取信于民的目的，这才下令颁布新法。变法令一经公布，国中上下一片肃严，所及之处，都得到了坚决的贯彻执行。

◎ 评价

搬一根木头，就可以得到那么多赏钱，此事很难让百姓相信；但一旦得以兑现，百姓立即就会由此及彼，见微知著，从而产生信任新法的效果。商鞅用一根本头取信于天下、取信于民的谋略，才智非凡，历来为古今政治家所重视。

求本

持枢第一

持是把握的意思。枢是门轴的意思。持枢即掌握关键。本篇脱落较多，残存此节，是讲治国之道要顺应自然规律，才能避免失败。

持枢①，谓春生、夏长、秋收、冬藏，天之正也，不可干而逆之。逆之者，虽成必败。故人君亦有天枢，生养成藏，亦复不可干而逆之，逆之虽盛必衰。

此天道，人君之大纲也。

注释

①持枢:持,把握。枢,门扉的轴。掌握住行动的枢纽,才能控制行动的规律。

译文

持枢，就是掌握行动的关键，控制事物的规律。比如春季耕种，夏季生长，秋季收割，冬季储藏，乃是天时的正常运作规律。不可悖反这一自然规律而倒行逆施。凡是违反自然规律的,即使成功一时,也终究必败。由此而知，人君也有他必须遵循的客观规律。他要组织百姓生产生活，教养万民，收获，储藏等，也不能违抗这些规律；如果背逆客观规律，即使表面上看似强大，也必将衰弱。

这是客观规律，是人君必须遵守的大纲纪。

古注

陶弘景注:"枢者，居中以运外，处近而制远，主于转动者也。故天之北辰，谓之天枢；门之运转者，谓之户枢。然则持枢者，动运之柄，以制物也。言春夏秋冬，四时运行，不为而自然也。不为而自然，所以为正也。言理所必有，物之自然者，静而顺之，则四时行焉、万物生焉。若乃干其时令，逆其气候，成者犹败，况未成者？元亮曰含气之类，顺之必悦逆之必怒，况天为万物之尊而逆之。言人君法天以运动，故曰:亦有天枢。然其生养成藏，天道之行也。人事之正,亦复不别耳。言干天之行、逆人之正,所谓倒置之。曰:道非义而何？此持枢之术，恨太简促，畅理不尽，或篇简脱烂，本不能全也。"

阅典笔记

鬼谷子在本篇中特别强调决策必须遵循的客观规律；倒行逆施，违反客观规律的,即使成功一时,也终究必败。决策的中心就是掌握行动的枢纽、关键,遵循事物的规律。决策要对形势、时局、环境等进行科学的分析。

宏大的构想，战略行动的发起，都要依据对时局、环境的分析而定。即使小范围的谋略也必须进行审时。审时正确与否，直接影响到计谋决策正确与否。谋略发展史证明，善于审时度势，是高明谋略家的特征。在复杂的斗争环境中，清晰透彻地分析环境与洞察形势，是确定奇特方案的基石。

触类旁通

◎ 通典

赵武灵王胡服骑射

战国时，东胡、西胡等与赵国临近的游牧民族，善于骑射，经常派出骑兵侵扰赵国边境,劫掠财物、虏夺人口,严重地破坏了赵国的安宁。当时的赵国,在匈奴和秦国的威胁之下，军队仍然沿用先秦以来兵车为主的战法，既无法对付机动灵活的匈奴骑兵,也无法对抗秦国的军队。为了挽救危机,壮大赵国,赵武灵王决心进行改革，实行“胡服骑射”。

胡服骑射，本来是项军事改革，就是在装备上要向胡人学习，脱掉原来的宽袍大褂，扔掉战车，穿上举动灵便、骑射自如的窄袖短衣，推广胡人骑

◎ 胡服射骑

马作战的战术和训练方法。可是这一方案一提出，立刻遭到许多囿于旧俗的老臣们的强烈反对。赵武灵王的叔叔公子成就托病不出，加以对抗。他认为“袭远方之服，变古之教，易古之道”，是忘记祖宗的大逆不道之行。

赵武灵王无奈，便亲自去拜访他，指出变革的重要性：“兵不强难以守边，国不壮不能拒敌，怎么能陋古而违背了先王的大志，讨厌变服却忘记了为先王雪耻呢？”赵武灵王终于说服了公子成，并且赐给他一套胡服，让他穿着上朝，接着便发布了胡服骑射的命令。他本人也着短装、束皮带、执皮鞭，跃马引弓操练骑兵。胡服骑射，果然使赵国日益强大，遂兵发中山，灭掉了中山国，同时又北伐林胡、楼烦，西抗强秦，东击燕、齐。赵国称雄一时，其他各国也纷纷效尤，车战旧法从此废止。

◎ 评价

“胡服骑射”是我国历史上重大的军事改革，从移风易俗角度看也是一次政治改革。面对来无影去无踪的游牧骑兵，古老的战车显然已经力不从心了，胡服骑射，乃是社会发展，军事变革的趋势。赵武灵王正是遵循规律，顺应趋势而做出了改革的决断，从而使赵国强盛一时。

内治外中经第二

中，指内心；经，指治理。本篇说的是如何运用内在的精神去处理外部的事物，并指出使用这些策略的目的在于“振穷趋急”，并列举了“见形为容，象体为貌者”、“闻声和音”、“解仇斗郄”、“缀去”、“却语”、“摄心”、“守义”七种为人的技巧和处事的策略，将之作为本经所述法则的变通规律。

2.1

中经[①]，谓振穷趋急。施之，能言厚德之人。救拘执，穷者不忘恩也。能言者，俦善博惠[②]；施德者，依道[③]；而救拘执者，养使小人[④]。盖士，当世异时，或当因免阗坑，或当伐害能言，或当破德为雄，或当抑拘成罪，或当戚戚自善，或当败败自立[⑤]。故道贵制人，不贵制于人也；制人者握权，制于人者失命。是以见形为容，象体为貌，闻声和音，解仇斗郄[⑥]，缀去，却语，摄心，守义。本经纪事者纪道数，其变要在“持枢”、“中经”。

注释

①中经：从内部管理处置。

②能言者，俦善博惠：巧于雄辩的人最能解决纠纷，所以就成为善人的好友而广施恩惠。俦，同类、朋友。

③依道：不失道。

④救拘执者，养使小人：营救被捕的人，被捕者会深感其恩，也就欣然听从命令了。

⑤当世异时……败自立：不论在任何时代，君子都必然尝尽苦难。但是如果经常有救人之穷和急人之难的善行时，不论遭受如何的灾祸苦难，最后也能靠能言厚德之士的力量度过难关。阗坑，用土把穴填平。抑拘，拘禁。

⑥郄：是骨之间的缝隙。

译文

“中经”所说的是那些救人危难，给人教诲和施以大恩大德的人。如果他们救助了那些拘捕在牢房的人，那些被救者，是不会忘记其恩德的。能言之士，能行善而广施恩惠。有德之人，按照一定的道义准则去救助那些被拘押的人，被拘押的人一旦被救，就会感恩而听命了。一些士人，生不逢时，有的在乱世里侥幸免遭兵乱；有的因善辩而受残害；有的起义成为英雄，但遭受陷害；有的恪守善道，保全自己；有的虽遭失败，却自强自立。因此，恪守“中经”之道的人，推崇以“中经”之道施于人，而不要被他人控制。控制他人者掌握主动权，而一旦被他人控制，就会失掉许多机遇。“中经”之道就是关于“见形为容，象体为貌，闻声和音，解仇斗郄，缀去，却语，摄心，守义”的原则探讨。《本经》中记载的理论，权变的要旨，均在《持枢》《中经》两篇中。

古注

陶弘景注：“谓由中以经外，发于心本，以弥缝于物者也。故曰：中经。振，起也。趋，向也。物有穷急，当振起而向护之，乃其施之，必在能言之士，厚德之人，若能救彼拘执，则穷者怀终不忘恩也。俦，类也。谓能言之士，解纷救难，虽不失善人之类，而能博行恩惠也。言施德之人，勤能修理，所为不失道也。言小人在拘执，而能救养之，则小人可得而使也。阗坑谓将有兵难，转使沟壑，士或有所因，而能免斯祸者，伐害能言，谓小人之道，谗人罔极，故能言之士，多被戮害；破德为雄，谓毁文德、崇兵战；抑拘成罪，谓人不章、横被缧绁。戚善谓天下荡荡无复纲纪，而贤者守死善道，真心不踰，所谓岁寒然后知松柏后凋也。败败自立，谓天未悔祸，危败相仍，君子穷而必通，终能自立，若管仲者也。贵有术而制人，不贵无术而为人所制者也。此总其目，下别序之。此总言本经、持枢、中经之义。言本经纪事，但纪道数而已；至于权变之要，乃在持枢、中经也。”

2.2

见形为容，象体为貌者，谓爻为之生也①，可以影响、形容、象貌而得之也。有守之人，目不视非、耳不听邪，言必《诗》《书》，行不僻淫②，以道为形，以德为容，貌庄色温，不可象貌③而得也，如是隐情塞郄而去之。

闻声和音，谓声气不同，则恩爱不接。故商角不二合，徵羽不相配④。能为四声主，其唯宫⑤乎？故音不和则不悲，不是以声散伤丑害者，言必逆于耳也。虽有美行盛誉，下可比目⑥合翼⑦相须也。此乃气不合、音不调者也。

解仇斗郄，谓解羸⑧微之仇。斗郄者，斗强也。强郄既斗，称胜者，高其功，盛其势。弱者哀其负，伤其卑，污其名，耻其宗。故胜盅，闻其功势，苟进而不知退。弱者闻哀其负，见其伤则强大力倍，死为是也。郄无极大，御无强大，则皆可胁而并。

注释

①爻为之生也：犹如爻辞从卦中产生一样。

②僻淫：邪恶淫乱之意。

③象貌：脸形和颜色，此指表面现象。

④商角不二合，徵羽不相配：宫、商、角、徵、羽都是五音的名称。宫属土，商属金，角属木，徵属火，羽属水，根据五行相克的学说，金克木，水克火，所以商角、徵羽的音乐不能调和。

⑤宫：宫五音之一，五行属土，能和其他四音。杜甫曾有“金管迷宫徵”的诗句。

⑥比目：指比目鱼，眼睛长在身体的一侧。传说一般是两条鱼在水中并游。

⑦合翼：只有一眼一翅的比翼鸟，经常并羽齐飞，用来比喻恩爱夫妻。

⑧羸（léi）：弱小。

译文

所谓看见对方的外形，就知道他的真实容貌，是像从爻辞中读爻辞一般，仅凭人们的影子、形容和外貌就可以识别他们。而恪守道德的有为之人，他们不看非礼的东西，他们不听邪恶之言，他们谈论的都是《诗经》、《尚书》之类，他们没有乖僻淫乱的行为。他们以道为外貌，以德为容颜，相貌端庄、儒雅，不是光从外貌就能识别他们的。这样，就得隐瞒实情而离开他。

“闻声和音”，听到声音是否与之相合，也是一种方法。如果说人与人意气不相投，也就不会接受对方的恩爱友好。就如同在五音中，商与角不相和，徵与羽不相配一样。能成为四声的主音唯有宫而已。所以说，音声不和谐，悲伤韵律是不会产生的。散、伤、丑、害都是不和之音，如果把它表现出来一定是很难入耳的。如果有美好的言行，高尚的声誉，却不能像比目鱼或比翼鸟那样和谐，也是因为气质不和，音不协调所致。

所谓“解仇斗郄”，就是解决矛盾。“解仇”是调解两个弱小者的不和；“斗郄”则是当两个强大的国家不和时，使他们相争的策略。强大敌手相斗时，得胜的一方，夸大其功业，虚张声势。而失败的一方，则因兵败力弱，玷污了自己的声名，有侮于祖先而痛心。所以，得胜者，一听到人们称赞他的威势，就会轻敌而贸然进攻。而失败者，听到有人同情他的不幸时，反而会努力支撑，拼死抵抗。敌人虽然强大，往往有弱点，对方虽说有防御，而实际力量并不一定强大。我方是可以用强大的兵势胁迫对方，让他们服从，吞并其国家。

古注

陶弘景注：“见彼形，象其体，即知其容貌者，谓用爻卦占而知之也。谓彼人之无守，故可以影响形容象貌，占而得之。有守之人，动皆正直，举无淫僻，厥后昌盛，晖光日新，虽有辩士之舌，无从而得发，故隐情塞隙，闭藏而去之。商金，角木，征火，羽水，递相克食，性气不同，故不相配合也。宫则土也。土主四季，四者由之以生，故为四声主也。散伤丑害，不和之音，音气不和，必与彼乖，故言其必逆于耳。言若音气乖彼，虽行誉美盛，非彼所好，则不可如比目之鱼、合翼之鸟，两相须也。其有能令两相求应，不与同气者乎。辨说之道，其犹张弓：高者抑之，下者举之。故羸微为仇，从而解之；强者为隙，从而斗之也。斗而者盛，从而高其功、盛其势也。斗而弱者，从而衰其负劣，伤其卑小，污下其名，耻辱其宗也。知进而不知退，必有亢龙之悔。弱者闻我哀伤，则勉强其力，倍意致死，为我为是也。言虽为隙，非能强大，其于捍御，亦非强大。如是者，则以兵威胁，令从己，而并其国也。”

2.3

缀去者，谓缀己之系言①，使有余思②也。故接贞信者，称其行；厉其志，言可为可复，会之期喜，以他人之庶，引验以结往，明款款而去之。

却语者，察伺短也。故言多必有数短之外，识其短验之，动以忌讳，示以时禁③。然后结信以安其心④，收语盖藏而却之⑤，无见己之所不能于多方之人⑥。

摄心者，谓逢好学伎术⑦者，则为之称远方验之。敬以奇怪，人系其心于已。效⑧之于人，验去⑨乱其前，吾归于诚己⑩。遭淫色酒者，为之术，音乐动之⑪，以为必死，生日少之忧⑫。喜以自所不见之事，终可以观漫澜⑬之命，使有后会⑭。

守义者，谓守以人义。探心在内以合⑮也。探心深得其主也。从外制内，事有系由而随也。故小人比人则左道⑯，而用之至能败家辱国。非贤智，不能守家以义，不能守国以道。圣人所贵道微妙者，诚以其可以转危为安，救亡使存也。

注释

① 缀己之系言：对于一个要走的人，为挽留他而说的话。缀，连接。

② 余思：离开之后仍存想念。

③ 时禁：除规定时间以外禁止出入，这是轻视对方的办法。

④ 结信以安其心：对方如果抱畏惧之念，虽然必须要他服从我方，但要以诚相待，使其安心。

⑤ 收语盖藏而却之：收起以前所使用的威胁语言，从此矢口不谈。

⑥ 无见己之所不能于多方之人：很多人面前不要让人们知道自己无能。

⑦ 伎术：同技术。

⑧ 效：效劳。

⑨ 验去：跟历史上的贤人行为对照。

⑩ 吾归于诚己：只能竭诚相待，如此就能掌握贤能的人。

⑪ 音乐动之：以音乐的快乐节奏来感动人。

⑫ 以为必死，生日少之忧：假如沉溺酒色，就会有必死之害，晓谕对方顾余命无多。

⑬ 漫澜：无限遥远的样子。

⑭ 后会：再见的意思。

⑮ 探心在内以合：在对方的心中要求义。

⑯ 左道：邪道之意，如“旁门左道”。

译文

“缀去”的方法是说，对于即将离开自己的人，说出真心挽留的话，以便使对方留下回忆与追念。所以遇到忠于信守的人，一定要赞许他的德行，鼓舞他的勇气。表示可以再度合作，后会有期，对方一定高兴。以他人之期望，去引验他往日的光荣，即使款款而去，也会十分留恋我们。

“却语”的方法是说，要在暗中观察他人的短处。因为人言多时，必有失误之处。要议论他的失误处，并加以验证。要经常揭他忌讳的短处，用当时的禁令吓唬他，这样他就会因此而害怕。然后真诚地安抚他恐惧的心，以前说过的话，也不再说了，暗中则藏起这些证据，秘不示人。而且告诫他不能在众人面前表现出自己的无能之处。

“摄心”的方法是说，遇到那些好学技术的人，应该主动为他扩大影响，然后验证他的本领，让远近的人都尊敬他，并惊叹他的奇才异能，这样别人则将会与自己心连心。为别人效力者，要将之与历史上的贤才相对照，称其与前贤一样，诚心诚意地相待，这样方能得到贤能的人。遇到沉于酒色的人，就要用音乐感动他们，让他们意识到酒色会置人于死地，让他们担忧活着的日子越来越少，以此教谕他们；然后再让他们高兴地看到见所未见的美好事物，指出他的前程光明，使他对我们感激不尽，喜与我们后会有期。

“守义”的方法是说，自己坚持仁义之道，并用仁义探察人心，使对方从心底里广行仁义。从外到内控制人心，无论什么事，都可以由此而解决。而小人对待人，则用旁门左道，用此则常常会家破国亡。如果不是圣贤之辈，是不能用义来治家、用道来守国的。圣贤是特别重视“道”的微妙的。因为“道”确实可以使国家转危为安，救亡存国。

古注

陶弘景注："系，属也。谓已令去，而欲缀其所属之言，令后思而同也。欲令去后有思，故接贞信人之称其行之盛美，厉其志令不怠，谓此美行，必可常为，必可报复，会通其人，必令至于喜悦者也。言既称行厉志，令其喜悦，然后以他人庶几于此者，引之以为成验，以结已往之心，又明已疑疑至诚。如是而去之，必思而不。言却语之道，必察伺彼短也。言多不能无短，既察知其短，必记识之，以取验之相也。既有其短，则以忌讳动之，时禁示之，其人因以怀惧。其人既以怀惧，必有求服之情，然后结以诚信，以安其惧心，其向语盖利而却之，则其人之恩威，固以深矣。既藏向语，又戒之曰：勿于多方人前，见其所不能也。欲将摄取彼心，见其好学伎术，则为作声誉、合远近知之也。既为作声誉，方且以道验其伎术，又以奇怪从而惊动之，如此则彼人，心系于已也。人既系心于已，又效之于时人，验之于往贤。然后更理其前所为谓之曰：吾所以然者，归诚于彼人之已如此，则贤人之心，可得而摄。乱者，理也。言将欲摄愚人之心，见淫酒色者，为之术音乐之可说，又以过于酒色，必之死地，生日减少，以此可忧之事，以感动之也。又以音乐之事，彼所不见者，以喜悦之，言终以可观，何必淫于酒色。若能好此，则性命漫澜而无极，终会于永年。愚人非可以道胜说，故推音乐，可以摄其心。义，宜也。宜探其内心，随其人所宜，遂人所欲以合之也。既探知其心，所以得主深也。得心既深，故能从外制内，内由我制，则可何事不行，故事有所属，莫不由随之也。小心以探心之术，来比于君子，必以左道用权。凡事非公正者，皆曰小人，反道乱常，害贤伐善，所用者左，所违者公，百庆昏亡，万机旷紊，家破国夺，不亦宜乎！道谓中经之道也。"

阅典笔记

鬼谷子在本篇中论述了权变的要旨。一是"见形为容，象体为貌"，是因人而变化的人的行为，可以影响形容和相貌。所以凭人们的形容和外貌可以识别他们的行动。另一是"闻声和音"，指听到声音是否相合，如人与人意气不相投，也就不能接受对方的友好。而权变的方法，则是"缀去"、"却语"、"摄心"、"守义"。

触类旁通

◎ 通典

魏惠王错失商鞅

战国时，魏惠王的宰相公叔座病了，魏惠王去探望他，说："您的病很重，国家该怎么办呢？"公叔座回答说："我的家臣御庶子公孙鞅（即商鞅）很有才能，希望大王您能把国政交给他治理，如果不能任用他，那么就不要让他离开魏国。"惠王没回答，出来时对左右侍从说："难道不可悲吗？凭公叔座这样贤明的人，今天竟叫我一定要把国政交给公孙鞅治理，太荒谬了！"惠王没有采纳公孙座的意见。

公叔座死后，公孙鞅离开魏国向西游说秦国，秦孝公听从了他的意见，结果秦国一天天强盛，而魏国一天天地衰弱下去了。知人善任往往关系到国家兴亡大计，公孙座有知人之明，而魏惠王固执己见，听不进别人的话，错失人才，使国家一天天衰弱了下去。

◎ 通典

刘备"却话"杀吕布

吕布为三国时期以勇著称的战将，但是由于他屡屡更换门庭，认贼作父，终而死于非命。吕布被擒，表面是死于曹操之手，而实则死于刘备之言。

东汉末年，群雄并起，争城掠地，互相兼并。当时，刘备占据了徐州，但吕布却乘刘备部将张飞的一时疏忽，袭占了刘备的根据地。刘备势弱，只好逃驻小沛，表面上虽仍与吕布和好如初，但无时无刻不在准备报仇。

曹操一向爱才，他素知吕布骁勇非常，武艺天下无双，便有心收降吕布。吕布武艺虽高，为人却苟且贪生，当他被绑到帐前时，便有意试探地说："缚得太紧了，请稍松一点。"曹操回答说"缚虎不得不紧。"吕布却对他说："你所顾虑的不过是我。如果有我辅佐你，天下何愁不定。"一句话正对曹操的心思，便有宽免收用之意。

这时，吕布见刘备立在曹操身边，又恳求刘备能替他说句好话。他万万没想到，在他的生死关头，刘备慢悠悠地说了一句话，便结束了他的生命。当时，刘备对曹操说："您没看见吕布是怎样服侍丁原和董卓的吗？"刘备的话立刻提醒了曹操。当初吕布曾是丁原的部下和义子，他投靠董卓时，就亲手杀了义父丁原。后来为争貂蝉，吕布又杀掉第二个义父董卓。于是曹操立刻命令刀斧手把吕布推出斩首。

◎ 评价

刘备进言斩吕布，既为自己报了夺地之仇，又避免吕布被曹操收为心腹大将，增强势力，可谓一举两得。刘备就是暗中观察吕布的短处，暗中利用这些事情达到自己的目的。这就是鬼谷子所说的"却语"。

图书在版编目（CIP）数据

鬼谷子全集：神机妙算的绝世智谋／（春秋）鬼谷子著．—苏州：古吴轩出版社，2013．6

（家藏御书房／刘乔周主编）

ISBN 978-7-5546-0119-8

Ⅰ．①鬼…　Ⅱ．①鬼…　Ⅲ．①纵横家②《鬼谷子》—研究　Ⅳ．①B228.05

中国版本图书馆CIP数据核字（2013）第133708号

策　　划：禹成豪
责任编辑：王　琦
见习编辑：陆九渊
封面设计：视觉共振设计工作室

书　　名：**鬼谷子全集：神机妙算的绝世智谋**
著　　者：（春秋）鬼谷子
出版发行：古吴轩出版社
地址：苏州市十梓街458号　　邮编：215006
Http://www.guwuxuancbs.com　　E-mail：gwxcbs@126.com
电话：0512-65233679　　传真：0512-65220750
经　　销：新华书店
印　　刷：三河市兴达印务有限公司
开　　本：710×1000　1/16
印　　张：19.75
版　　次：2013年8月第1版　第1次印刷
书　　号：ISBN 978-7-5546-0119-8
定　　价：35.00元